MANUAL DO FOCA

Conselho Acadêmico
Ataliba Teixeira de Castilho
Carlos Eduardo Lins da Silva
Carlos Fico
Jaime Cordeiro
José Luiz Fiorin
Tania Regina de Luca

Proibida a reprodução total ou parcial em qualquer mídia
sem a autorização escrita da editora.
Os infratores estão sujeitos às penas da lei.

A Editora não é responsável pelo conteúdo deste livro.
A Autora conhece os fatos narrados, pelos quais é responsável,
assim como se responsabiliza pelos juízos emitidos.

Consulte nosso catálogo completo e últimos lançamentos em **www.editoracontexto.com.br.**

Thaïs de Mendonça Jorge

MANUAL DO FOCA:
GUIA DE SOBREVIVÊNCIA PARA JORNALISTAS

Copyright © 2008 Thaïs de Mendonça Jorge

Todos os direitos desta edição reservados à
Editora Contexto (Editora Pinsky Ltda.)

Capa
Antonio Kehl

Diagramação
Julio Portellada

Preparação de textos
Fernanda Baptista da Silva

Revisão
Flávia Portellada

Dados Internacionais de Catalogação na Publicação (CIP)
(Câmara Brasileira do Livro, SP, Brasil)

Jorge, Thaïs de Mendonça
Manual do foca : guia de sobrevivência para jornalistas /
Thaïs de Mendonça Jorge. – 2. ed., 1ª reimpressão. – São Paulo :
Contexto, 2024.

Bibliografia.
ISBN 978-85-7244-408-8

1. Jornalismo – Brasil 2. Jornalismo como profissão
3. Jornalismo – Técnicas 4. Notícias jornalísticas – Apuração
5. Repórteres e reportagens I. Título.

08-06307	CDD-070.43

Índices para catálogo sistemático:
1. Notícias : Apuração : Jornalismo 070.43
2. Reportagens : Jornalismo 070.43

2024

Editora Contexto
Diretor editorial: *Jaime Pinsky*

Rua Dr. José Elias, 520 – Alto da Lapa
05083-030 – São Paulo – SP
PABX: (11) 3832 5838
contato@editoracontexto.com.br
www.editoracontexto.com.br

Toda reportagem que sai num jornal deve ter algum propósito social: criar mais liberdade, defender ideias, fazer críticas, melhorar a situação dos menos privilegiados.
(Ben Bradlee, editor de The Washington Post)

Lide, do inglês lead, *é o primeiro parágrafo de uma reportagem, onde se pergunta "O quê? Quem? Quando? Onde? Como? Por quê?". Mas nem sempre se publicam as respostas.*
(Aparício Torelli, Barão de Itararé)

– Que cabelo vermelho é esse? Nós temos tanto a conversar! Foi assim que meu tio Cyro Mendonça me recebeu, na última vez em que nos vimos. Ele estava surpreso com meu novo visual, mas queria falar sobre o Manual do foca, *que havia revisto carinhosamente. Responsável por minha escolha profissional, pelo exemplo de vida, meu tio se foi sem ver este livro pronto. A última frase mostra o espírito irônico, irreverente, e ficará para sempre gravada na memória.*

A minha filha Joana, pela paciência em me ver sempre no computador e compreender a importância deste trabalho.

COLEÇÃO COMUNICAÇÃO

Coordenação
Luciana Pinsky

A arte de escrever bem Dad Squarisi e Arlete Salvador
A arte de entrevistar bem Thaís Oyama
A arte de fazer um jornal diário Ricardo Noblat
A mídia e seus truques Nilton Hernandes
Assessoria de imprensa Maristela Mafei
Comunicação corporativa Maristela Mafei e Valdete Cecato
Correspondente internacional Carlos Eduardo Lins da Silva
Escrever melhor Dad Squarisi e Arlete Salvador
Hipertexto, hipermídia Pollyana Ferrari (org.)
Jornalismo científico Fabíola de Oliveira
Jornalismo cultural Daniel Piza
Jornalismo de rádio Milton Jung
Jornalismo de revista Marília Scalzo
Jornalismo de TV Luciana Bistane e Luciane Bacellar
Jornalismo digital Pollyana Ferrari
Jornalismo econômico Suely Caldas
Jornalismo esportivo Paulo Vinicius Coelho
Jornalismo internacional João Batista Natali
Jornalismo investigativo Leandro Fortes
Jornalismo literário Felipe Pena
Jornalismo político Franklin Martins
Jornalismo popular Márcia Franz Amaral
Livro-reportagem Eduardo Belo
Manual do foca Thaïs de Mendonça Jorge
Manual do jornalismo esportivo Heródoto Barbeiro e Patrícia Rangel
Os jornais podem desaparecer? Philip Meyer
Os segredos das redações Leandro Fortes
Perfis & entrevistas Daniel Piza
Teoria do jornalismo Felipe Pena

Consulte nosso catálogo completo e últimos lançamentos em **www.editoracontexto.com.br**

SUMÁRIO

PREFÁCIO..9
  Ricardo Noblat

APRESENTAÇÃO 13

PARTE I – CONCEITOS DE NOTÍCIA

A notícia...19
  Valor-notícia provoca polêmica 27

A pauta..39
  A pauta dentro da redação 41
  A pauta segundo o veículo 47
  A pauta segundo a ocasião 53

A reportagem...67
  Reportar é narrar.. 69
  O "eu" na reportagem.. 73
  O repórter 74
  Tipos de repórter.. 77
  Editorias e setores de cobertura.. 81
  Tipos de reportagem... 86

PARTE II – PRODUÇÃO DA NOTÍCIA

A apuração.. *97*

   Métodos de apuração.. *100*

   Recursos de apuração.. *105*

A entrevista... *113*

   Tipos de entrevista... *114*

   Conselhos para uma boa entrevista........................ *117*

PARTE III – REDAÇÃO DA NOTÍCIA

O texto jornalístico.. *123*

O lide... *131*

   Style book e *copy-desk*... *133*

   Nariz de cera... *135*

   Classificação dos lides.. *140*

   Lide forte e lide fraco... *156*

A pirâmide... *165*

   Construindo a pirâmide.. *168*

   Pirâmide invertida.. *170*

   Pirâmide normal... *185*

   Pirâmide mista.. *189*

   Matéria redonda.. *191*

O novo jornalista... *195*

ANEXO... *201*

GLOSSÁRIO... *219*

REFERÊNCIAS BIBLIOGRÁFICAS............................ *233*

AGRADECIMENTOS.. *235*

A AUTORA... *237*

PREFÁCIO

Paixão sobrenatural pela notícia

Nós nos conhecemos no *Jornal do Brasil* (JB). Era a década de 1980, eu chefiava a sucursal em Brasília, ela era repórter da editoria de Política. Em seguida foi coordenadora da Política, cujo editor era Marcelo Pontes, e passamos a ter contato mais intenso por causa dos assuntos de Brasília. No final do expediente na sede do JB, no Rio de Janeiro, Thaïs de Mendonça Jorge cruzava a Baía de Guanabara para dar aulas no Instituto de Artes e Comunicação Social da Universidade Federal Fluminense, em Niterói.

O JB desses tempos nos instigava e nos desafiava. Sob a chefia de Paulo Henrique Amorim, praticávamos um jornalismo de análise e interpretação da realidade, experimentávamos com o texto e as fotos, e todo dia era uma saudável competição pela melhor e mais completa informação. Pelo furo. Nós e um batalhão de editores, repórteres, redatores, diagramadores e repórteres fotográficos tivemos a sorte de viver e trabalhar numa das épocas mais criativas do jornalismo carioca.

Em fins de 1994, Thaïs aparece no *Correio Braziliense* com um projeto debaixo do braço. Estava deixando o cargo de assessora de imprensa do Banco Interamericano de Desenvolvimento, tinha defendido dissertação de mestrado em Ciência Política e queria partir para algo diferente em termos profissionais. Ah! A maldita *cachaça*, que não nos permite ficar longe das redações...

Ela pretendia resgatar a experiência na revista *Pais&Filhos* e criar um suplemento para adolescentes. Achei que era hora de o *Correio* lançar um caderno dirigido ao público jovem, já que o objetivo era a formação de leitores. Eu havia assumido a chefia da redação no início daquele ano e, com o aval de Paulo Cabral de Araújo, estava determinado a fazer um jornalismo independente e crítico, com marcas que o firmassem na capital federal.

Comandando a equipe mais jovem do *Correio Braziliense* – quase todos seus alunos da Universidade de Brasília –, Thaïs de Mendonça Jorge trouxe do Rio de Janeiro a subeditora Rosa Pecorelli e, juntas, encararam a tarefa de publicar o *X-Tudo*, tabloide destinado a meninas e meninos de 10 a 22 anos.

Tivemos várias brigas nesse ambiente de paixões (pelo jornalismo) da redação do *Correio*. Thaïs sempre defendeu seus pontos de vista. Discutíamos sobre lide, sobre pautas, sobre chamadas de primeira página, sobre a edição. O caderno *X-Tudo* inovou ao colocar em questão temas nem um pouco usuais na sociedade brasiliense: maconha, homossexualismo, aborto, masturbação.

Em seguida, Thaïs editou o *Caderno 2* e o suplemento feminino *Sexta 2*, saindo para chefiar a sucursal do jornal mineiro *O Tempo*. Apesar da "pauleira" das redações, não deixou de dar aulas. Mais do que isso, Thaïs de Mendonça Jorge jamais perdeu o entusiasmo de promover oportunidades para que os estudantes aprendam o ofício.

Acredito que sucessivas turmas de jovens aspirantes a jornalistas, desde a UFF e por anos seguidos na Faculdade de Comunicação da Universidade de Brasília, devem ter boas recordações das excursões em cidades próximas, organizadas pela autora para realizar reportagens. Para muitos alunos, é o primeiro contato, uma espécie de batismo na profissão. Para todos, ocasião de trabalhar ao lado de uma profissional do mercado e das salas de aula, pacientemente dedicada à tarefa de partilhar um vasto conhecimento de repórter de rua com quem quiser ouvi-la.

O *Manual do foca* é um guia de sobrevivência para os estudantes (antes, durante e depois da faculdade); para os professores de Jornalismo, pois trata do bê-á-bá da profissão em linguagem simples e recheada de exemplos; e para os jornalistas, que podem relembrar lances da própria profissão. Para os que querem aprender mais sobre texto informativo, é uma maneira fácil e rápida de entender os conceitos e as práticas do dia a dia.

A autora, hoje doutora em Comunicação pela UnB, dedica a obra a todos os focas e àqueles que continuam a ser focas inveterados. Ou, como diria García Márquez, para os que sofrem dessa "paixão insaciável", essa "palpitação sobrenatural da notícia". E insistem no trabalho "incompreensível e voraz" (ainda e sempre com Márquez) que é o Jornalismo.

Os que se identificam com os focas terão chance de entender as chaves da notícia e poderão dizer se este é mesmo o seu negócio.

Ricardo Noblat
Jornalista com 40 anos de experiência em importantes redações do país, foi diretor de redação do *Correio Braziliense* e atualmente é blogueiro e colunista do jornal *O Globo*. Publicou pela Contexto
A arte de fazer um jornal diário.

APRESENTAÇÃO

Por que foca?

O *foca*, jornalista iniciante, tem grande dificuldade de encontrar um guia entre os textos técnicos publicados no Brasil. Com a pauta lhe queimando as mãos, ele se inquieta: por onde começar? Depois dos primeiros telefonemas, a dúvida: será que escolheu o caminho certo? Como fazer as perguntas adequadas, na hora da entrevista? E se esquecer uma questão crucial? Antes de voltar à redação, a angústia não cessa: estará a apuração correta? Como escrever? Será que o texto vai ser mudado pelo redator? Se estiver errado, quem vai lhe apontar os erros?

Essas são velhas e perenes questões para o jornalista, seja ele foca ou repórter maduro. Cada nova pauta, uma nova tarefa e muitas, muitas perguntas, nem sempre com respostas a tempo. Foca é o jornalista novato, bisonho – ou seja, não experimentado –, aquele que ainda pensa em fazer um curso de Jornalismo ou o jovem que está caminhando para essa profissão.

> O *foca* nos Estados Unidos é *cub*, que em inglês significa filhote. A palavra *cub* também designa os escoteiros novatos, os *lobinhos* (Cunha, s/d).

Fala-se do foca no sentido afetivo, do aprendiz de repórter. Jogado na arena dos leões – as redações, com colegas vividos e conhecedores dos assuntos –, pressionado pelo tempo e pelas responsabilidades, ele se sente, por vezes, afundar nas incertezas e indecisões do dia a dia. Afinal, não é desejável que ele fique perdido na costa ártica, nas lonjuras do hemisfério austral – como seus homônimos, as focas –, isolado, sem respostas.

Este *Manual* pretende oferecer apoio e solução para as dúvidas tanto dos focas quanto dos jornalistas mais experientes. E é por acreditar que o texto foi o início de tudo – a notícia se estabeleceu junto com o suporte papel – que procuro dar orientações sobre como escrever em estilo jornalístico, estilo este que apresenta dificuldades no início, mas que se torna muito claro a partir do domínio de determinadas ferramentas.

A nova mídia mantém os compromissos da imprensa para com o público. Se o jornalismo terá um novo suporte para cumprir sua missão no tempo – assim como houve a pedra, a argila, a madeira e o papel –, se será a tela do computador, do relógio de pulso ou do celular, não importa: a liberdade de expressão e de informação continua a ser uma das cláusulas constitucionais em todo o mundo democrático.

Ao jornalista cabe mostrar os vários ângulos da questão e resgatar o papel dos primórdios: a fim de melhor comunicar, o jornalista deve colocar a notícia na melhor forma – informar. O que ele tem mesmo a fazer é *publicar*, no sentido latino: *deixar à disposição do público*. A escrita ainda predomina, inclusive na rede mundial dos computadores.

Nos sites noticiosos da internet, o jornalismo se baseia na tradição impressa, até mesmo na metáfora das *páginas*. A ênfase deste livro é sobre o jornalismo impresso, o primeiro dos *jornalismos*, mas também é abordado o texto para a internet, um dos gêneros mutantes do jornalismo atual.

Este *Manual do foca* começou a ser escrito em 1986, quando principiei minhas aulas na Universidade Federal Fluminense, em Niterói (RJ). A carência de material prático para as disciplinas técnicas do curso de Jornalismo tornou-me uma colecionadora de documentos da rotina diária dos jornais. Fui juntando pautas, comentários, boas matérias publicadas, exemplos que pudessem corroborar minhas ideias a respeito do exercício da profissão e que constituíssem um método de transmitir conhecimento.

Quantas vezes surrupiei anotações e papéis deixados ao lado das máquinas de escrever... Passei a incorporar ao acervo também exercícios, textos escritos pelos alunos e bilhetes enviados pelo computador. Muitos colegas poderão identificar aqui suas contribuições. Espero que o tempo e a distância justifiquem a ausência de um pedido formal para a publicação, e torço para que compreendam a intenção de editar um livro no qual a experiência vivida é o instrumento mais valioso.

Hoje, muitas pessoas falam com alguma familiaridade em *matéria*, *gancho* e *deadline*, termos do nosso jargão profissional. Outros apreciam a linguagem jornalística; só não sabem como iniciar um texto claro e compreensível, ao relatar um conto ou narrar um *causo*. Já os professores de jornalismo poderão ter aqui um guia para as aulas, uma vez que os capítulos sistematizam um determinado modo de ensinar as ferramentas básicas da profissão.

Esta é uma obra para os que sentem algum apelo direcionado à profissão que o escritor e jornalista colombiano Gabriel García Márquez qualifica como "a melhor do mundo", ou que estejam pensando em aprendê-la para uso no dia a dia.

O documento que deu origem ao *Manual do foca* – uma apostila aplicada às aulas práticas – foi testado por estudantes das disciplinas Técnicas de Jornalismo e Redação, Reportagem e Entrevista, na Faculdade de Comunicação da Universidade de Brasília (UnB). Vários dos alunos estão hoje no mercado de trabalho. Quando encontro algum deles nas lides profissionais, não deixa de me ser grata a menção àquela antiga apostila e ao que aprenderam nas minhas aulas. Foi isso e o apoio dos professores da UnB, da Universidade Federal Fluminense e de outras universidades, com quem tenho me encontrado nos congressos, que me deram a força necessária para publicar.

O conteúdo deste *Manual do foca* está estruturado de maneira a estabelecer uma compreensão gradual do que é notícia e de como ela é processada nos meios de comunicação, especialmente nos impressos. São três partes: na "Parte I – Conceitos de notícia" –, estão alinhadas as definições básicas acerca de notícia, pauta e reportagem. Ao final do capítulo "A reportagem", um momento para espairecer e matar a curiosidade com o teste "Você é bom repórter?".

Essa primeira parte é importante para alcançar a "Parte II – Produção da notícia" –, que tem como capítulos "A apuração", ou seja, o modo de coleta dos fatos; e "A entrevista", principal técnica de obtenção de dados para fins jornalísticos.

A "Parte III – Redação da notícia" – trata de "O texto jornalístico" e mostra as qualidades do bom produto, incluindo o estudo dos modelos mais conhecidos no jornalismo ocidental: "O lide" e "A pirâmide".

Alguns textos mencionados ao longo do *Manual* estão em Reportagens, no "Anexo". Também há um glossário com termos comuns usados nas redações.

Tenho a convicção de que quem sabe escrever para o meio impresso é capaz de se virar em qualquer outro, inclusive – aproveitando uma figura de linguagem – no meio líquido, se um dia for desenvolvido um teclado que possa ser manuseado na chuva ou no fundo do mar. Assim, qualifica-se os verdadeiros jornalistas: são profissionais *até debaixo d'água*. Os que ainda se emocionam, como eu, com uma boa matéria, esses são focas eternos.

PARTE I

CONCEITOS DE NOTÍCIA

A NOTÍCIA

Homem morde cão de policial no Canadá

Ottawa, Canadá – Um homem desesperado para evitar sua prisão mordeu um cão da polícia, revelou um porta-voz da corporação. O homem foi perseguido após bater em uma caminhonete da polícia com um carro roubado, contou o sargento Brad Fraser.

O cão, chamado Pago, foi atrás do ladrão que, ao ser alcançado, bateu, chutou e mordeu o animal, segundo relatou o sargento. "É bastante estúpido fazer isso porque um cão morderá de volta e muito mais forte", disse Fraser.

(Fonte: *Agência France Presse*, 11 jul. 2006)

Pedreiro morde cachorro e quase é linchado

O pedreiro Jair Rodrigues da Silva, 32 anos, morador do bairro Profilurb, em Americana, a 140 km de São Paulo, atacou um cão mordendo o focinho do animal e batendo nele com um pedaço de pau. Silva ficou muito nervoso ao ser mordido pelo cão. A cena chamou a atenção de pessoas que passavam pela rua Antônio Conselheiro, na quinta-feira (12). Elas chegaram a agredir o pedreiro.

A Guarda Municipal foi chamada e evitou um começo de linchamento. O pedreiro e o cachorro foram encaminhados ao plantão policial onde foi lavrado um boletim de ocorrência.

"Tiramos umas dez pessoas de cima do moço", conta o soldado Augusto, da Guarda de Americana, que encaminhou "as vítimas" ao atendimento. Silva passou pelo Pronto-Socorro e o cachorro foi levado ao Centro de Zoonoses de Americana, onde permanece em observação. Conforme o boletim de ocorrência lavrado pelo 4º DP, Silva cometeu crueldade contra animais, de acordo com a Lei n. 999, que dispõe sobre crimes de menor poder ofensivo. Se condenado, pode pegar até um ano de detenção.

(Fonte: Portal *Terra*, 14 out. 2000)

O que é notícia? Uma frase, atribuída a vários autores, transformou-se numa espécie de definição informal de notícia e costuma ser repetida nas redações de todo o mundo:

> Se um cachorro morde um homem, não é notícia, mas se um homem morde um cachorro, aí então é notícia, uma notícia sensacional.

Pelos dois exemplos iniciais – e outros que serão vistos em seguida –, observa-se que o fato de um homem morder um cachorro não é tão raro assim. Mas por que o ataque humano a um cão é notícia? Porque o fato é:

- novo (não se conhecia ontem ou minutos atrás);
- inusitado (estranho, exótico);
- sensacional (apela às sensações);
- misterioso (suscita questões e dúvidas).

Você pode pensar que o acontecimento em que um simples canino fere uma mulher, homem ou criança a mordidas nunca é notícia, o que não é verdade. Se o cachorro do presidente Luiz Inácio Lula da Silva avançar em cima de alguém, certamente será notícia. Ou se determinada raça estiver sendo perseguida – como os *pit bulls*, banidos do Reino Unido – e um cachorro dessa raça morder um anônimo nas ruas de Londres, isso também será notícia. E no caso de um cão anônimo ter como vítima uma pessoa conhecida, também irá para os jornais. Os ingredientes que conformam o relato noticioso, então, agregam outros elementos:

- a notoriedade (o exemplo das pessoas famosas);
- a proximidade (o que nos toca física, mental ou psicologicamente).

A narrativa sobre o fugitivo que mordeu um cachorro da polícia canadense ou a história do pedreiro que atacou um cão em Americana (SP) exploram o fato inusitado da inversão de papéis e mostram que a notícia contém fatores de atualidade causadores de emoção, surpresa, perplexidade. Veja exemplos que acrescentam detalhes pitorescos a fatos semelhantes.

Motorista morde o cão da vizinha

O motorista José Aldemir de Souza Lima, 34 anos, de Rio Branco (AC), responderá por um crime inédito. Na sexta-feira, ele deu dezenas de mordidas num cachorro pequinês de sua vizinha, Maria Cassandra Cordeiro, 28. Ela denunciou o motorista à polícia e exige o pagamento de tratamento para o cão. O fato ocorreu quando José Aldemir saía de um bar perto de casa. Ao ser atacado, Aldemir revidou, mordendo o cão até que o animal desmaiasse. O motorista disse na polícia que só pretendia "dar umas lições" no cão.

(Fonte: *Correio Braziliense*, 28 nov. 1994)

Mulher morde cachorro *pit bull* para salvar *poodle* na Croácia
Só quando levou a mordida é que o cachorro soltou o animal de estimação

Zagreb – Uma mulher mordeu um cachorro *pit bull* no pescoço para salvar o seu *poodle*, quarta-feira, na Croácia. Tudo começou quando o pai de Dagmar Vidovic passeava com o cão de estimação em Novi Vinodolski e o feroz *pit bull* saiu de um arbusto, agarrando o cachorro. A informação foi publicada em um jornal croata.

"Quando ouvi meu pai chorando, olhei pela janela e vi a cena horrível: o *pit bull* segurando Zeni com os dentes e meu pai caído no chão", disse Dagmar. A mulher pulou a janela, quebrando os pés, e engatinhou até a cena do ataque. Segundos antes, sua mãe ainda tentou ajudar, enfiando os dedos no olho do *pit bull*.

"Coloquei a mão no focinho dele e tentei tirar Zeni", disse Dagmar. "Quando eu vi que seria impossível salvá-la, mordi o *pit bull* com toda minha força." Só então o cachorro largou o *poodle*.

Dagmar foi hospitalizada por causa das fraturas nos pés e Zeni foi submetida a uma cirurgia. O *poodle* tem boas chances de recuperação. "Por mim, posso ficar deitada aqui por cinco anos, desde que nossa Zeni sobreviva", disse Dagmar. O paradeiro do *pit bull*, no entanto, não é conhecido. Os cães da raça *pit bull* são conhecidos por sua ferocidade. A Inglaterra, em 1991, chegou a proibir sua importação por considerá-los assassinos, depois do ataque a 125 pessoas. Eles também decretaram a castração de 10 mil cachorros para acabar com a raça.

(Fonte: *O Estado de S. Paulo*, 3 out. 1997)

Homem morde cachorro

Nova York – O mundo veio abaixo sábado à noite, em Syracuse, Nova York, ao menos para um frequentador de bar e um cão da polícia.

Depois de ser expulso de um bar, Paul Russell Jr., 33, mordeu Renny, pastor alemão de três anos de idade que trabalha para a polícia local – segundo relato do jornal *Syracuse's Post-Standard*.

Russel estava na calçada e sua cabeça sangrava quando o cão se aproximou para cheirá-lo. Bêbado, Russel agarrou o animal pela garganta e começou a bater nele e a mordê-lo na garganta, contou o policial que acompanhava Renny.

Russel foi atendido no hospital local e passou a noite na cadeia.

(Fonte: *Agência Reuters*, 22 abr. 2003)

Mas o que é mesmo a notícia? No dicionário, notícia (do latim *notitia*) é:

> 1 – Informação, notificação, conhecimento. 2 – Observação, apontamento, nota. 3 – Resumo de um acontecimento. 4 – Escrito ou exposição sucinta de um assunto qualquer. 5 – Novidade, nova.

Os conceitos de notícia encontrados nos livros tratam-na como mera transcrição de um fato ocorrido, manifestação da inteligência humana, simples forma de representação da realidade. Alguns dos conceitos correntes são:

> "Notícia é a comunicação de uma ocorrência que irá interessar à maioria dos membros de uma comunidade, ou é aquele fato cuja importância atinge a maior parte da coletividade onde foi gerado." (Juvenal Portela, 1976)

> "É algo que não se sabia ontem." (Turner Catledge, em Amaral, 1978)

> "Notícia é tudo o que o público necessita saber, tudo o que público deseja falar." (Revista *Collier's Weekly*, em Amaral, 1978)

> "A notícia é um texto que informa o que está acontecendo, de modo claro, geralmente breve, com a preocupação de dizer a verdade. Nela o autor registra os fatos, tentando evitar suas opiniões ou interpretações, evitando tomar parte." (Samir Curi Meserani, 1975)

> "É todo fato social destacado em função de sua atualidade, interesse e comunicabilidade." (Muniz Sodré, 1982)

> "É a informação atual, verdadeira, carregada de interesse humano e capaz de despertar a atenção e a curiosidade de grande número de pessoas." (Luiz Amaral, 1978)

> "A notícia se define pela novidade, pelo que é novo, sendo, portanto, o tempo que transforma o novo em velho, a novidade em conhecimento." (Isabel Siqueira Travancas, 1993)

Um jornal norte-americano publicava um anúncio para chamar a atenção dos leitores e tentar envolvê-los com o veículo. O jornal *O Globo* chegou a estampar a seguinte estrofe, com idêntico objetivo: interagir com a plateia. A nota visava despertar o repórter que existe em cada um. Apelava para critérios do que seria notícia à época:

> Se alguém... morreu, fugiu, casou-se, divorciou-se, partiu da cidade, deu um desfalque, foi vítima de um incêndio, teve uma criança, quebrou a perna, deu uma festa, vendeu uma fazenda, deu à luz gêmeos, teve reumatismo, ficou rico, roubou uma vaca, roubou a mulher do vizinho, suicidou-se, caiu de um aeroplano, comprou um automóvel, fugiu com um belo homem... Isto é notícia. Telefone para a redação.

Hoje, o mero fato de morrer, fugir de casa, contrair matrimônio ou pedir divórcio não constitui notícia. Nascer, parir gêmeos, quebrar a perna, dar uma festa ou ter reumatismo são acontecimentos que não valeriam espaço nos jornais. Já desfalques, transações imobiliárias, casos de amor e morte, o nascimento de trigêmeos ou de gêmeos siameses, quedas de aviões e lançamentos de carros continuam a merecer destaque, tanto maior quanto mais dinheiro, mais pessoas (quanto mais proeminentes forem essas pessoas), mais violência ou mais sexo envolverem.

Podemos resumir os conceitos de notícia em:

- notícia é um acontecimento: mas nem todo acontecimento é notícia. Eventos contínuos geralmente perdem o interesse;

- notícia é um acontecimento que desperta interesse: mas nem todos os acontecimentos despertam o interesse geral. Alguns são dirigidos a públicos muito específicos, daí a imprensa segmentada;

- notícia é o fato que choca: mas há fatos que não chocam e são notícia. Os fatos derivados de uma descoberta científica não causam choque, mas têm grande interesse para a humanidade.

Ou melhor:

- notícia é o inusitado: mas também os fatos banais podem ser notícia. Por exemplo, todos dias pessoas nascem e morrem. Podemos perguntar: quando um fato banal como o ato de nascer ou morrer torna-se notícia?

- notícia é o novo, a novidade: mas nem só o novo é notícia;

- notícia é transmissão da experiência, articulação que transporta o fato a quem não o presenciou: matéria-prima da produção jornalística, o relato noticioso condensa a informação atual, verdadeira naquele momento, carregada de interesse humano e capaz de despertar a atenção e a curiosidade do maior número de pessoas possível;

- notícia é comunicação: quanto mais pessoas essa comunicação atingir, melhor. O objetivo é ampliar o espectro da informação. A tendência à segmentação, veículos dirigidos a públicos específicos não contradizem esse pressuposto. Também os suplementos estão obrigados a ter uma linguagem acessível, porque a qualquer momento um novato pode se interessar pelas matérias. Quanto mais fechada a notícia, menos ela comunica.

Se fosse só publicar o que chega pelas agências, pela radioescuta, pela TV, por meio dos repórteres ou via telefônica, a feitura de um jornal não seria difícil. Apesar de todo o *glamour* e todo o poder que a mídia concentra, uma das tarefas mais importantes da profissão de jornalista é a de *gatekeeper* – o "guardião do portão" das notícias –, aquele que escolhe, decide, no campo de trabalho ou na hora de escrever, os fatos que merecem ser levados ao cotidiano do leitor. Isso eleva a tensão a que repórteres e editores estão submetidos no dia a dia. O professor Alceste Pinheiro, em aulas na Universidade Federal Fluminense, dizia:

> As coisas não param de acontecer, os fatos não param de ocorrer e então é preciso fazer uma triagem. Nem tudo o que chega aos veículos de comunicação é notícia. A seleção acontece em etapas sucessivas – desde o repórter que vai à rua e escolhe os dados mais significativos para a sua mensagem –, partindo assim de uma avaliação intencional da realidade. Suprimir e cortar textos atende ao volume de informações que chega às redações diariamente. No entanto, nem tudo o que chega pode ser considerado notícia e muito desse material não é importante para o tipo de leitor que o jornal tem.

Assinalar os fatos que vão virar notícia integra-se, portanto, ao rol de atribuições diárias do jornalista, nesse papel de seletor. Ele examina os acontecimentos que lhe chegam pela tela do computador, nos faxes que se acumulam sobre a mesa, nas reuniões de pauta, no relato dos repórteres e estabelece uma ordem de importância. A partir daí, o processo se afina até chegar ao formato do veículo (matéria de jornal, de TV ou rádio, texto para revista ou para internet).

Calcula-se que 60% do material que desaba todos os dias na redação de um periódico seja jogado fora. O editor, subeditor ou coordenador em um diário – o primeiro a receber as notícias, na manhã – não pode esquecer nenhum assunto, e a experiência o ensina a valorizar mesmo uma pequena notícia que aparece sem aviso e que, à primeira vista, seria uma coisa desimportante.

Por exemplo, uma nota sobre uma bomba caseira disparada na sede de um sindicato. Vem sob a forma de um texto simples, não mais que dez linhas, e se mistura a uma quantidade enorme de informações de todos os tipos: despachos das agências de notícia, *press-releases* de órgãos públicos, empresas e particulares, propaganda. Pode parecer, a princípio, um acontecimento pouco significativo, ainda mais que não menciona vítimas ou prejuízos materiais. Porém, se o sindicato é o dos Jornalistas Profissionais do Distrito Federal e o episódio se enquadra num contexto de atentados contra órgãos de comunicação no Brasil, a importância cresce. A rapidez na interpretação e na tomada de decisão, a experiência e o faro do guardião do portão determinam o grau noticioso do fato.

A primeira página de um jornal é a cara com que o veículo se apresenta de manhã aos leitores. Os mais fortes fatores que tornam a notícia interessante – chamados de valores-notícias – estão todos nas capas dos jornais ou nos blocos iniciais de um telejornal. Aquele que escolhe as notícias precisa ter, entranhado em si mesmo, um sensor que detecta a notícia. Um erro pode ser fatal para a vendagem do jornal ou da revista nas bancas no dia seguinte: o rádio e o telejornal se arriscam a perder Ibope para o concorrente; o site coloca a credibilidade em jogo se não identificar com a necessária presteza o que colocará como manchete. Para tentar diminuir as incertezas, os meios noticiosos fazem várias reuniões ao longo do dia. Nelas são discutidos os assuntos que constituirão a capa do impresso, a cara do telejornal ou a manchete do rádio.

Em seu livro *Estrutura da notícia*, Nilson Lage (1985) considera "o texto noticioso como bem simbólico de consumo universal". Ele tem uma conceituação contemporânea do que é notícia, do ponto de vista da estrutura jornalística:

> É o relato de uma série de fatos a partir do fato mais importante ou interessante; e de cada fato, a partir do aspecto mais importante ou interessante.

O relato noticioso não existe enquanto não é contado. A invenção da roda só se propagou quando alguém relatou a experiência e resolveu testá-la.

Lage chama a atenção para a transcrição, para o estilo de narrativa escolhido pelo repórter, o que remete então ao *interesse* e *importância* da notícia. Que fatos interessam aos leitores? O que é importante para eles? E é essa avaliação jornalística que transforma o fato em notícia. Ou seja, o fato vira notícia quando é publicado.

A distinção entre importância e interesse nem sempre é fácil. Muitas vezes o jornalista faz a avaliação recorrendo simultaneamente aos dois critérios, e respondendo internamente às questões: "Por que este assunto é relevante? Qual o interesse para o leitor?". Ele leva em conta aquilo que supõe estar na pauta da sociedade ou que julga ser importante levar ao conhecimento do leitor ou, ainda, aquilo que vê como condizente com a necessidade de informação do leitor. No fundo, no fundo, o repórter se vale mesmo do próprio discernimento e curiosidade.

Para além das ingerências de pauta – algumas vezes o que é relevante vem escolhido pelos editores, por meio do *enfoque* a ser dado –, o que guia o repórter são os valores que ele identifica ao se deparar com os fatos e que nem sempre estão diante dos olhos. Até inventarem e colocarem em uso o *interessômetro* (aparelho hipotético destinado a medir o grau de envolvimento das pessoas com determinados temas), repórter, redator e editor têm na cabeça alguns conceitos-padrão que ajudam na hora de selecionar uma fonte, de apontar um acontecimento como notícia. O valor-notícia é o ouro da notícia.

Valor-notícia provoca polêmica

Quando se trata de definir o conceito de notícia pelo interesse do leitor, os jornalistas batem cabeças. Quem deve determinar o conteúdo dos jornais? Veículos contratam pesquisas para definir o perfil dessa entidade metafísica, enigmática e impositiva, o leitor. O público opina e avalia cada edição, monitorando acertos e erros. Mas devem os diretores de teatro, bem como os editores, guiar-se unicamente pelo critério de julgamento da plateia? Onde ficam os princípios da imprensa – formar, informar, entreter? E a missão – acrescentar dados para a reflexão, pautar discussões, levantar assuntos polêmicos ou obscuros, denunciar os descalabros? Se os meios de comunicação de massa se contentarem em atender as expectativas do público, não tocarão em temas que possam incomodar, ou que provoquem controvérsias? O negócio seria deixar o leitor satisfeito, sem ansiedades.

Mas o que o jornalismo deve se questionar é o que realmente *interessa* ao leitor: apenas algo aparentemente atrativo, agradável ou bonito para certa parcela da audiência? Ou é aquilo que implica um caráter de benefício público, por ser representativo de um bem maior? Interesse é aquilo que aguça a inteligência do receptor, instiga a curiosidade dele, provoca-lhe emoções, estimula-o a pensar. Há muito que se diz que a imprensa são os olhos da sociedade: na verdade, ela incorpora uma missão e um papel. O desafio de todo jornalista é seduzir pela importância do material que transmite, revelar aspectos desconhecidos e lutar pelo aumento do número de pessoas que têm acesso à informação relevante.

Nem tanto ao céu, nem tanto à terra: o leitor não é ditador de assunto, temática ou abordagem. Justificar a publicação de assuntos irrelevantes jornalisticamente por causa de um pretenso interesse do leitor é esquivar-se da função própria da profissão. Por outro lado, ouvir o leitor é cada vez mais importante em uma época de interatividade e, portanto, o diálogo com o público se torna essencial para a sobrevivência dos veículos.

O pintor escolhe as melhores telas para usar como base de sua obra; o desenhista é capaz de apontar os papéis mais adequados a um determinado trabalho; o marceneiro sabe escolher as tábuas certas para fazer um armário

(Abramo, 1988). O jornalista lida com fatos e deve ter habilidade para classificar acontecimentos pelo nível de interesse ou impacto que causam no leitor, descartando os que concentram pouco ou nenhum valor jornalístico. O relato jornalístico economiza tempo e espaço, ordenando os fatos a partir do mais importante ou do aspecto mais relevante.

É por isso que os repórteres estão sempre tentando encurtar caminhos, querendo saber logo o resultado dos processos, antecipando conclusões, tentando chegar depressa ao chamado *âmago da questão*. No modelo pirâmide invertida – sistema de representação das notícias adotado no mundo ocidental e que atende aos propósitos de padronização exigidos pela difusão massiva da informação –, entende-se a notícia como uma narrativa que começa pelo assunto mais importante, interessante ou relevante.

O jornal *Miami Herald* fez uma pesquisa entre os leitores para saber que assuntos consideravam interessantes. Os nove temas mais citados no levantamento foram: governo local, educação, esportes, ambiente, consumo, notícias regionais, América Latina, saúde e crime. Os jornalistas da redação receberam ordens de se concentrar apenas nesses assuntos. A decisão de focalizar as preferências do público se deveu, segundo os dirigentes do periódico, à queda na circulação. Ao se concentrar em determinada agenda, o *Miami* optou por dar atenção a valores-notícias que dizem respeito ao código ideológico, à cultura de um determinado público que compra o jornal.

Quando fez a reforma de abril de 1996, capitaneada por Ricardo Noblat, o *Correio Braziliense* deu ênfase aos assuntos locais; ressaltou o fato de o jornal da capital ser uma referência para o país; apostou em grandes reportagens exclusivas e valorizou a figura do repórter. No livro *A arte de fazer um jornal diário*, Noblat (2002) conta que o *Correio* assumiu logo uma campanha pela paz no trânsito em Brasília e assim ganhou credibilidade junto à população. Em outras palavras, o jornal tomou como seus os valores da audiência, dialogando diretamente com ela e tratando dos assuntos mais importantes para o seu público.

Mauro Wolf (em *Teorias das comunicações de massa*, 2003) define os valores-notícias (*news values*) como "critérios de noticiabilidade". Também costumam ser chamados de "fatores de interesse da notícia". O valor-notícia é um conjunto de características que desperta a atenção, provoca o interesse ou confere relevância a determinados fatos que serão reunidos sob a forma de um produto específico do jornalismo, a notícia. Quem avalia o grau de *merecimento* de um fato para se tornar matéria noticiável (*newsworthiness*, ou julgamento noticioso) é o jornalista. Ele é o *newsmaker* (fazedor ou construtor de notícias).

O poder de julgar os fatos (*newsjudgement*) nasceu com o repórter: os antigos mensageiros de notícias (*menanti* ou *rapportisti*, na Itália antiga) eram portadores de informações importantes e, por isso, eram pagos pelos banqueiros, nobres, ricos comerciantes e políticos para transportar cartas, relatórios ou levar documentos. Mas é difícil acreditar que não selecionassem e modificassem o material que carregavam. Exerciam, portanto, o poder de vetar alguns assuntos e destacar outros, que mereceriam a viagem e as vicissitudes enfrentadas para difundi-los.

Não foi à toa que o jornal norte-americano *New York Times* adotou como slogan *All the news that's fit to print* (Todas as notícias que mereçam ser publicadas). São os jornalistas exercendo o julgamento dos fatos, estabelecendo critérios de relevância do material, apontando as mensagens que valem a pena ser transportadas à atenção do leitor. Embora a internet tenha subvertido bastante essa relação de hierarquia, os que trabalham com a notícia não abrem mão da função de avaliar e escolher aquilo que se transformará em notícia, utilizando o que Gaye Tuchman (em *La construcción de la noticia*, 1983) classifica como "conhecimento sagrado", uma espécie de "capacidade secreta do jornalista que o diferencia das outras pessoas".

Essa capacidade, no entanto, não vem do nada. Há critérios, como o de valor-notícia, que os jornalistas consideram universais pelos seguintes motivos:

- os valores-notícias atingem o público pelas emoções e o fazem cativo do material noticioso;
- muitos valores-notícias juntos significam interesse maior;
- poucos ou fracos valores-notícias representam audiência menor. Se são fortes, não há como frear a divulgação dos fatos: eles valem por si.

Os valores-notícias regem as pautas e o trabalho de apuração do repórter em campo. Os instintos entram em alerta quando ele descobre o *ouro* da matéria, o ingrediente que a traz à atualidade, um detalhe picante durante a apuração. Imagine: numa monótona tarde de sexta-feira, o foca é mandado para cobrir a inauguração de uma agência dos Correios. Mesmo com muita imaginação, é difícil ver aí um furo ou a possibilidade de fazer uma bela matéria. Assim, é com má vontade que ele se arrasta para o evento, pensando provavelmente na sina de todo estagiário. Supõe que assistirá a uma sucessão de discursos enfadonhos, numa solenidade regada a vinho doce e pasteizinhos requentados.

No entanto, durante a cerimônia, percebe a presença de uma mulher bonita entre as autoridades. Mais tarde a apontam como a amante do senador. Ela seria a verdadeira dona da agência. Ganhara a franquia do próprio senador, que está sendo apontado como o novo ministro das Comunicações. O repórter já tem, nesse momento, fatores que alimentam o inusitado e o fazem interessar-se pelo episódio. Se a história vai chegar aos jornais é outra coisa. Há elementos fortes para despertar sentimentos no leitor (beleza, mistério, sexo, dinheiro, poder) e eles podem vir a ser explorados em um texto.

Os autores apresentam classificações distintas sobre os valores-notícias. Felipe Pena, em *Teoria do jornalismo* (2005), sistematizou os critérios de noticiabilidade, arranjando-os em categorias. Preferiu-se aqui agrupá-los sob dois tipos: **valores fundamentais** e **valores temáticos**. Os primeiros seriam aqueles sem os quais a profissão não vive. Os temáticos mostram uma relação de assuntos que sempre oferecem oportunidades interessantes para a notícia e, portanto, estão nas boas graças do público. São **valores-notícias fundamentais**:

Atualidade: não existe nada mais velho que jornal de ontem. O novo é o primeiro quesito da notícia;

Proximidade: o que está mais próximo, seja no sentido físico, seja no psicológico, é o que nos comove mais;

Notoriedade: pessoas famosas, notórias ou com algum destaque na sociedade, vips, nobreza, autoridades civis, militares e intelectuais, a elite pensante e a inteligência do país.

Esses três critérios puxam os demais. Entre os **valores-notícias** temáticos há os que têm temporalidade imediata, responsáveis por matérias quentes, que têm que entrar obrigatoriamente no noticiário, como um escândalo sexual ou político; e outros, de temporalidade mais alongada, que podem esperar para ser publicados, como é o caso das notícias sobre saúde ou arte.

Sexo: é, na realidade, um dos fatores de interesse mais importantes, englobando todo o complexo das relações humanas; opções sexuais; casamento, filhos, exploração sexual;

Poder: disputa, guerra e paz, os três poderes, organizações comunitárias, sindicatos e associações, organizações não governamentais, igrejas, aristocracia, elites, governo, administração das cidades, estados, países, leis e regras de gestão pública, órgãos de planejamento e inteligência;

Dinheiro: luxo, riqueza, economia da cidade, do país e do mundo, movimentos de capital, bens e mercadorias, impostos e taxas, finanças públicas, inflação e moeda, câmbio, pensões e previdência, benefícios financeiros para o cidadão, aquilo que diz respeito ao seu bolso;

Morte: tragédias naturais e humanas, catástrofes, assassinatos, drogas, crimes, acidentes, violência, disputas, guerras, agressão, ameaças, segurança;

Mistério: o desconhecido, o inexplicado, o fantástico, novas descobertas, o raro, o inusitado, o exótico;

Lazer: diversões, esportes, campeonatos, vida e prazer, viagens, *hobbies*, passeios, festas, ócio;

Saúde: medicina, remédios, dietas, boa forma física e mental, campanhas de vacinação e prevenção, higiene e cuidados sanitários, qualidade de vida, descobertas científicas;

Trabalho: mercado profissional, economia formal e informal, bolsa de empregos, colocação de pessoas, frentes de trabalho, desemprego;

Religião: seitas e organizações religiosas, festas e datas sagradas, cultos e ritos, mitos, santos, credos, crenças e crendices, simpatias e superstições;

Meio ambiente: recursos naturais, conservação da natureza, parques e jardins, programas de preservação, urbanização, ambientação;

Amor: romance, solidariedade, fraternidade, amizade, união;

Confidências: intrigas, vida pessoal, intimidades, denúncias;

Educação: ensino, escola, cursos, cultura, métodos educacionais;

Ciência: pesquisas, descobertas, conquistas, invenções, novas tecnologias;

Arte: cultura, elegância, beleza, decoração, espetáculos, museus, festivais, preservação do patrimônio histórico e cultural, monumentos;

Moda: indústria do vestuário, desfiles, vitrines e butiques, o mundo da alta-costura e do *prêt-à-porter*, modelos e costureiros, tecidos e confecções;

Contrastes: amor/ódio, morte/vida, crença/descrença, rico/pobre, feio/bonito, pequeno/grande, moderno/antigo, alegria/tristeza, ignorância/educação.

Como você vê, tudo isso é Notícia, com N maiúsculo. Muitos assuntos encontram-se todos os dias na mídia, trazendo informações, preocupações ou entretenimento à população. Se você estiver sem pauta, pense nos fatores de interesse da notícia e descobrirá que sempre há um território a ser explorado, um lugar a ser visitado, alguém para telefonar.

Alguns valores-notícias justificam a existência de veículos – a revista *Caras* está calcada em notoriedade, poder, dinheiro, confidências; *Casa e Jardim*, em beleza, meio ambiente, saúde, lazer. De sites sobre surfe e fofocas da TV até *newsletters* com os bastidores da política e do governo, os fatores de interesse servem até para fundar novos meios de comunicação. Sempre com o ponto de vista de que quanto mais interesse concentrarem, mais sucesso terão.

Você pode perguntar: "Existe um medidor para os valores-notícias? Como saber quando se está diante de um fato de valor?". Johnson e Harris, no livro *O repórter profissional* (1966), apontaram características que conferem destaque a qualquer episódio. São os tais *medidores*, descobertos em 1940:

- intensidade do acontecimento;
- proximidade;
- extensão ou consequências;
- tempo do fato (oportunidade);
- número e variedade dos elementos envolvidos.

Vislumbre um acontecimento recente (oportunidade); que tem grande impacto sobre a vida da comunidade (intensidade); que se deu próximo a ela (proximidade); que tenha relação com os temas do cotidiano das pessoas (consequências); que reúna outros elementos, como morte, sexo, cultura, lazer, uma pitada de mistério. O termômetro do interesse pela notícia se eleva. Para que um fato seja valioso como notícia, portanto, o medidor deve tocar alto os valores fundamentais do jornalismo.

A realidade é mutante. O que é interessante ao público hoje pode não sê-lo amanhã. Os valores-notícias determinam as chamadas de capa (jornal), a *homepage* (internet) e a escalada (televisão). Os valores, como todo código, vêm carregados de ideologia e variam conforme o local. No Brasil, crescem os índices de leitura das matérias relacionadas ao meio ambiente. Nos Estados Unidos, artigos que têm muita plateia são os de saúde. Em época de guerra, a disputa de poder predomina sobre todos os assuntos. Já quando eclode um grande escândalo, o sexo, como fator condensador de atenção, pode comandar o noticiário.

Entre os brasileiros, revistas abordando assuntos de gênero, matrimônio ou desempenho sexual costumam estar entre as recordistas de banca. Em outros países, no entanto, o tratamento do tema sexo é mais cerimonioso e não tão frequente na imprensa tradicional.

A sisuda revista inglesa *The Economist* publicou, em 14 de fevereiro de 1998, uma capa com o título *The Sex Business* (O negócio do sexo). Havia um gancho para que a publicação, dedicada a assuntos econômicos internacionais, abordasse temática tão controvertida: seria o escândalo envolvendo o então presidente dos Estados Unidos, Bill Clinton, e a estagiária da Casa Branca, Monica Lewinski. Nesse número do magazine, a Carta ao Leitor estabelecia ligação da edição com o *Valentine's Day* (Dia dos Namorados) e quase pedia desculpas pela ousadia:

> Para todo mundo que pensa sobre sexo mais do que um momento ou dois (e achamos que os leitores do *The Economist* geralmente têm coisas mais importantes na cabeça), a mais curiosa transformação nas duas décadas passadas é o alargamento da tolerância com o sexo fora do casamento e a disposição da mídia para discutir sexo em público.

"Uma única coisa interessa sempre a todos os seres humanos e essa coisa é o próprio ser humano", sintetizou o editor do *The American Magazine*, John Siddall. Os grandes e pequenos dramas individuais e coletivos têm público certo, mas a vaidade e a identificação pessoal não deixam de ser ingredientes cotidianos nos meios de comunicação. Siddall observou:

> Os jornais são grandemente lidos porque o leitor individual se vê ali. Não quero dizer que ele veja seu próprio nome, mas sim que lê coisas acontecidas com seus semelhantes e que poderiam ter acontecido com ele.

O veio do interesse humano foi tão explorado, durante certa época, pelos jornais e revistas, que os repórteres não deixavam de fazer ironia, ao sair para averiguar um caso de despejo; a história do presidiário à espera do alvará de soltura; a idosa que esperou oito meses para falar com o presidente José Sarney – imitando na vida real a personagem de Veríssimo, "a velhinha de Taubaté", símbolo de ingenuidade que de vez em quando aparece na mídia.

O chefe de reportagem dizia, ao entregar a pauta ao repórter:

– Aqui está uma materiazinha humana para você.

E lá ia o profissional para a rua com a responsabilidade de trazer uma história que fizesse o leitor chorar. Esses casos, se bem explorados pelo repórter de sensibilidade, alcançavam o intento. Também havia perigo no chamado jornalismo sensacionalista ou imprensa marrom: só incentivar emoções baratas para vender em banca, emplacar índices no Ibope. Isso acontecia principalmente na década de 1970, em plena ditadura no Brasil, quando os jornais precisavam de notícias amenas para desviar a atenção do noticiário político e preencher as páginas com material de alta legibilidade.

Em todo o mundo, são histórias humanas que estão todos os dias na imprensa, oferecendo ao leitor ocasiões para se identificar, irmanar-se ou se solidarizar com os dramas alheios. Tudo na mídia depende do grau e da frequência com que se recorra a isso. O "Jornal Nacional" da TV Globo, por exemplo, tem especial predileção por esse tipo de matéria *lácrimo-edificante* para fechar o noticiário das 20 horas. É um *Boa Noite* eficaz, causa efeito no telespectador, obriga-o a pensar no assunto e aumenta a taxa de retenção da notícia. Se essa materiazinha humana chega a provocar comentários na sala de jantar, então, terá alcançado os objetivos: reforça os mitos individuais, torna-se um assunto da agenda das pessoas.

Os valores-notícias expressam toda a variedade da vida. Tudo é notícia, então? Não, a imprensa rejeita o que é repetitivo, velho, e se deixa atrair pela novidade. Mas é preciso descobrir onde está a notícia e acompanhar casos sociais que a imprensa sepulta de uma hora para outra, mas podem continuar a interessar comunidades e setores da população. As notícias também são fábulas do cotidiano, como enfatiza o professor Luiz Gonzaga Motta, da Universidade de Brasília. Reportagens podem contar longas histórias, como herdeiras dos velhos folhetins. Uma porcentagem mínima do que acontece no governo e nas instituições chega ao conhecimento dos jornalistas. Portanto, há muitas áreas ainda a ser vasculhadas pela investigação criteriosa.

A denúncia é apenas uma faceta externa da missão de buscar enxergar o mundo subterrâneo dos deslizes, falcatruas, mentiras e trapaças. Entre os fatores que determinam o que é notícia, alguns apontam para valores positivos, e fazem matérias relevantes e interessantes (beleza, solidariedade, amor, arte).

Faça-se a pergunta: por que um assunto é relevante? A resposta será um valor-notícia. Os valores-notícias são, por fim, temas que se afirmaram no universo do interesse do leitor. Nas capas das revistas do Quadro 1, pode-se identificar alguns deles. Levando-se a pergunta anterior ao título de cada matéria, encontra-se o que as justifica – o valor-notícia.

Exemplo: na revista *IstoÉ*, há uma reportagem de capa sobre falência no setor bancário. O título é: "A boa vida dos banqueiros falidos". Pergunta: por que a vida dos banqueiros é interessante para os leitores? Que interesse esse tipo de assunto desperta na audiência?

Pode-se responder: porque envolve notoriedade, dinheiro, poder, lazer, ideias associadas a riqueza, conforto, bem-estar, saúde, qualidade de vida, situação almejada pelo ser humano, tudo temperado com boa dose de mistério. E para que o consumidor precisa saber disso? O leitor tem direito de ser informado sobre as movimentações de capital e as irregularidades que fazem com que, no Brasil, a lei deixe soltos criminosos de colarinho-branco ou não. A reportagem pode mostrar que quem acaba pagando a conta é o cidadão que recolhe impostos, enquanto outros, depois de ter cometido deslizes, continuam em liberdade e gozando a vida. Tudo isso está contido nos valores-notícias dinheiro/poder/lazer/violência e crime, além do que obviamente se encontra envolto em dúvidas e ações misteriosas.

Observe as chamadas de capa de revistas (Quadro 1). Para identificar os valores-notícias, atente para as palavras fortes que aparecem nos textos e para as ideias sugeridas.

Quadro 1 – Valores-notícias em capas de revistas

Veículo	Chamada	Valores-notícias
Exame	"Bill Gates: a hora certa de parar. Os exemplos de brasileiros que pararam na hora certa. Empreendedores que arrasaram seus negócios porque insistiram em permanecer no poder"	notoriedade/dinheiro/ poder/disputa/trabalho/ interesse humano/lazer
Carta Capital	"Gente à venda. Plano nacional quer inibir o tráfico de seres humanos. No mundo, o crime movimenta 32 bilhões de dólares"	sexo/dinheiro/crime/ interesse humano
Manequim	"Os novos blazers de Fátima Bernardes"	beleza/moda/notoriedade
Veja	"A verdade de Bento xvi"	religião/mistério/dinheiro/ poder/notoriedade
Marie Claire	"Beleza da cabeça aos pés. 153 sugestões de moda que multiplicam seu guarda-roupa"	beleza/moda/poder/ dinheiro
Caras	"Poder. Dinheiro. Desafios. Sucesso. Vida boa" "As mães poderosas: Madonna"	notoriedade/mistério/ poder/dinheiro/trabalho/ lazer/interesse humano
IstoÉ Gente	"Ana Hickmann: a nova loira da tevê"	notoriedade/lazer/sexo/ dinheiro

Examine agora as manchetes de primeira página de um jornal de domingo (Quadro 2).

Quadro 2 – Valores-notícias em jornal de domingo

Manchete	Valores-notícias
"Preso acusa direção do PT de pagar dossiê contra Serra"	poder/disputa/dinheiro/crime/mistério/notoriedade
"Reserva indígena: troca-se, vende-se, aluga-se"	poder/disputa/dinheiro/exótico/interesse humano
"Cabelos cada vez mais coloridos"	beleza/moda/poder/exótico
"Bolívia só congelou decisão na conversa"	poder/disputa/dinheiro
"Papa lamenta: grupo islâmico ameaça atacar Roma"	religião/mistério/poder/disputa/notoriedade
"Futebol: Corinthians derrota o Paraná por 1 a 0"	lazer/disputa/dinheiro
"Remédios: Sucesso de venda, pivô de polêmica"	saúde/disputa/dinheiro/interesse humano
"Analfabetismo parou de cair nos últimos quatro anos"	educação/poder/justiça social/interesse humano
"Futuro de país e saída de Fidel dividem Cuba"	morte/poder/disputa/dinheiro/exótico/notoriedade

Fonte: *O Estado de S. Paulo.*

O novo deixa de ser apontado porque é ele que rege toda a seleção de notícias. A proximidade está implícita, faz com que se leia um assunto antes de outro. Note que os fatores de interesse das notícias nos Quadros 1 e 2 surgem *em maços*, formando um conjunto de elementos fortes. Se, ao lado deles, for agregada a intensidade com que repercutem sobre a vida das pessoas e as consequências que acarretam, é possível saber a medida de sua expressividade e a razão pela qual foram parar na capa da revista e do jornal de domingo.

O dinheiro – ligado a poder/disputa – aparece em quase todos os títulos. A notoriedade confere *status* a um acontecimento, como é o caso do papa ou da moda usada pela apresentadora de TV Fátima Bernardes. Por outro lado, o mistério é o algo mais. De uma perspectiva geral, os assuntos formam um painel destinado a sensibilizar a plateia e reter atenção, contrabalançando os temas amenos e os áridos.

Como já foi visto, quanto mais valores-notícias, maior a rentabilidade da notícia, ou seja, mais alta se torna a capacidade de se vender na banca ou competir pelo espaço na internet. Mesmo ao se observar as manchetes de um jornal do ano anterior, é possível ver que os valores se repetem, como numa espécie de fórmula de sucesso para primeiras páginas. Isto quer dizer que os editores têm consciência dos sentimentos que provocam nos leitores, ao escolher os assuntos que estamparão a capa do veículo.

A morte de Ayrton Senna, ao concentrar muitos valores ao mesmo tempo – morte, vida, notoriedade, disputa, poder, dinheiro, saúde, segurança, lazer, interesse humano –, exerceu fascínio incomensurável, alimentando o noticiário por semanas. O que é importante geralmente desperta interesse. Mas há também outros tópicos que precisam de um tratamento jornalístico a fim de despertar interesse no público. E aí está uma das artes do jornalismo: ver relevância até em curiosidades da vida real, desde que a mensagem seja compreensível, que se consiga comunicar um fato e que este, de alguma forma, acrescente informação ao cidadão. Com informação, a matéria-prima do jornalismo, é possível haver uma sociedade melhor.

A PAUTA

A pauta, como roteiro de uma reportagem ou de toda a edição, surgiu do processo de transformação dos jornais em empresas. Nas gráficas, pauta é o conjunto de linhas horizontais e paralelas produzidas no papel pela pautadora; fala-se em caderno pautado. Nas redações, a pauta é um instrumento de organização interna, que veio colocar ordem no caos que eram os jornais do século XIX. No Brasil, a partir da existência da pauta, pôde-se esquematizar o fechamento, planejar a rotina dos jornalistas e estabelecer padrões de produção de conteúdos e funcionamento das empresas.

Nem todos os veículos jornalísticos trabalham com um roteiro sistemático de assuntos para organizar a trajetória dos repórteres. Nos Estados Unidos e na França, a alta especialização do corpo de reportagem garante que haja matéria para preencher as páginas. Os repórteres se ligam às editorias e se incumbem de prover e cobrir os temas do dia em seus setores. Inexiste o documento denominado pauta.

Na América Latina, a pauta é um documento importante para que os editores saibam os assuntos previstos e com que poderão contar no momento da edição. Esse guia de edição começa a ser feito nas primeiras horas do dia e é modificado muitas vezes, em sucessivas reuniões. A rotina dos veículos de comunicação se inicia e termina com a pauta. O último produto dos editores é a pré-pauta para o dia seguinte. O repórter, da rua, também se comunica com a redação para atualizar e dar ciência da sua pauta. No jornalismo *online* também existem pautas; entretanto, elas se aproximam mais de listas que mostram os locais de buscar e encontrar dados para redigir as notícias.

Tamanho e características dos textos e fotos, segundo a importância das notícias; atenção a preocupações mercadológicas, quando a notícia assume o papel de mercadoria para ser vendida na banca ou aparecer na internet; previsão de gráficos e ilustrações; horário de trabalho dos profissionais, de acordo com a tarefa a ser cumprida – esses itens passaram a fazer parte da programação diária dos periódicos, esquematizada com a instituição da pauta.

Atualmente, entende-se como pauta no Brasil:

Relação de assuntos: feita pelos editores, coordenadores de editoria ou chefes de reportagem, conduz a edição do jornal ou da revista, do radiojornal, do telejornal e do jornal eletrônico. Pode assumir os nomes de *pré-pauta* ou *pauta prévia*. Nesse caso, os editores levantam uma relação de temas possíveis de serem seguidos no dia posterior, as matérias planificáveis. A lista é colocada à disposição de todos na tela do computador. O chefe de reportagem designa os repórteres e coloca o nome de cada um ao lado da pauta que acha mais adequada. Os editores ou subeditores, ao chegar pela manhã, inteiram-se dos assuntos que estão sendo acompanhados e reorientam os repórteres, se necessário;

Indicações: transmitidas ao repórter para orientar o trabalho de apuração de um fato ou de um conjunto de acontecimentos. Se a pré-pauta é feita na véspera, com temas previsíveis, o grosso do noticiário – e o mais emocionante – vem das notícias de última hora, o novo. São as chamadas *breaking news*, notícias quentes, imediatas. Quando eclode uma catástrofe, não há tempo de escrever nenhuma pauta. Nesse caso, os repórteres mais experientes são encarregados das pautas de maior responsabilidade; eles *puxam* a apuração. O editor, coordenador ou o chefe de reportagem dá orientações gerais, as áreas de cobertura são combinadas entre os editores de várias editorias. Numa pauta, há indicações de enfoque, sugestões sobre como o tema deve ser tratado, e as prioridades do veículo, ao cobrir determinados assuntos;

Roteiro mínimo: deve conter perguntas, nomes e telefones de entrevistados, endereços e dicas de como se comportar em situações difíceis. Esse roteiro pode ser feito pelo próprio repórter, no caderno, antes de sair à rua. O profissional deve fazer o possível para cumprir a pauta, embora tenha liberdade para mudar a direção, ao perceber que outro assunto é mais importante.

Como é possível observar, a pauta é conceito (guia para a edição); documento (orientação para os repórteres); seleção de assuntos e agenda (lista de temas e efemérides). Quando se faz uma reunião de pauta, todos têm em mente a pauta como conceito, sua importância para o planejamento e a sequência de atos até a edição final. No momento em que o chefe de reportagem ou o coordenador da editoria escreve ou pensa sobre determinado assunto, ou mesmo chama um repórter e lhe dá a pauta, ele direciona e orienta, de forma escrita ou verbal, o trabalho de apuração (assim como o papel pautado que se coloca por baixo para guiar a caligrafia). Mas a seleção de retrancas dada pela agência de notícias aos temas que perseguirá também é pauta, assim como o calendário elaborado para toda a redação para relembrar os acontecimentos fixos do ano – as efemérides. Essas nuances da pauta serão vistas em seguida.

A pauta dentro da redação

No início da organização das empresas jornalísticas no Brasil, a pauta era lida pelo pauteiro diante de todos os repórteres, na redação. O *Senhor da Pauta* era o encarregado de distribuir as tarefas e tinha o direito de cobrar dos subordinados o não cumprimento de itens. Depois, essa missão evoluiu para a figura de um jornalista que entrava na redação por volta da meianoite e, depois de ler os jornais recém-impressos e trazidos diretamente das gráficas, traçava um rol de ideias de pauta. Utilizava seu arquivo pessoal, muito do próprio conhecimento e observação, e dava sugestões de matéria, elaborava lembretes e até designava os repórteres que considerava mais aptos.

Em alguns veículos, adota-se a pré-pauta como modelo de organização da edição. Ela é a base para a primeira reunião do matutino, com a presença de representantes de todas as editorias – incluindo Fotografia e Arte –, quando são discutidos os eventos prioritários e realizadas previsões sobre os acontecimentos do dia. As redações fazem várias reuniões ao longo da jornada. Nos grandes jornais, a primeira acontece às sete horas da manhã. É um exercício de futurologia: os coordenadores de editoria, subeditores ou o chefe de reportagem e repórteres tentam antecipar o que acontecerá e estabelecer um planejamento.

A tarefa do editor chefe (ou, em seu lugar, do editor executivo) é apontar aquilo que considera mais importante para o jornal, recomendando cuidados na apuração, assinalando os ângulos desconhecidos e nos quais os repórteres devem investir, a fim de assegurar uma boa edição mais tarde. O editor executivo desempenha as ações determinadas pelo editor chefe e fiscaliza a operacionalização das notícias, principalmente as coberturas especiais. Os demais editores cuidam das editorias e têm horários dados pelo Departamento Industrial para fechar as páginas, contrabalançando matérias e anúncios.

Outras reuniões são feitas, queimando etapas em direção ao fechamento (*deadline*). A última delas é para fechar a primeira página, momento no qual o veículo traça a *cara* que terá o produto, na manhã seguinte, nas bancas. Das reuniões mais próximas do fechamento da edição, participam os níveis hierárquicos mais altos – e até o dono do jornal –, principalmente quando há um grande tema ou algo que afete a direção da empresa, como, por exemplo, vésperas de eleições presidenciais, ou o lançamento de um novo pacote econômico.

Os suplementos e revistas semanais fazem reuniões fora dos dias de fechamento. Sites realizam encontros no início da semana. Em todas as reuniões de pauta, os participantes são instados a falar e devem contribuir com novos assuntos, com visões pessoais, com informações enriquecedoras. Não existe dono da pauta, apesar de, no geral, quem sugere um assunto ser o indicado para realizar a matéria.

O trabalho do repórter consiste em juntar dados para escrever textos informativos, as chamadas *matérias*. Ele vai a campo, ou seja, agenda e faz entrevistas; acompanha eventos e realiza trabalhos de observação e pesquisa. Volta à redação para, com os dados coletados, compor o texto. Também pode enviá-lo por telefone e pela internet. Pelo telefone celular, o editor, produtor ou chefe de reportagem se comunica com os repórteres que estão nas ruas, orientando-os para possíveis mudanças na pauta inicial ou pedindo atenção a determinados aspectos. O chefe de reportagem não manda todos os repórteres para a rua ao mesmo tempo. Há sempre alguns para eventualidades, que ficam na redação fazendo pesquisas, lendo jornal ou ajudando na edição. Outros estão envolvidos em reportagens especiais – "fora da pauta" –, podendo ser deslocados para um assunto importante a qualquer momento.

As editorias de Fotografia e Arte atendem as pautas que demandam fotos ou desenhos, gráficos ou infografias. Na internet, essas duas editorias podem interagir para produzir especiais multimídia ou infográficos animados para os sites. Como participam desde as primeiras reuniões do dia, jogam os melhores profissionais nos trabalhos difíceis, complicados. A produção de vinhetas e selos, identificando matérias especiais ou coberturas continuadas ("Caseirogate", "Affair Clinton/Lewinski"), é uma incumbência da Arte, que se beneficia se houver planejamento.

O primeiro exemplo de pauta deste capítulo (Pauta 1), assinado por Luciano de Moraes, pauteiro de *O Globo, Jornal do Brasil* e *TV Globo*, tinha originalmente 43 tópicos. Pretendia cobrir todos os assuntos da Reportagem Geral de um jornal. Pense na complexidade da missão de lembrar todos os assuntos pendentes, os que estão por acontecer e ainda apontar tendências, chamar a atenção para fatos inusitados, sugerir setores de cobertura, para as grandes equipes dos anos 1970-90. Essas são funções, ainda hoje, dos encarregados da pauta – editores, editores assistentes de produção ou coordenadores das editorias, nem sempre chamados de pauteiros. Antes, as pautas eram entregues aos repórteres em tirinhas datilografadas. Atualmente, os itens de pauta são comunicados por via eletrônica.

PAUTA 1 – JORNAL IMPRESSO – REPORTAGEM GERAL
Pauta para a edição do dia...

1 – **O governador**: 10h15, o governador do Estado instala o 7º Congresso Nacional de Transportes Marítimos e Construção Naval, no Hotel Glória. 17h30, preside a posse da primeira diretoria da Associação das Indústrias do Distrito da Fazenda Botafogo, na Avenida Calógeras, 15/9º andar. 20h30, comparece à inauguração da sede da Associação de Garantia ao Atleta Profissional do Rio de Janeiro, Avenida Pasteur, 431.

2 – **Os velhinhos**: 10 horas, na Legião Brasileira de Assistência, instalação da Semana do Idoso. Um registro?

3 – **Zefirelli**: o Franco Zefirelli está na suíte 404 do Copa. Dá entrevista hoje? Passeia pela cidade? Vale ver isso.

4 – **Cousteau**: o conhecido Jacques Cousteau chega amanhã e fica no Sheraton. Vamos confirmar, saber hora da chegada, pois é claro que vamos ouvi-lo. Algum mergulho aqui no Brasil? Contatos?

5 – **O jurista**: Pontes de Miranda fala às 19 horas no Instituto dos Advogados Brasileiros sobre O Direito na Atualidade.

6 – **As clarissas**: D. Eugênio Sales encerra as comemorações dos cinquenta anos das clarissas, com missa às 17 horas na Rua Jequitibá, 41, Mosteiro dos Santos Anjos.

7 – **Samba**: 21 horas, no Tijuca Tênis Clube, a Riotur apresenta os concorrentes ao I Concurso de Sambas de Quadra para o carnaval.

8 – **Feira da Providência**: Continuamos evitando, pois estamos a poucos dias da Feira da Providência. Já fotografamos a montagem das barracas? Já estamos preparando o grande serviço para domingo, com todas as dicas sobre a feira, trânsito, roteiro, o que comprar e onde.

9 – **Ferrovias**: 9 horas, na gare da Central, o ministro dos Transportes abre uma exposição sobre a história das ferrovias. Deve ser coisa interessante. Quem for lá pode conversar com o ministro sobre as possibilidades da compra do trem-bala, uma das paixões dele. Estamos publicando notícias na Nacional e o assunto pode ser melhor explorado.

10 – **Metalúrgicos**: 15 horas, na Delegacia Regional do Trabalho, uma importante reunião para discutir o aumento salarial dos metalúrgicos (...).

Nessa pauta, é possível verificar que:

- a pauta começa pelos assuntos mais importantes, imprescindíveis para a cobertura do dia, ou que envolvem personalidades: o governador (1), o cineasta Franco Zefirelli (3), o mergulhador Jacques Cousteau (4);

- faz muitas perguntas, para instigar o repórter e motivar o editor (2, 3, 4, 8);

- sugere mudar ângulos ou redireciona a edição, para melhor aproveitamento do material do repórter (9);

- usa linguagem coloquial e sugestiva: "continuamos" (8), "quem for lá pode..." (9).

Observe a Pauta 2, feita na noite anterior ao acontecimento que se devia cobrir.

PAUTA 2 – JORNAL IMPRESSO

Pré-pauta de Brasil para esta quinta-feira

Bebês/mortes: Entramos no caso dos bebês de Boa Vista até o pescoço, uma nova tragédia nos moldes de Caruaru. Acima de tudo, precisamos mandar gente para lá: repórter e fotógrafo. Tem voo hoje à noite. Podemos mandar o Marcelo de Moraes, por exemplo. Repórter procura o Noblat para orientações.

Como vocês devem ter visto, morreram 34 bebês em apenas 23 dias, provavelmente de infecção hospitalar. É uma loucura. A descoberta se deu por acaso, a partir da morte de duas das trigêmeas que nasceram na sexta-feira passada. Elas morreram na segunda, e um jornal local apurou que estavam morrendo bebês como moscas nas últimas três semanas.

Vamos a Roraima, ouvir as famílias, contar o drama de cada uma delas (ver se já perderam outros bebês em outras condições), verificar as condições sanitárias desse hospital. Será que também estão morrendo adultos? E como estão os bebês sobreviventes?

Em Brasília, precisamos descobrir onde está a terceira trigêmea. Temos a informação de que a sobrevivente veio para cá, em avião do Estado, com despesa paga pelo Estado. A família não quer falar. Vamos atrás. Quem? Weber fica na editoria Brasil acompanhando o caso. Vamos ouvir o governador, o secretário de saúde, etc.

Sabemos também que há uma semana tinha gente da Fundação Oswaldo Cruz por lá. Temos que pilotar isso desde cedo, independente de agências.

Na Pauta 2, do *Correio Braziliense*, pode-se assinalar:

- Sendo uma espécie de ordem de serviço, a pauta designa nomes para determinadas coberturas. O planejamento pode ser feito a partir de uma decisão da chefia, que optou por mandar o repórter Marcelo de Moraes, por exemplo. A matéria seria preciosa para o jornal, razão pela qual a orientação viria do próprio chefe da redação à época, Ricardo Noblat. Outros repórteres são incluídos no esquema comandado pela Editoria Brasil, com a incumbência de procurar o ministro da Saúde, o governador, o secretário de Saúde, a Fundação Oswaldo Cruz (Fiocruz).

- Mais uma vez, o dado típico da pauta: a linguagem coloquial, o tom informal de sugerir o assunto, como se fosse um convite a passeio ("Vamos a Roraima"). Há também menção a um possível *deadline* ("Temos que pilotar isso desde cedo, independente de agências"), mostrando que se trata de matéria para o mesmo dia e que o veículo quer informações exclusivas, embora conte com o material enviado pelas agências de notícias. O fato de planejar de véspera também denota cuidado, capricho com a cobertura, um dos temas em que o jornal iria *apostar* na edição seguinte.

- Esta é uma pauta recorrente no Brasil, já que bebês continuam a morrer em maternidades. Portanto, é um exemplo que poderá ser reaplicado no dia em que se repita tragédia semelhante.

Uma pauta deve ainda:

- propor (e lembrar) assuntos do calendário ou agendados pelos órgãos e empresas;
- explicitar matérias recomendadas pela direção do veículo;
- adiantar nomes de fontes a serem consultadas na cobertura;
- sugerir quem pode escrever (ou consolidar) uma matéria muito extensa.

De posse da incumbência, o repórter desdobra a própria pauta (ver "Pauta Individual"), pesquisa e anota as pessoas que podem ser entrevistadas, locais a percorrer, documentos e livros a consultar, enfim, delineia um roteiro de apuração. Se o assunto é novo para ele, conversa com o editor para ter uma primeira ideia da abordagem e do ângulo esperado ou desejado. Isso é o que se chama *enfoque*. O enfoque diz ao repórter o que o veículo deseja do assunto que lhe compete apurar. Um repórter pode discutir os ângulos de cobertura com o editor, antes de sair, e até discordar dele; ele também tem a liberdade de, caso descubra que o enfoque é impossível, mudar a pauta. Entretanto, tudo isso tem que ser *negociado*.

Um enfoque (ou a matéria) pode ser mudado, por exemplo, se você for fazer uma matéria numa cidade de interior, sobre uma filmagem, e os trabalhos estiverem completamente parados porque o equipamento quebrou. Ou se algo acontecer durante uma reportagem, como o repórter ser agredido fisicamente pela fonte ou presenciar um acidente grave. Ou se, enviado para cobrir um problema num posto de saúde, você descobrir que, a metros dali, um curandeiro desvia pacientes prometendo curas à base de cirurgias espirituais. Não são situações impossíveis e, sim, situações da vida de um repórter.

A pauta segundo o veículo

As pautas se diferenciam pelos veículos a que se destinam, adotando formatos e linguagens típicos de cada um.

Pauta de jornal: como foi visto nas Pautas 1 e 2, é documento detalhado, sob o ponto de vista da apuração, que exige a busca de muitas fontes.

Pauta de revista: sendo veículo impresso, a revista guarda semelhanças com o jornal. No entanto, a pauta de revista atende a uma periodicidade diferente. É feita uma vez por semana, por mês, ou a cada dois meses, no caso de publicação bimestral. A depender da abrangência – veículo nacional ou local –, a revista requer um nível de detalhamento maior que o jornal, pois precisa correr contra ele: não pode repetir o que já foi dito e é obrigada a procurar sempre a informação que aprofunda ou é totalmente nova. Veja a Pauta 3 para a revista *Nova*, enviada da sede da Editora Abril, em São Paulo, para a sucursal do Rio:

PAUTA 3 – REVISTA

Para: Marinilda – Sucursal Rio
De: Márcia Villela Neder – *Nova*/SP

Estamos novamente às voltas com aquela matéria que fala sobre o que fazem as pessoas famosas para manter a boa forma. A matéria vai se basear no depoimento de algumas mulheres conhecidas pela beleza e boa forma (mais pela boa forma do que propriamente pela beleza). As escolhidas são: Rose Di Primo, Dina Sfat, Marlene (do "Planeta dos Homens"), Vera Fischer, Tônia Carrero, Gal Costa, Sônia Braga, Sandra Bréa e Maria Cláudia.

Como abertura da matéria, falaremos sobre a necessidade de manter a forma pela própria função pública que exercem. Discutiremos os critérios que determinam essa necessidade, devemos ouvir o Daniel Filho, conhecido por suas ordens do tipo "você tem que emagrecer dez quilos em uma semana porque está horrorosa no vídeo"(...). Além de Daniel, poderíamos ouvir a Marie Claude, dona de uma das maiores agências de modelos do Rio, sobre as exigências e os critérios que ela usa para selecionar seu pessoal. Ela exerce vigilância sobre a forma de suas modelos? Ela exige que façam ginástica, tratamento, etc.? Quais são os padrões? Enfim: o que está por trás dessa necessidade? (...)

A ideia principal da abertura é deixar bem claro que o sacrifício a que essas mulheres se submetem ou cuidados que tomam não são exclusivamente um problema da vaidade, mas uma questão de sobrevivência, instrumento de trabalho, exigência profissional. Em seguida, passaríamos aos depoimentos das acima escolhidas. De algumas, já temos algumas falas, mas temos que atualizá-las porque são antigas. É o caso de Rose Di Primo, Gal Costa e Sandra Brea. O depoimento de Tônia Carrero, colhido por uma jornalista daqui de São Paulo, será todo aproveitado sem uma rechecagem, porque o que ela diz deve estar fazendo há milênios e, portanto, não precisa de atualização. O da Vera Fischer tem que ser todo refeito porque foi colhido logo após o parto (...).

O original dessa pauta da revista *Nova* foi mantido para mostrar que esse é outro exemplo que não perde a atualidade: as pessoas continuam preocupadas com a boa forma, com a saúde e se espelham em alguns modelos, as celebridades. Mudam os nomes, mas não muda o tema. Na pauta, nota-se que a matéria havia sido tentada antes. Alguma apuração foi iniciada e, então, a sede da revista resolveu agregar novos depoimentos, mantendo alguns dos antigos. Nem todos esses nomes famosos chegaram a ser ouvidos, pela dificuldade de acesso ou pela agenda dos artistas. A repórter substituiu nomes – ouvindo previamente a redação em São Paulo. Não se conseguiu confirmar a frase de Daniel Filho ("Você tem que emagrecer dez quilos em uma semana porque está horrorosa no vídeo"), o que fez com que o texto tomasse outros rumos. Aqui se tem a exata noção de como a pauta é um documento interno – entre a redação e o reportariado. Seria uma indelicadeza mostrar à atriz Tônia Carrero o que a pauta insinua.

Pauta de TV: é uma pauta semelhante à do dia a dia do jornal, com a diferença de conter uma preocupação com imagens, cores, movimento. O profissional de TV só se liga em detalhes que possa documentar. Para facilitar a tarefa das equipes com pautas mais complicadas, a televisão criou a figura do produtor, que auxilia o trabalho de reportagem, indo atrás das fontes, marcando entrevistas. No exemplo a seguir (Pauta 4) – uma pauta *histórica*, pois a morte do índio Galdino alcançou repercussão nacional –, vê-se que o texto já sugere o olhar da câmera sobre objetos e pessoas, tentando passar emoção, sentimento. No vídeo, a emoção é tratada de diferentes maneiras, porém, tanto quanto no rádio, é preciso ser dosada.

PAUTA 4 – TELEVISÃO

Pataxó/Monumento
10h30: Praça do Compromisso – 704 Sul (Brasília)

A morte do índio pataxó Galdino de Jesus dos Santos não será lembrada apenas pelos recortes de jornais, pelas imagens da televisão e lembranças de quem viveu, viu e ouviu os fatos. A partir de hoje, um monumento de aço e ferro com uma tonelada e dois metros de altura perpetuará a história da morte de Galdino. Segundo o autor da peça, o artista plástico Siron Franco, "não será uma obra cultuando a morte, a raiva ou a indignação. É um monumento para a reflexão". Dividida em duas partes, a escultura terá a forma de um "L" e simbolizará a morte e ressurreição do índio Pataxó. Na horizontal, o desenho do índio – em alto-relevo – estendido no chão, traduz a morte. Em posição vertical, a silhueta de Galdino representada pela parte vazada é a elevação do espírito. Haverá a seguinte inscrição: "Aqui, no dia 20 de abril de 1997, foi queimado vivo o índio pataxó Galdino de Jesus dos Santos por cinco jovens desta capital". O governador Cristovam Buarque, o secretário de Cultura, Pedro Tierra, além de Siron Franco, estarão presentes na inauguração. Alunos de várias escolas também devem participar do ato.

Na **Pauta 5**, da TV Globo, duas jornalistas são encarregadas da cobertura de um escândalo político no Senado. Há um alerta acerca da permissão para se fazer imagens, pois a previsão é a de que os depoimentos serão dados de portas abertas.

PAUTA 5 – TELEVISÃO
VT **Sanguessugas – Delis/Denise**
Conselho de ética do Senado toma depoimentos nos processos de quebra de decoro dos senadores Ney Suassuna, Serys Slhessarenko e Magno Malta. O conselho ouve o presidente da CPI dos Sanguessugas, deputado Antônio Carlos Biscaia; o deputado Lino Rossi (PP-MT); o ex-assessor do senador Suassuna, Marcelo Cardoso Carvalho; o genro da senadora Slhessarenko, Paulo Roberto Ribeiro; a ex-assessora do ministério da Saúde, Maria da Penha Lino; e o genro de Darci Vedoin, Ivo Spínola. Em princípio, depoimentos abertos. A Polícia Federal deve ouvir aqui em Brasília Luiz Antônio Vedoin.

Pauta de rádio: nem todas as rádios elaboram pautas, pois muitas ficam apenas numa lista de assuntos do dia. Por não dispor da imagem, o rádio utiliza texto, música e efeitos sonoros para se expressar. Dá ênfase à fala dos entrevistados, e o faz ainda melhor que a TV quando resolve explorar o recurso de sugerir imagens mentais. As transmissões radiofônicas são as verdadeiras coberturas em tempo real. O rádio chega primeiro e consegue dar o clima do acontecimento, com narração, entrevistas e, o que é mais importante, sons.

A imagem de famílias emocionadas ao lado dos grandes aparelhos de rádio de antigamente faz parte do acervo da história da comunicação, tanto quanto da memória coletiva. O jovem radialista Orson Welles, em 1938, conseguiu provocar pânico nos Estados Unidos, ao contar ao vivo a história (fictícia) de uma invasão de marcianos à Terra. Causou comoção e até mortes. O episódio dá a medida do poder do rádio.

Sem equipe, contando apenas com faro, experiência, senso da notícia, telefone e gravador, o repórter de rádio é o único que pode cumprir uma pauta instantaneamente, enquanto o fato se desenrola. Por isso, a pauta do rádio é sucinta: depende, sobretudo, do profissional, no tempo e na hora. O rádio chega primeiro, transmite instantaneamente – a equipe tem apenas uma pessoa, o repórter, e equipamentos mínimos, gravador e telefone – e consegue reproduzir o clima do acontecimento.

A Pauta 6, da Rádio Senado, em vez de ter um texto que corresponda a cada item, alinha os assuntos e, em algumas sugestões, junta as notícias publicadas no jornal do Senado como referência para o repórter. É um documento para ser cumprido num espaço limitado (o Senado Federal) e, para encurtar caminhos, já diz onde se deve ir, onde está o projeto e o endereço eletrônico da Comissão. A indicação do nome dos envolvidos implica por si só que eles deverão ser necessariamente ouvidos. O repórter designado para a função aparece ao alto, para chamar a atenção. As palavras em negrito indicam os documentos que devem ser procurados pelo jornalista.

PAUTA 6 – RÁDIO

Pauta Tarde – Rádio Senado

Luís Carlos
14h30: Comissão Mista de Planos, Orçamentos Públicos e Fiscalização

Pauta: apresentação, discussão e votação do **relatório** apresentado ao **PL nº 30/2003-CN**, que dispõe sobre o Plano Plurianual para o período 2004/2007; e apreciação de **mensagens** e **avisos** do Tribunal de Contas da União (TCU) sobre auditorias realizadas em órgãos públicos.

Local: Plenário nº 2 do Anexo Luís Eduardo Magalhães da Câmara dos Deputados.

Larissa
ONU pede ao Brasil reforma policial contra exploração infantil

Genebra: O Brasil precisa de uma reforma policial e uma mudança de mentalidade em seu sistema judiciário para avançar na luta contra a exploração infantil e outras violações dos direitos das crianças, afirmou hoje o relator das Nações Unidas sobre a venda, prostituição e uso de crianças em pornografia.

Em sua apresentação perante a Comissão de Direitos Humanos, que está reunida em Genebra, o relator Juan Miguel Petit afirmou que o Estado não chega a muitas regiões do Brasil, onde prevalece "a lei do mais forte, o que significa o avassalamento do mais fraco".

O especialista apresentou ao órgão da ONU um relatório no qual pede ao governo brasileiro que fiscalize e desarticule as rotas do tráfico nacional e internacional de crianças e adolescentes destinados à exploração sexual, sobretudo na Europa (...).

Pauta de agência: tem por fim fornecer aos clientes (assinantes) uma rápida visão dos assuntos que serão objeto de reportagens no dia. Assim como qualquer outra pauta, é apenas um documento de planejamento que pode mudar bastante em função dos acontecimentos. A agenda é atualizada várias vezes. Anuncia-se – e ao mesmo tempo se vende – o noticiário por meio de boletins. As agências concorrem entre si. Ganha credibilidade quem coloca a notícia no ar primeiro. É uma corrida de segundos.

PAUTA 7 – AGÊNCIA

Brasil–caças–Jobim
Ministro da Defesa brasileiro diz que país só compra aviões com transferência de tecnologia.

Caso Cisco–fraudes-Brasil
Receita e Polícia Federal brasileiras anunciam novas empresas fraudadoras, no rastro da norte-americana Cisco Systems (...).

Pauta de internet: roteiro direto e objetivo. Ordena – mais do que sugere –, alinha – mais do que motiva – e obriga – mais do que solicita – aos redatores dos sites o cumprimento de ações para chegar às matérias. Elas podem já estar prontas, no site de um parceiro ou veículo conveniado, ou podem ser buscadas em várias páginas indicadas na pauta, para compor um texto a partir delas. Assim, a pauta de internet tem uma lista de endereços eletrônicos que devem ser acessados para obter resultados de jogos e da loteria, uma cobertura específica ou as últimas novidades sobre a vida dos atores.

PAUTA 8 – INTERNET

Pauta de Esportes do portal UOL

Campeonato Português

13h: Vitória de Setúbal x Rio Ave
14h: Paços Ferreira x Naval
14h: Acadêmica x Estrela da Amadora
14h: União Leiria x Penafiel
* Redação faz relato.
* Redação abastece gestor.
* Mbpress faz ao vivo.

Vela

Brasil 1 na Volvo Ocean Race
http://www.volvooceanrace.com/
http://www.brasil1.com.br/site/home/home.aspx
* Redação relata os acontecimentos do dia.
* Vender para a home.
* Chamada ou foto na home do Esporte.
* Home de aquáticos (...).

A pauta segundo a ocasião

A ocasião faz a pauta. No planejamento da empresa informativa, as pautas apresentam características diversas segundo a destinação:

Pauta do dia: é feita pelo coordenador da editoria, pauteiro ou chefe de reportagem e funciona como uma ordem para os repórteres. A pauta elaborada pelo coordenador é uma consolidação das pré-pautas enviadas na véspera pelos repórteres e editores. O repórter localiza a matéria pela *retranca* (título provisório que identifica a matéria) e, se quiser, dá alguns telefonemas e desenvolve um pouco o assunto antes de ir à rua, fazendo sua pauta individual. Observe as retrancas na Pauta 7. Esses títulos provisórios têm uma frase (Pauta 6), três palavras (Pauta 7), uma ou duas palavras (Pauta 9). A pauta do dia também estabelece as coberturas diferenciadas que o jornal oferecerá (item 2 da Pauta 9).

PAUTA 9 – JORNAL IMPRESSO – EDITORIAS

Pauta de Política/Economia para quarta-feira (trecho)

O governo Fernando Henrique Cardoso está passando pela sua pior crise. O Dallari já se demitiu, a diretoria do Banco Central ameaça também deixar o governo, Malan também não está satisfeito com a decisão tomada pelo governo no episódio envolvendo o Banco Econômico e conversará com Fernando Henrique Cardoso. Vamos priorizar o nosso trabalho de hoje para essa crise.

1 – FHC/dia: temos que acompanhar o dia do presidente Fernando Henrique Cardoso. Ele vem sendo bombardeado por ter aceitado a pressão do senador Antônio Carlos Magalhães e recuado na intervenção do Banco Econômico. JOÃO JÚNIOR.

2 – Bastidores: vai ser o nosso diferenciado de hoje. Temos que levantar tudo que está por trás da decisão tomada pelo presidente Fernando Henrique Cardoso. Vamos tentar levantar os nomes e conversar com as pessoas que estão mantendo contatos com o FHC. A oposição não quer mais conversar com o governo. Não podemos largar o senador Antônio Carlos Magalhães, o pivô da crise. Temos que colocar as mãos no prometido dossiê que diz ter. De que FHC teve medo? O que ACM tem nas mãos? Para o senador Pedro Simon, o presidente FHC tem que chamar Antônio Carlos Magalhães para que mostre o dossiê que diz ter e, caso isso não aconteça, o senador pretende criar uma CPI para convocar o ACM. Também os líderes do governo vão a Fernando Henrique Cardoso na tentativa de salvá-lo do desgaste político. VANDA, BIA, MARCELO MORAES (...).

Pauta do repórter ou pauta individual: cada repórter faz a sua própria pauta, como um guia pessoal para a auto-organização. Pode conter um roteiro de perguntas para guiar o trabalho de apuração e evitar esquecimentos. Nela, há telefones já selecionados do caderninho, da lista da redação ou do catálogo *on-line*, além de anotações sobre outras fontes a procurar, ângulos sugeridos pelo editor, informações trocadas com colegas (ver "Recursos de apuração").

A estrutura básica de uma pauta deve conter:

- apresentação: introdução do assunto, com as informações disponíveis;
- hipóteses: perguntas que orientam a apuração do repórter;
- enfoque: o que o veículo quer com a pauta; e
- indicações: telefones, endereços, fontes.

Observe que mesmo as pautas resumidas obedecem a essa estrutura.

No Brasil, o repórter *freelancer* não tem tido chance, no cenário de redações enxutas, de desenvolver um trabalho autônomo que lhe dê sustentabilidade. Para vender uma matéria, o ideal é ir à reunião de pauta do veículo e levar pautas detalhadas, que convençam os editores. A Pauta 10 foi elaborada para o "Fantástico", da TV Globo, e executada pela equipe do programa. Uma pauta às vezes dá ensejo a outra: ao fazer uma viagem ao Pará, a repórter conheceu uma antropóloga envolvida em pesquisa inédita (ver "Uma cidade telúrica" em "Anexo").

PAUTA 10 – TELEVISÃO – FREELANCE

Lanc-patuá, uma língua estranha

Uma comunidade de negros descendentes de antilhanos vive no interior do Amapá conservando até hoje um dialeto composto de francês e português. É o lanc-patuá, língua descoberta pela antropóloga Julieta de Andrade, da Escola de Folclore da USP, que há vários anos está desenvolvendo sua tese de doutoramento com um rigoroso trabalho de coleta de vocabulário e da gramática dessa língua. Por conta própria – já que não conseguiu financiamento para a sua pesquisa – Julieta gravou 52 horas com os negros e pode contar a sua vivência com eles. Ela está estudando tudo dessa tribo: comidas e bebidas, medicina e religião, música e dança, usos e costumes, moradia e trabalho. Segundo contam os descendentes dos povos das Antilhas, "hio tuavai isi" (*ils travaillent ici* = eles trabalham aqui), "viv an Amapá" (*vivent en Amapá* = vivem no Amapá) e "hio tuavai an mindo lóo" (*ils travaillent en mine d'or* = trabalham em mina de ouro). Ou seja, a tribo tem a tradição do garimpo, vive de garimpar como se fosse uma sina. A professora Julieta pode nos levar até lá.

Pauta de cobertura: quando há um grande assunto, uma só pessoa (editor/produtor) se encarrega de redigir o texto que orientará os trabalhos de reportagem e edição. Se o assunto não é urgente, como é o caso de eventos programáveis (como o carnaval ou o vestibular, que têm situações em sequência), esse trabalho será combinado na véspera entre os editores e o chefe da redação. O setor de cobertura de cada repórter, atendendo a aptidões e experiências individuais – que o chefe conhece – pode ser combinado previamente ou na hora, se o acontecimento o exigir. A pauta de cobertura serve bem à internet, na qual os textos são interligados uns aos outros e é possível prever notícias continuadas. A Pauta 11 mostra a sequência de horários em que os repórteres de *O Globo* se revezariam para cobrir uma efeméride – acontecimento importante para a cidade –, no caso, os desfiles de carnaval no Rio de Janeiro.

PAUTA 11 – JORNAL IMPRESSO – COBERTURA DE ACONTECIMENTO

Esquema especial de cobertura da apuração dos desfiles de Carnaval
(para ser cumprido amanhã, sexta-feira)

13h: No teatro João Caetano, o repórter Luís Eduardo acompanha minuto a minuto a apuração, registrando o máximo de detalhes, o primeiro envelope aberto, a dança dos números – quem sobe e desce –, a rapidez ou lentidão de quem lê, etc. O repórter acompanha toda a apuração dos desfiles. Entrevistas com pessoal da mesa. A estagiária Jaíra o assessorará.

13h: Na redação, pelo rádio e pela televisão, a repórter Sônia Biondo acompanha a apuração, mantendo a chefia permanentemente informada de todos os detalhes, com especial atenção para o resultado das Escolas de Samba do Grupo e do nome das duas que passam do II para o I Grupo, detalhes imediatamente comunicados ao chefe de reportagem.

13h: Dentro do Teatro João Caetano, o repórter Luís Carlos Sarmento e o fotógrafo Luís Pinto acompanham todos os lances de inquietação, alegria, tensão nervosa e explosões de alegria ou decepção, paralelos aos trabalhos de apuração. Vamos dizer quem estava lá, como eram os trajes, os tiques nervosos, o suor da espera – será que lá tem refrigeração? –, o desânimo, o cansaço, a ansiedade, a dor, a alegria, as expressões da torcida – Pô! Levaram a Verde e Rosa nessa! –, enfim, o ambiente, o clima interno do teatro, durante a apuração do I Grupo.

13h: O clima das escolas dos II e III Grupos, mais blocos, frevos, ranchos e sociedades será escrito por Marco Antônio.

13h: Do lado de fora do João Caetano, o repórter Carlos Jurandir e o fotógrafo Philot aguardam que seja anunciada a vencedora do I Grupo, cuja alegria passam a acompanhar, vendo quem está lá na Escola, suas principais palavras, a confraternização e o entusiasmo que deve nascer espontâneo e estourar, crescendo pela Praça Tiradentes. A dupla cobre tudo isso, numa matéria quente e participante, mas não acompanha a escola até a quadra.

14h: De plantão na redação a partir das 14 horas, a repórter Thaïs e o fotógrafo Paulo Wrencher esperam o resultado do I Grupo para se deslocarem com o carro especial para a quadra da escola, onde cobrem o carnaval improvisado, as manifestações de alegria, os comes e bebes. Enfim, as comemorações do vencedor.

14h: Do lado de fora do João Caetano, a repórter Beliza Ribeiro registra o choro dos perdedores do i Grupo, a bronca, a decepção, as ameaças de processos e de não desfilar mais, que se repetem todos os anos. Depois, registra mais duas coisas – tudo com muito detalhe – que vão acontecer com certeza: a festa dos vitoriosos do ii e iii Grupos.

14h: Também do lado de fora do João Caetano estará a Beth, com outra atribuição: registrar numa materiazinha leve, com detalhes, o resultado dos blocos, frevos, sociedade e ranchos. Não se trata de noticiar o resultado numérico da apuração, mas a reação e os comentários do pessoal do frevo, dos ranchos, etc. Com as duas repórteres estará o fotógrafo.

14h: De plantão na redação, com carro especial à disposição, o repórter Paulo Sérgio e o fotógrafo Paulo Moreira esperam saber que escolas do ii Grupo vão subir para o i. Então, seguem para as quadras das felizardas para ver a alegria dos pequenos, que pode durar pouco, mas, por isso, é ainda mais espontânea e alegre.

ENQUETE: Em hora determinada pela chefia de reportagem, a repórter Alexandra Bertola, com fotógrafo, sai para uma grande enquete, ouvindo o povo sobre a decisão – justa ou injusta? – da comissão julgadora e a escolha da vencedora do Carnaval. Combinar com o Erno Schneider o fotógrafo.

DESENHISTA: A partir das 15 horas, um desenhista estará a postos para elaborar a tabela contendo o resultado do I Grupo, item por item. Combinar com Eraldo.

OBSERVAÇÕES:
– Os repórteres Luís Eduardo Resende, Sônia Biondo, Luís Carlos Sarmento e Carlos Jurandir, Marco Antônio e Jaíra devem se apresentar na redação às 12h30.
– Os repórteres Paulo Sérgio, Thaïs de Mendonça, Beliza Ribeiro, Beth e Alexandra Bertola devem se apresentar na redação às 13h30.
– Os repórteres não incluídos nesta pauta especial devem cumprir sua jornada normal de trabalho.

Quando se pode planejar, a apuração fica menos tensa. Há quem prefira andar na corda bamba e reagir conforme os acontecimentos se desenrolam. No entanto, a organização cria menos atrito e possibilita uma divisão racional do trabalho, com menos exploração de horas extras, que ficam por conta dos imprevistos. Trocando-se os nomes dos locais e dos repórteres, essa pauta de carnaval pode ser aplicada ainda hoje com êxito, pois tem o mérito do planejamento (físico e psicológico). Observe:

- A pauta pede detalhes, valoriza o que o repórter sente. Quase todas as matérias dão atenção ao chamado *clima* da festa, "todos os lances de inquietação, alegria, tensão nervosa e explosões de alegria ou decepção", e chega a imaginar o "desânimo, o cansaço, a ansiedade, a dor, a alegria" e até as expressões da torcida "Pô! Levaram a Verde e Rosa nessa!". Assim, guia o repórter na busca desses detalhes saborosos, que contam mais sobre as pessoas envolvidas do que os meros resultados numéricos.

- Além da cobertura hora a hora, a pauta sugere uma enquete e dá orientações para o Departamento de Arte (desenhistas), que fará as infografias.

Pautão: o editor chefe, ao tomar conhecimento das pautas das editorias, pode interferir para dar rumo à cobertura. Ocorre de ele pedir destaque para determinada matéria ou recomendar maior carinho com um texto, ou ainda centrar todos os esforços (e deslocar repórteres) para o grande assunto do dia (ver Pauta 2). Às vezes, a decisão de *apostar* em um tema sai da reunião dos editores, ou seja, centram-se os esforços naquilo que se julga render bom material: o caso do dia, uma descoberta da equipe de reportagem, um aspecto exclusivo que vale a pena ser valorizado. Isso é válido também no caso do rádio, da revista e da TV. Dos pautões sempre saem matérias *primeiráveis*, ou seja, as que têm chance de ganhar espaço na primeira página. A Pauta 12 detalha o que o jornal vê como uma "virada" na cobertura da Assembleia Constituinte, para sair da monotonia do cotidiano das discussões parlamentares. Você verá que o pautão assume vários formatos.

PAUTA 12 – JORNAL IMPRESSO – COBERTURA ESPECIAL
Assunto: Cobertura da Constituinte

Para: Etevaldo Dias/Luís Cláudio/Tadeu (Sucursal Brasília)
De: Gilberto Pauletti/Marcelo Pontes (sede Rio)

Amigos, vamos dar uma virada na cobertura da política. Esta é uma decisão da reunião dos editores, encerrada agora, às 16 horas. A partir de hoje, e até que apareçam outros fatos mais relevantes do que os que estamos noticiando todos os dias, vamos dar prioridade total e absoluta à Constituinte. Quer gostemos dela ou não, quer seja maluco ou gênio o Bernardo Cabral, é dali que estão saindo, nesta fase decisiva da Comissão de Sistematização, as regras que disciplinarão a vida de todos nós, brasileiros. Vamos entrar com mais ênfase na essência de cada ponto do projeto de Constituição. Para orientar a cobertura, eis o que devemos seguir diariamente:

1) além do registro puro e simples de cada discussão e de cada votação, como temos feito, precisamos ser bem claros e didáticos ao dizer o que está mudando para o cidadão comum em cada artigo, parágrafo, alínea, inciso ou qualquer outro penduricalho aprovado do texto constitucional. Enfim, o que vai acontecer quando essas coisas entrarem em vigor;

2) aproveitemos os confrontos da Comissão de Sistematização para contar quem está ganhando ou perdendo em cada *round* disputado. Que grupos se atracam em cada discussão. De tempos em tempos, sem que seja necessariamente em matérias dominicais, vamos arredondar esse placar, até para indicar que rumo a nova Constituição, no seu conjunto, está seguindo;

3) quem está votando em quem. Os 93 integrantes da Comissão de Sistematização estão decidindo a vida da gente, diante da dificuldade que se terá para mudar em plenário o que vêm aprovando. Os eleitores em geral precisam saber quem são os responsáveis pelas coisas boas e más que a Constituinte anda aprontando;

4) dá para publicar todo dia o perfil de um constituinte que tenha se destacado nos debates. O tamanho do perfil deve ser dado pelo desempenho do personagem destacado. E tanto podemos destacar o trapalhão como o parlamentar que teve atuação brilhante. Podemos decolar neste ponto com o perfil do José Genoíno (PT). Esperamos que venha hoje. E cedo. Vamos fazer logo amanhã, sem falta, o do José Serra (PSDB-SP). Podemos escalar outros pelo desempenho até aqui, mas o dia a dia é o árbitro melhor dessa escolha. Não esquecer: é indispensável foto do personagem. Repórter e fotógrafo escalados devem se articular (...).

A pauta vai para o aumentativo e se transforma em pautão quando é feita em prazo mais longo, por toda uma equipe e levantando assunto para muitas edições. Como a Pauta 13, elaborada pela Sucursal de Brasília de *O Tempo*. É um pautão porque alinha um total de 13 itens a serem desenvolvidos pelos repórteres da sucursal ao longo do tempo e para prover a sede, em Belo Horizonte, de material previsível. As pautas se destinam a várias editorias: Economia, Política, Brasil, Cultura.

PAUTA 13 – JORNAL IMPRESSO – PAUTA DE SUCURSAL

Att: Herval Braz/Durval Guimarães/Marco Lacerda
Cc: Antônio Lima

1) Bandas de garagem: depois de Paralamas, Legião, Raimundos, Cássia Eller e outros, Brasília se considera celeiro do rock no país. Quase todo adolescente de classe média daqui sonha fazer sucesso na música. Eles se juntam em bandas que ensaiam na garagem, na varanda, nos pequenos apartamentos das quadras comerciais, sacudindo as tardes de sábado dos vizinhos.

2) Os cigarras estão morrendo: o DF já foi a capital dos cigarras, aquele profissional que morava de segunda a quinta num hotel e voltava para o lugar de origem no fim de semana. O apelido vem do fato de ele *cantar* apenas num período, e morrer (ou fingir-se de morto) no outro. Os cigarras se envolviam em namoricos, à sombra do trabalho nos ministérios e autarquias, mantendo as famílias em outro Estado. Esse fenômeno do início da Capital Federal se manteve até recentemente, mas está mudando. Brasília está deixando de ser uma cidade chata, para atrair pessoas por causa do clima e da segurança. Deputados e senadores estão se estabelecendo mais na cidade, construindo e comprando casas nas quadras e no Lago Sul. Com a fixação de pessoas, acabam não apenas os cigarras, mas também os maridos e mulheres *ponte aérea*, junto com a cultura de ver em Brasília apenas a capital burocrática da República.

3) Crianças em escolas bilíngues: é símbolo de *status* colocar filho em escola estrangeira. No Rio, os pais disputam vaga em colégios que ensinam outro idioma, com a certeza de que assim lhes abrem mais mercado de trabalho. Em Brasília, isso também acontece muito, porque a cidade é cheia de gringos que precisam matricular os filhos em estabelecimentos de padrão internacional. Nessa onda, vão também as famílias de classe média alta (...).

A Agência Brasil distribui um pautão. Mais de 500 itens chegam por dia à redação da agência do governo, vindos de órgãos oficiais ou não. A central de pautas faz a triagem e envia para todas as sucursais e veículos de comunicação (Pauta 14) uma lista de acontecimentos, além da agenda da Presidência da República, de todos os ministérios e de algumas autarquias. Ao final de cada tópico vem a fonte da informação (Palácio do Planalto, Banco Central, ministério da Cultura, Saúde, Agricultura), como referência para a busca de dados.

PAUTA 14 – AGÊNCIA BRASIL

1) FHC/AGENDA: o presidente Fernando Henrique Cardoso despacha com assessores, às 9h30, no Palácio do Planalto. Às 17 horas, recebe o governador de Goiás, Maguito Vilela. Às 17h30 despacha com o vice-presidente Marco Maciel. (Fonte: *Planalto*)

2) FRANCO/TRANSMISSÃO: o ex-presidente do Banco Central, Gustavo Loyola, transmite o cargo às 11 horas a Gustavo Franco, em solenidade na sede do BC. Entre os ministros presentes estarão o da Fazenda, Pedro Malan; o da Cultura, Francisco Weffort; o da Saúde, Carlos Albuquerque; e o do Planejamento, Antônio Kandir. O novo presidente do Banco Central dá entrevista coletiva às 15h30 na sede do BC.
(Fonte: *Radiobrás/BC/Cultura/Saúde*)

3) MALAN/AGENDA: O ministro da Fazenda, Pedro Malan, recebe às 15 horas o presidente da Eletros, Roberto Macedo.

4) PORTO/AGENDA: O ministro da Agricultura, Arlindo Porto, participa às 9h30 da reunião da Coordenação de Política Agrícola. Às 11h45, dá entrevista coletiva. Às 16 horas reúne-se com o ministro extraordinário de Política Fundiária, Raul Jungmann (...). (Fonte: *Agricultura*)

Pautas especiais: são as que exigem carinho e um tratamento especial de quem as executará. São dadas aos repórteres especiais ou aos repórteres com mais tempo para realizá-las. Exigem pesquisa, muito trabalho de campo e horas de dedicação, além de um texto impecável, quer dizer, bonito, sem erros, perfeito. Em geral, são matérias para cadernos especiais ou para edições de domingo, com assuntos inéditos, descobertos pelo repórter ou levantados pelo veículo.

A Pauta 15, de Ecologia, teve origem num bilhete indignado de Rogério Marinho (irmão de Roberto Marinho e um dos chefes do jornal) ao então editor chefe de *O Globo*, Evandro Carlos de Andrade:

Evandro,

Parece que querem mesmo levar avante o plano de expansão do aço com o sacrifício de nossas matas. Quer dizer, altos-fornos de siderurgias alimentados à lenha, diante da crise de petróleo. Nada justificaria tamanha monstruosidade, no momento em que o mundo inteiro procura sustar a devastação da natureza. E em que assistimos à devastação das poucas reservas que ainda restam ao país abaixo da Amazônia. O que se passa com a Belgo Mineira – que utiliza atualmente suas enormes plantações de eucalipto, após ter destruído todas as matas que pôde adquirir em volta – parece não sensibilizar os nossos governantes. Mas basta dizer que a voragem dos altos-fornos da Belgo é tal que não lhes bastam as imensas plantações próprias de eucaliptos, tendo constantemente que recorrer ou a matas naturais ou à compra de lenha. Precisamos fazer uma boa reportagem sobre o assunto, com elevação mas coragem, ouvindo pessoas como o Luiz Emygdio, o Paulo Nogueira Neto, o Glycon de Paiva, o Luís Simões Lopes, o Haroldo Strang, o pessoal da Fundação Estadual do Meio Ambiente (Feema) e do Meio Ambiente do governo paulista, etc. etc. Repito: nada pode justificar o sacrifício das florestas. Não podemos receber desertos em troca de aço.

Rogério

Com orientação da chefia de reportagem e depois de recorrer à pesquisa, o repórter elaborou a seguinte pauta:

PAUTA 15 – JORNAL IMPRESSO – ESPECIAL

Desmatamento/Reflorestamento

"O presidente da Fundação João Pinheiro e coordenador do sistema de Ciência, Tecnologia e Meio Ambiente de Minas Gerais, José Israel Vargas, denunciou que o desmatamento destinado à produção de carvão para uso siderúrgico já destruiu quase totalmente a floresta atlântica existente na região do Vale do Rio Doce e caminha a passos largos para a devastação da região do cerrado mineiro."

(Fonte: *O Estado de S. Paulo*, 29/5/1975)

"Quinze por cento da vegetação do cerrado, queimada para a fábrica de carvão, são constituídos de madeira nobre, como a sucupira branca e preta, e de árvores frutíferas, como mangaba, araticum e pequi. A destruição dos pequizeiros assume proporções mais graves porque, além de sua grande utilidade na alimentação do trabalhador rural, a fruta é típica dos cerrados."

(Fonte: *Jornal do Brasil*, 7/8/1975)

"Atualmente, o machado e as queimadas – para o plantio de subsistência de mandioca, milho e feijão – foram substituídos pelas motosserras e os poderosos tratores de esteira com correntões, mais produtivos para os exploradores de todos os tipos: os fazendeiros que plantam capim e criam gado no lugar das árvores; os madeireiros, para abastecer suas serrarias, instaladas principalmente no Espírito Santo; e por fim, as grandes companhias reflorestadoras, algumas ligadas ao próprio governo federal, que derrubam as matas heterogêneas cuja formação levou séculos, para substituí-las por centenas de milhares de hectares de eucaliptos, cuja rentabilidade garante três cortes em 21 anos."

(Fonte: *Veja*, 8/6/1977)

Quem trafega pela BR-116, pode se divertir com um passatempo que ficaria bem nas revistas de humor negro: contar os caminhões que passam carregados de sacos de carvão. Este é, na verdade, o primeiro sintoma de destruição das matas de uma região. Os outros, bem mais aparentes, porque fixos, são as serrarias (de Itamaraju a Eunápolis, instaladas quase que uma ao lado da outra) e as grandes florestas de eucaliptos. Se essas florestas chegaram já à beira da rodovia, no interior, entretanto, elas tomaram o lugar do cerrado e podem ser responsáveis pela mudança nas características de clima, solo, além de transformações graduais na própria atividade econômica regional.

O processo desenvolve-se, assim, por etapas:

Primeira: mudança da cobertura do solo – através do novo uso que se lhe quer dar. Vamos então ouvir os primitivos habitantes da terra e saber como foi feita a transferência, compra, em que condições? Desapropriação, posse pura e simples, expulsão? De que forma a terra lhe servia: alimentação, gado. Que atividade desenvolviam ali? Como foi feito o desmatamento? (E esta pergunta deve ser feita também aos novos donos dos terrenos).

Segunda: qual a destinação das terras, por exemplo, do Norte de Minas: plantação de eucaliptos para que indústrias? Quem é responsável pelo reflorestamento?

Terceira: as siderúrgicas Belgo-Mineira, Mannesman e Cia. Vale do Rio Doce têm projeto de indústria de celulose já em execução. Segundo José Israel Vargas, presidente da Fundação João Pinheiro, um forno siderúrgico gasta 2,5 m^3 de carvão para produzir uma tonelada de gusa. Temos que ver ainda:

- a legislação específica em cada um dos casos: o Código Florestal, a licença para funcionamento de serrarias e para provocar desmatamentos e reflorestamentos à base de eucaliptos;
- o que dizem os técnicos sobre o aproveitamento do potencial energético das florestas;
- o homem nas regiões desflorestadas/reflorestadas e os animais.

(Fontes: Alceu Magnanini (IBDF); Adelmar Coimbra Filho (Instituto de Conservação da Natureza); Luiz Emygdio de Mello Filho e Cecília Beatriz da Veiga Soares (Fundação Brasileira para a Conservação da Natureza); Harold Strang (conservacionista); Centro para a Conservação da Natureza em Minas Gerais; Fundação João Pinheiro; Centro Tecnológico de Minas Gerais)

(Veja como ficou a matéria publicada por *O Globo*, "Desmatamento. A natureza agredida", em "Anexo".)

Pauta recomendada: trata-se de matéria do interesse do patrão, também chamada *pauta rec* ou *recom*. Portanto, todo cuidado é pouco. A pauta recomendada vem com especiais designações e o chefe de produção não corre risco com ela: deve ser cumprida por um repórter experiente, que saiba de sua importância e entenda o que a empresa deseja. São exemplos as matérias sobre os eventos da empresa, como lançamento de novos produtos (um site na internet, um novo canal de TV, ações na Bolsa de Valores), ou atividades com a presença dos proprietários (uma solenidade no Palácio do Planalto, uma ação social). Na pauta da Editoria Rio da Globo (Pauta 16), o artista era contratado da emissora, por isso mereceu a recomendação e muitas "estrelas" para chamar a atenção do editor e do repórter:

PAUTA 16 – TELEVISÃO – ESPECIAL RECOMENDADA

21h – Show do Chacrinha (trecho)

**************************nota REC para o RJ-1************************

Neste sábado, 5 de setembro, grande festa da Discothèque Clube Show no Luso-Brasileiro, em Campo Grande. O Chacrinha estará apresentando: Tokyo, Zizi Possi, Rosana, Peninha e Alcione. O show começa às 9 da noite e os ingressos estão à venda na secretaria do clube.

A recomendação está no quadro da pauta.

Quando uma pauta não se concretiza, diz-se que "a matéria caiu". Às vezes, uma matéria cai porque o assunto não se confirmou, não houve a entrevista esperada, foi impossível achar o endereço ou a fonte. Isso é diferente de você perceber que a pauta mudou em função dos acontecimentos. O *Manual de redação e estilo* de *O Estado de S. Paulo* assinala que "o repórter deve ter bom-senso suficiente para mudar a angulação de uma pauta sempre que um assunto (...) se sobrepuser aos demais pedidos pela pauta".

As editorias reeditam a pauta tantas vezes quanto necessário para dar ao editor chefe um panorama dos assuntos com os quais se poderá contar. Se bem usada, a pauta não é *um purgante*, uma imposição ao repórter: ao contrário, ajuda a soltar a criatividade.

A REPORTAGEM

No início do século XX, o jornal não era atraente. Havia sempre um *artigo de fundo*, um texto opinativo, grande e chato. Com poucas páginas, o periódico era impresso em letra miúda e com poucas ilustrações. Não havia a preocupação em torná-lo bonito ou agradável, pois era lido por poucos. A alfabetização ainda não havia se tornado um item de cidadania. A tecnologia mais inovadora nessa época era o telégrafo, mas outras estavam despontando: o fonógrafo (aparelho de som), o cinematógrafo (cinema), o daguerreótipo (fotografia) e novas técnicas de impressão, com as revolucionárias linotipos, que aceleravam a produção gráfica.

No Rio de Janeiro, capital da República, a campanha de remodelação da cidade, pelo prefeito Pedro Ernesto, estava no auge. Abriam-se avenidas, o centro da cidade foi todo reformado e sanitizado, foram embora os pântanos e as endemias, jardins europeus surgiram no lugar de areais, prédios modernos alargaram a visão. O slogan era: "O Rio civiliza-se".

Em outros países já se tinha conhecimento de modernos processos jornalísticos e se davam os primeiros passos no rumo do jornalismo informativo, abandonando-se a opinião. No Brasil, porém, os jornais estampavam colunas rígidas, alinhadas lado a lado, sem charme e cheias de comentários. Como contraponto para alegrar o leitor, publicavam-se folhetins, antecessores das novelas de TV: contos em capítulos, a cargo de escritores.

Apontado como o descobridor do gênero reportagem no Brasil, João Paulo Alberto Coelho Barreto começou a escrever crônicas no jornal *Cidade do Rio*, entre 1898 e 1899. Em 1903, ingressou na *Gazeta de Notícias*, primeiro periódico a introduzir novidades europeias: caricaturas, manchetes, entrevistas, subtítulos. No ano seguinte, sob o pseudônimo de João do Rio, publicou uma série de textos a que denominou *reportagens: As religiões no Rio*.

Transgressor e iconoclasta, boêmio e homossexual, o repórter usou uma técnica nada usual para o Brasil de então: foi às ruas, percorreu templos, cultos de origem africana, igrejas de todas as seitas e publicou as reportagens, uma a uma, na *Gazeta*. Causou sensação. Alguns o acusavam de ter plagiado *As religiões de Paris* – que fora editado na França –, mas o trabalho do repórter do Rio de Janeiro era absolutamente inédito. Com João do Rio, o texto cheio de detalhes, com diálogos e nomes verdadeiros dos entrevistados, fez os críticos pensarem que a primeira grande reportagem publicada no Brasil fosse fantasia, imaginação.

Os personagens que abordava eram pouco comuns: tatuadores, prostitutas, consumidores de ópio – tipos da rua. João do Rio representou o tipo exemplar do repórter, "com um ar preguiçoso, meio dândi e meio mulato pernóstico", como o descreveu o artista Di Cavalcanti, num artigo da década de 1940. Foi uma das personalidades mais influentes do início do século XIX. Depois de ter publicado vários livros, vestiu o fardão da Academia Brasileira de Letras. Ele já tinha a dura consciência da profissão de repórter, como mostrou em crônica publicada na coluna *Cinematographo*, em 1907:

> O repórter não tem família. E, para o público, que nem percebe quanto custou o jornal, desesperam-se, todos os dias, todas as horas, todos os minutos, todos os segundos, batalhões de homens. Não têm futuro senão o do dia seguinte. Que lhes importa? O diabo os anima. E, se em todas as profissões há a esperança de ser rico – a mais nobre e a mais digna de todas as esperanças –, se no comércio a sociedade espera-nos, se na burocracia a chefia da seção é a meta, no jornalismo o fim é acabar inútil, sem ânimo para correr, atirado para o canto como um bagaço.

Se as definições de reportagem dos manuais de redação forem tidas como base, será possível ver que a *invenção* de João do Rio nasceu com todas as características do gênero reportagem:

- humanização: individualiza o fato social através do uso de personagens;
- contexto social: as reportagens tratam de questões sociais que inquietam a sociedade;

- reconstrução histórica: ao contrário da criação livre em cima dos fatos, de textos rebuscados e pouco densos em informação, situações vivas e remissão histórica.

Uma nova revolução da linguagem/texto seria necessária para colocar o jornalismo brasileiro no contexto internacional, o que só aconteceu depois da Segunda Guerra, com Samuel Wainer e Joel Silveira, dentre outros. O mundo registrava transformações desde o século XVIII no campo do jornalismo, com a afirmação da figura do repórter e a criação da pirâmide invertida (1861). Em 1923, dois jornalistas fundaram o *Time Magazine* com o objetivo de mostrar uma nova dimensão da notícia, assumindo de vez a corrente que apontava para o jornalismo interpretativo.

Com a televisão, na década de 1950, e o aperfeiçoamento dos processos de transmissão de notícias e da fotografia, os jornais melhoraram o padrão, surgiram novos estilos de fazer jornalismo. Os veículos impressos inauguraram departamentos de pesquisa – segundo exemplo do *The New York Times* – e as informações de arquivo vieram agregar valor ao texto. Nos anos 1960 surgiu o novo jornalismo (*new journalism*), que pretendeu abandonar as amarras do estilo pirâmide invertida, aproximando os textos da literatura.

A revista *Realidade* inaugurou um novo estilo na reportagem brasileira, a partir de 1968. Influenciada pelo *new journalism*, a publicação da Editora Abril revolucionou o panorama dos magazines que vinham do século anterior – *A Cigarra, O Cruzeiro* e *Manchete*. Depois de *Realidade*, veio o ciclo das semanais, como *Veja, IstoÉ* e, bem mais tarde, *Carta Capital*.

Reportar é narrar

Reportagem vem do inglês, via francês. *To report* (ingl.) significa reportar = narrar, contar. Daí surgiu o termo *reportage* (ingl.) = reportagem, que é entendido jornalisticamente em quatro acepções:

- resultado de busca de informação, cobertura;
- atividade de coleta de informações, trabalho de preparar e redigir a informação;
- conjunto de jornalistas encarregado do setor informativo do jornal: a reportagem ou o *reportariado*;

- produto específico resultante do trabalho de reportar determinados fatos, com a pretensão de aprofundar o assunto e provocar o debate.

Em sentido geral, pode-se dizer que:

- reportagem é informação, notícia; situa-se na área do jornalismo informativo;
- é o relato de uma ocorrência de interesse coletivo, testemunhada ou colhida na fonte por um jornalista ou um corpo de profissionais do jornalismo;
- é oferecida ao público segundo forma especial, por meio dos veículos jornalísticos;
- é a notícia ampliada. A notícia é o ponto de partida para a reportagem. Se não for assim, a reportagem deixa de integrar o gênero noticioso – situa-se no terreno da opinião, virando crônica, ensaio, resenha. A reportagem pode ser, sim, interpretação (jornalismo interpretativo) ou investigação (jornalismo investigativo), dois gêneros que pedem textos mais extensos e aprofundados.

Na tradição oral, a ordenação dos fatos por ordem decrescente de importância é bem mais comum do que se imagina. Cada um possuiria uma noção inconsciente do que seja um fato de importância. Você encontra, pela manhã, um cadáver na porta de casa. Ao ligar para a polícia, não começará o relato contando tudo o que fez desde que acordou até descobrir o morto. Irá direto ao ponto, o mais importante: o cadáver. Isso é o que Nilson Lage, na obra *Estrutura da notícia*, qualifica como "noção intuitiva de notícia".

Segundo uma espécie de fórmula universal da notícia, o motivo do interesse vem em primeiro lugar. Não apenas quem tem hábito de leitura de jornais, como também quem assiste aos noticiosos da televisão, parece possuir um modelo de texto gravado na cabeça. Os primeiros textos dos focas, nos momentos iniciais de exercício na técnica, repetem o tom das chamadas da TV ou o ritmo das manchetes de jornal impresso. Um aluno inicia a matéria com a frase: "Curador de Abadiânia faz cirurgias às sextas-feiras". Ora, isso seria um título, no jornalismo impresso.

Uma explicação para o fenômeno seria a pouca familiaridade com a escrita do veículo impresso, o tempo de exposição a um formato de telejornal ao qual se habituou, e até a entonação dos locutores que, para a maioria das pessoas, está ligada ao conceito e à forma de notícia. Quer dizer: quando uma pessoa ouve William Bonner, Fátima Bernardes, Ricardo Boechat, Ana Paula Padrão ou William Waack lerem um texto no vídeo, ela já sabe que se trata de notícia. Assim, grande parte dos leitores, telespectadores e ouvintes submetida durante anos à mídia diária tem na cabeça não só a "noção intuitiva de notícia" de Lage, mas um ponteiro interno que aponta para valores-notícias muito importantes, como religião e morte.

Quando se quer anunciar uma piada de papagaio a alguém, costuma ser da seguinte forma:

> – *Você conhece a mais nova piada de papagaio?*
> – *Qual piada?* – perguntará o interlocutor.
> – *A do papagaio que morreu depois de comer milho.*

Aí o contador já estará mostrando o que é mais importante, o fator de diversidade e de atualidade que qualifica o novo para quem escuta. Se o ouvinte descartar a anedota, significa que não há novidade – a piada é velha, ou seja, não atual. Portanto, dois fatores que configuram a notícia vão pelos ares. O fato deixa de ser notícia, ou seja, não vale a pena ser reproduzido.

Os leitores, uns mais do que outros, desenvolvem uma capacidade de analisar os textos e costumam dar palpite sobre edições e pautas. Os mais espertos, mais interessados ou mais ligados em comunicação são os que telefonam para as redações passando notícias em primeira mão, correm para pegar a câmera para registrar algum acontecimento – os cinegrafistas amadores – ou fotografam com o celular. Eles utilizam justamente essa intuição que lhes dá certeza de estar diante de uma notícia, com a possibilidade adicional de, às vezes, faturar com o *trabalho*.

O interesse do leitor pela notícia e a necessidade de informação variam conforme a posição geográfica (onde nasceu, onde mora, que lugares conhece, o que frequenta); cultura (que tipo de texto e de assuntos quer ver retratados na comunicação); gostos e interesses pessoais; emoções que suscita (amor, raiva, cobiça, solidariedade). O jornalismo procura atender a esses sentimentos. É dessa maneira que as notícias adquirem valor. Até a ansiedade do leitor é objeto de exploração – as novelas, as reportagens em série, os lançamentos envoltos em mistério. O interesse continuado faz leitores cativos.

Se jornal deriva de *giorno, jour* (= dia), a ligação com o tempo, o novo, é o valor-notícia que prevalece sobre todos os demais. É o novo que faz o lide (o primeiro parágrafo da matéria), em cima desse caráter de novidade o repórter trabalha para construir o texto informativo. Um fato antigo pode ser notícia? Somente quando ele é trazido à atualidade, ou seja, quando vira novidade, quando tem um *gancho*. Veja só:

Cleópatra volta a Roma 2.000 anos depois

Roma – Cleópatra, que subiu ao trono de Alexandria no ano 51 a.C. e foi um dos símbolos da resistência à expansão do Império Romano, está de volta à capital italiana. A exposição *Cleópatra, a rainha do Egito*, que ocupará o Palazzo Ruspoli até fevereiro, recupera a imagem de uma das mulheres mais famosas da História, ao separar o mito de sua realidade.

(Fonte: *O Globo*)

Outros exemplos:

- o segredo da construção das pirâmides do Egito, um mistério muito antigo que, até ser desvendado, sempre será mote para matérias;
- o Santo Sudário, tecido que teria recoberto o rosto de Cristo morto e que concentra mais de dois mil anos de especulações sobre sua legitimidade;
- os primeiros escritos da história da humanidade, pois toda vez que se descobre algo sobre formas antigas de linguagem, dos Manuscritos do Mar Morto ao alfabeto fenício, há combustível para boas reportagens.

Porém, a obsessão pela notícia exclusiva – o que é totalmente novo, o *furo* –, tanto quanto excessos na forma de divulgação, usando os valores-notícias de maneira perversa, deformam o produto. Não se pode negar que a notícia precisa chamar a atenção, o que acontece desde os jograis e os arautos. Entretanto, quando a notícia deixa de ser o relato e passa a ser a maneira, ou a *roupagem* com que é apresentada – rápida, sem apuração rigorosa, feérica, fantasiosa, vestida para chocar, exagerada, apelando para as sensações, o assombro, a admiração ou a repulsão do consumidor –, deixa de ser notícia, falseando a imagem da realidade. Ressaltam-se nuances de pouca relevância, apenas garantidores de emoções, e contribui-se para reforçar mitos e crendices.

Um exemplo da notícia transformada em espetáculo foi a cobertura da vida e da morte da princesa Diana, da Inglaterra. Ao comentar o assédio da mídia e os exageros na apuração do episódio final, o jornalista Alberto Dines, do Observatório da Imprensa, criticou por meio da *Folha de S.Paulo*: "A Sociedade-Espetáculo armou o cenário para a imolação de Diana e convocou o cantor Elton John para os funerais em Westminster". Ou seja, embrulhou a tragédia em papel de presente, com valores-notícias usados de propósito para configurar o *show business* e manter o assunto na parada de sucessos: romance, poder, dinheiro, fama, violência, destruição e morte.

> A princesinha do conto de fadas, com o seu charme e desventuras, ajudou a borrar o conceito de que jornalismo é serviço público, processo de elevação cultural garantido pelas constituições em benefício da cidadania. Em seu lugar foi entronizado um bruxo devorador de intimidades chamado Mercado, que mascara todas as vilezas com seu abominável mote: "Viver é vender".

Repórteres correm. Fotógrafos disparam atrás das imagens. Cinegrafistas deslocam câmeras em direção a fatos que acabam de acontecer. O que todos devem compreender é que a realidade é sempre mais interessante – e por vezes mais fantástica – que a própria fantasia. Não é preciso provocar a notícia. Os fatos estão por toda parte. Basta saber vê-los.

O "eu" na reportagem

Notícia e reportagem apresentam sentidos específicos e distintos, embora façam parte do rol de ferramentas e habilidades do jornalista.

A reportagem tangencia a Sociologia, a Antropologia e outras ciências, como a Psicologia, quando estuda os fenômenos sociais e seus agentes. Reporta episódios da vida real – os acontecimentos e as representações. Aproxima-se da Literatura e costuma ser confundida com ela.

A TV incentivou alunos recém-chegados às faculdades a pensar que podem escrever em primeira pessoa. Se você viveu realmente uma experiência relevante e que serve de lição ou alerta para o restante da humanidade, é-lhe permitido fazer o texto na primeira pessoa, em jornal. Isso, entretanto, tem que ser negociado com o editor. Geralmente, a iniciativa parte dele.

O emprego do "eu" no meio impresso pode ficar cabotino. Já na televisão e no rádio, costuma ser mais usado, principalmente quando o repórter quer demonstrar que esteve mesmo no local. No jornalismo escrito, o uso desse recurso provoca muitas vezes uma mudança de gênero: de jornalismo passa a ser crônica, ensaio ou opinião. Nem sempre o leitor está interessado nisso. Convencionou-se, a partir da cisão jornalismo interpretativo/jornalismo informativo, separar o espaço editorial nos veículos modernos. O comentário, a análise e a *feature* (texto com tratamento especial, em geral de cunho anedótico) devem vir em *box*, sinalizando para o leitor que se trata de outro gênero. E ele só lerá se quiser.

Nem ao veículo como entidade ("*O Globo* acha que", "*O Estado de S. Paulo* defende a posição") é facultado escrever em primeira pessoa. Quando se usa o nós em um texto, sempre parecerá que quem está falando é a voz do dono, é o próprio meio assumindo a opinião. Ao falar em nome da empresa, emprega-se: "Ressaltamos a necessidade de apurar todos os fatos para que se chegue à verdade" (nós, primeira pessoa do plural). É o tom dos editoriais, das notas oficiais.

O repórter

O repórter é a peça fundamental de um veículo de comunicação, porém, a mais desvalorizada. O repórter é o sujeito que mais trabalha, mais anda e mais se movimenta numa redação, tendo quase sempre um cotidiano agitado, corrido, tenso, mas o trabalho raramente é reconhecido. Ele não pode errar nunca: pode perder anos de dedicação e afinco. Os colegas e os chefes não perdoam.

"O que distingue o repórter é o seu íntimo contato com a realidade, com o que está diante dos olhos, com o que concorre no momento de pousar do conhecimento sobre as coisas. Sua missão, função ou profissão, é transmitir essa realidade a um grupo de pessoas, dando-lhes conta do que viu, do que ouviu, do que sentiu." O teórico da literatura Antonio Olinto – na obra *Jornalismo e literatura* (1968) – captou bem o estilo de trabalhar do repórter. O repórter faz a *autópsia* dos fatos. No grego, *opsis* – que deu origem a ótica – é *ver*. *Autópsia* significa ver por si mesmo (auto-ótica), enxergar com os próprios olhos.

Menor unidade da carreira hierárquica do jornalismo, o repórter se afirma na rotina investigativa, quando mostra que é guiado pela curiosidade, pelo desafio de descobrir, de conhecer e pela vontade de abrir os olhos das pessoas. Tem que acreditar na informação que muda, que transforma, que revoluciona consciências. E isso começa desde quando é estudante, quando ainda é foca.

A REPORTAGEM

Para quem não confia na profissão, é melhor escolher outra. Quem quer uma vida plana e sem emoções, também. Pelo fato de não ter uma vida previsível – justamente a sedução dos que optam por esta carreira – e por exigir disposição e espírito de aventura, imaginação e rebeldia, o jornalismo não agrada aos que almejam uma existência linear e planejada. De manhã, você pode pegar uma pauta do tipo *buraco de rua*; de tarde, cobrir uma importante solenidade oficial; à noite, ser chamado para apurar um crime.

Tal como aconteceu com os repórteres esportivos enviados à Copa Mercosul em Buenos Aires, que se depararam com a eclosão da crise da Argentina, no final de 2001, e foram obrigados a mudar o foco da cobertura, a antecipação de um dia tranquilo pode se transmutar numa corrida louca contra o tempo para conseguir apurar toda a história, obedecer ao prazo de fechamento do jornal e assegurar que a matéria seja veiculada.

Todo jornalista inicia na profissão como foca, não importa a idade. Se ele ganhou uma coluna, graças à atuação como advogado ou médico; se conseguiu um lugar para *ajudar* no caderno de Empregos; ou se consentiram que faça um estágio na Fotografia, você é foca porque está começando, porque ainda não sabe das manhas, porque está experimentando uma nova linguagem, não conhece completamente o meio e não domina todas as ferramentas. Ser foca é estar num estágio probatório. Mas todo foca é, de alguma maneira, protegido e mimado.

Com a compra de material das agências de notícias, o jornalista local perdeu muito da importância. Antes, dependia dele toda a alimentação do periódico. Hoje, a máquina das agências, beneficiada pela eletrônica, vomita noticiário ininterruptamente e é como se aquelas páginas não fossem feitas por repórteres. No entanto, eles estão lá: arriscam-se, lutam a cada texto e continuam a produzir informações inéditas, embora nem sempre sejam bem remunerados. No Brasil, ainda há profissionais que trabalham sem pagamento e muitos têm que arranjar outro emprego para se sustentar.

Mesmo o correspondente estrangeiro costuma ser mal pago. Apesar da mitificação de sua figura, ele trabalha muito, tem um dia a dia estressante e morre na guerra como qualquer mortal. Sem a infraestrutura que guarnece o exercício da profissão nas grandes cidades (carro com motorista, fotógrafo à disposição, departamento de pesquisa para levantar dados, suporte eletrônico), ele tem que se virar sozinho para montar a própria base e atender a todos os pedidos urgentes que chegam da sede. Deve ainda compatibilizar a apuração e a escrita com os fusos horários para que a matéria entre no ar.

MANUAL DO FOCA

Só assim viabiliza sua permanência no exterior, dispendiosa para qualquer veículo brasileiro.

Nas redações, o repórter ganha menos que copidesque e editor, razão pela qual cada um sonha em galgar degraus de forma rápida, deixando para trás a experiência da reportagem e esquecendo o valor do repórter. Dados empíricos comprovam que ambientes de estreita camaradagem – onde a competição interna é tênue ou se torna estimulante pelo alto nível do trabalho – geram progresso nas relações repórter/chefia, o que favorece o desenrolar das pautas e o fim último do jornalismo: a apresentação de novidades, de matérias de interesse público, de furos. Em contraposição, nas redações em que repórteres e editores brigam entre si pelos melhores salários e benesses, o estresse prejudica o desenvolvimento da reportagem verdadeira, aquela que dá prazer ao repórter e oferece informações relevantes aos leitores.

A criação do repórter especial foi um artifício para remunerar melhor alguns profissionais, que se dedicam a coberturas especiais, matérias grandes, densas, profundas, sugestões suas ou assuntos em que o veículo aposta. "Alguns grandes jornais e revistas cultivam claramente a figura do repórter especial. Sobretudo o grande repórter de viagens internacionais é uma herança de passado não muito distante e, em casos como o *Times*, *The New York Times*, *Der Spigel* e *Le Monde*, continuam desfrutando de grande prestígio. Nesse caso, porém, o profissional recebe a denominação de *chief correspondent*, geralmente com base em casa e sem outro tipo de funções administrativas ou editoriais", conta o jornalista William Waack, que trabalhou no *Jornal do Brasil*, *O Estado de S. Paulo* e *Veja*, foi correspondente na Alemanha, Rússia e Oriente Médio e atualmente é editor na TV Globo.

Em países mais desenvolvidos, a figura do repórter *freelancer* está institucionalizada. Pode-se encontrá-lo em coberturas especiais, trabalhando por conta própria em pautas que ele mesmo inventa e que depois vende para os órgãos de comunicação. O trabalho independente nos Estados Unidos, por exemplo, costuma ser valorizado, embora não receba o incentivo de veículos tradicionais, como *The New York Times*. Esse periódico prefere operar com repórteres fixos e proíbe os profissionais de fazer trabalhos extras, para não contaminar a rotina. Na TV, entretanto, relatos de aventureiros independentes, com uma câmera na mão e muitos dólares no bolso para custear as viagens, vêm ganhando espaço.

No Brasil, são poucos os *freelancers* (ou frilas) que conseguem sobreviver. Eles carecem de uma disciplina e de um senso de organização que não acontecem a qualquer um no meio jornalístico. Numa grande cidade, em que já se tem um razoável conhecimento das pessoas-chave nas redações, a semana de um repórter autônomo começa na segunda-feira bem cedo, quando ele se debruça sobre os jornais. Ele elabora pautas para os vários órgãos que frequenta e sai em seguida para vender as matérias.

Não se aconselha a um frila arcar com os custos de uma reportagem para depois tentar colocá-la num veículo. É melhor que faça o contrário, para ter certeza de que será reembolsado: a pauta constitui a proposta de trabalho e, se bem feita, representa um documento hábil para convencer os editores a comprar a ideia. Só depois de conseguir a aceitação – numa reunião de pauta ou cara a cara com o chefe de redação – é que o jornalista deve sair à rua para apurar.

Há mercado para frilas brasileiros nos *house organs* de empresas, boletins, como divulgadores ou até como redatores de livros, folhetos e discursos. Nos EUA, eles chegam a ganhar US$ 20 mil por um texto. Isso está longe de acontecer no Brasil, embora haja mercado. Aqui, recebem por número de caracteres/laudas. A dificuldade é o tempo que um frila demora para receber, pois é deixado sempre para depois.

Depois de todo esse banho frio, o que faz com que você queira ser repórter ou faça testes muitas vezes pesados para ser redator de um site? Afinal, como disse Clóvis Rossi no livro *Vale a pena ser jornalista* (1986), "morre-se mais cedo do que outras categorias, ganha-se pouco, trabalha-se muito e o número de barreiras colocadas para a realização pessoal e profissional é elevadíssimo". É a *cachaça* diária de estar diante dos acontecimentos, de ser "testemunha ocular de uma parte da História" (Rossi), de ter assunto para contar aos netos, de poder conversar com as pessoas, ser confidente delas, partilhar emoções. E ter a ilusão de que se pode influir no mundo, "denunciando, criticando ou simplesmente informando".

Tipos de repórter

Se perguntassem qual a primeira qualidade de um repórter, poderia ser respondido que é a curiosidade. Assim como não se pode acreditar no mito do *bom selvagem*, em que todos os habitantes da selva seriam bons por natureza, tampouco se deve dar ouvidos ao mito do *bom repórter*. O Newseum – o Museu das Notícias em Washington – vende uma camiseta na qual está escrito: *Trust me. I am a reporter* (Acredite em mim. Eu sou um repórter). Naturalmente, é uma piada.

Há tantos tipos de jornalista como de pessoas. A todos os repórteres, entretanto, deve ser comum o espírito de busca, de averiguação; o sentimento de que é necessário informar; um certo talento para selecionar e enxergar o que deve ser comunicado; e ética para saber lidar com as informações e o público. Dentro dessas características, pode-se alinhar alguns tipos de personalidade que congregam qualidades e defeitos dos repórteres.

Investigador: seja de maneira discreta, seja identificando-se como jornalista, o repórter investigador tem faro aguçado, a curiosidade à flor da pele e uma determinação que o move a ir atrás de um assunto que outros nem veriam como matéria. Tem prazer na descoberta, excita-se com cada achado, como um cientista. E, quase sempre, detesta ficar na redação. Seu lugar é a rua.

Denuncista: a este não importa apenas investigar. Paladino da justiça, incomodam-no as vicissitudes da vida urbana, os desmandos das autoridades, a decadência das instituições. Sua arma é a palavra e ele acha que é preciso denunciar sempre para que as pessoas enxerguem e tomem providências. A internet tornou-se a grande aliada dos repórteres denuncistas, que são capazes de passar horas vasculhando a rede para descobrir as mazelas do governo e das grandes companhias. Em campo, cultivam fontes secretas; no arquivo, guardam documentos que um dia podem ser importantes.

Humanista: o humanista se comove com as matérias de interesse humano. Rejeita textos excessivamente econômicos e sempre busca o lado social. Interessam-lhe as boas histórias que envolvam emoções. É capaz de mobilizar a plateia na defesa de uma ideia. Pode empreender campanhas com o veículo. Crê vivamente no papel formador do jornalismo. É um jornalista que acredita no propósito social da profissão, que quer estimular a liberdade, criticar, melhorar a qualidade de vida das pessoas. Não gosta de telefone, nem dos meios indiretos para colher informações: prefere o olho no olho, a intuição, e confia na sorte e no faro.

Repórter redator: ele sabe que seu forte é o texto. É capaz de se deleitar com um bom material, assistindo a uma matéria interessante na TV, executando uma boa pauta, produzindo um texto inteligente. Por isso, prefere ficar na redação. Como bom redator, seu perigo é prender-se nas facilidades de amarração das palavras em detrimento de uma apuração mais precisa. Faz a alegria dos chefes e proprietários, porque proporciona bons momentos de reflexão, descobre assuntos nos locais e momentos em que menos se espera e cria notícia de uma informação que outros veem como irrelevante. Provoca atritos porque precisa de tempo. Genialidade não acontece todo dia.

Entrão: está em voga, pois os donos de empresa precisam de assuntos bombásticos para vender. É aquele repórter que não tem vergonha em cometer um crime – como, por exemplo, comprar uma carteira de motorista, usar câmera oculta, o que é discutível e arriscado –, em nome do furo. Insistente, chato, egocêntrico, não divide informações com os coleguinhas, gosta de trabalhar sozinho, faz a alegria dos chefes e sobe rápido na escala profissional. Seu habitat pode ser a redação, onde consegue informações por telefone, usando as armas da persuasão, ou os bastidores dos órgãos oficiais, nos quais usa artifícios vários, desde roubar documentos a se prevalecer de influência e conhecimento para obter dados. Entrão não quer dizer mal-educado.

Tímido: por incrível que pareça, tem jornalista tímido. Fica quieto ou faz uma certeira pergunta nas coletivas. Depois vai atrás do entrevistado e extrai dele aquela informação que nenhum colega dará no dia seguinte. O tímido, quando antecipa um furo, vira fera. A timidez o protege, vira estilo; geralmente ele consegue o que quer na base da candura. Dá-se bem ao telefone, numa busca obstinada de fontes, como também no contato pessoal, em que se prevalece de uma grande capacidade: saber esperar, ouvir e compreender, prestar atenção aos dramas humanos. Os focas, que são quase sempre tímidos, têm muito a aprender com este estilo, devem lutar contra os próprios medos e fazer das fraquezas instrumento de trabalho.

Antigamente, no Brasil, quando um jovem não conseguia se interessar por profissão alguma e tinha um parente num jornal, era mandado para a redação com a recomendação de que lhe dessem qualquer tarefa. O destino era a Editoria de Esporte ou a de Polícia. São os lugares mais fáceis para um foca, por motivo muito simples: os fatos se desenrolam ali mesmo. No caso do Esporte, ele assiste às competições e anota os resultados, sabe que tem que entrevistar os técnicos e os jogadores. As fontes são acessíveis e os acontecimentos são registrados no ato, facilitando o trabalho de apuração.

Para o repórter enviado à cobertura de um crime, o fato está ali, diante dele, acaba de acontecer – é questão de pegar dados de quem, quando e onde. A fonte principal é a polícia e as demais estão por perto (vizinhos, amigos e testemunhas) – e podem dar informações sobre o como e o porquê. Se, por acaso, ele chega atrasado, o acontecimento está lavrado nos autos e pode-se partir daí para fazer a investigação. Quer dizer: é bom começar pelas apurações mais fáceis, com todos os dados à mão, em vez de pegar um assunto complicado, quando é preciso ouvir muitas fontes, em lugares diferentes.

O repórter José Rezende Júnior talvez tenha exagerado um pouco quando disse uma vez, a uma turma de estudantes de Jornalismo na Universidade de Brasília, que "os inquéritos policiais são belíssimas obras literárias, só que mal escritas". A história está lá, foi ouvida, passada para o papel. O chamado B.O. (diz-se bê-ó, no jargão policial – Boletim de Ocorrência) é um roteiro para investigação aprofundada e para o trabalho de pesquisa. O livro de ocorrências é um documento público, que pode ser consultado por qualquer um. Rezende escreveu uma série de matérias sobre crimes violentos ocorridos em Brasília: os textos eram tão impressionantes que as pessoas pensaram tratar-se de ficção. Como aconteceu também com João do Rio.

Se um jornalista vai cobrir um jogo de futebol, vôlei ou peteca, se dá o mesmo. Pode presenciar o fato e relatá-lo com objetividade: quanto foi o jogo, onde se realizou, quem marcou os pontos, o que ocorreu durante a partida, como se comportou a torcida, como e por que um dos times saiu vitorioso. Muitas vezes, pode não entender nada de hóquei sobre patins ou de polo aquático, mas o placar é infalível e, com a ajuda do técnico ou conversando com alguém mais entendido, conseguirá saber as regras e levantar os lances mais importantes da disputa.

Parece simples, mas o nível de especialização e as exigências do jornalismo moderno vão tornando mais sofisticada a apuração e a tarefa do repórter. Por exemplo: hoje não se requer apenas que o repórter *reporte*. Deve saber explicar, interpretar, analisar, juntar os indícios e raciocínios para mostrar ao leitor/espectador/internauta o sentido daquela notícia, o que significa e aonde pode levar. E ainda: que ele vá além das investigações da polícia, que descubra passos adiante, que aponte o que ninguém viu e até produza reportagens com áudio e vídeo para colocar na internet. (Faça o teste: "Você é bom repórter?" no final deste capítulo.)

A REPORTAGEM

Editorias e setores de cobertura

Na organização da sala de redação, os brasileiros adotaram o modelo dos norte-americanos: os jornalistas ficam num grande salão, dividido em seções (as editorias), apelidadas de *baias*. Os chefes costumam acomodar-se em gabinetes envidraçados, conhecidos como *aquários*, de onde acompanham o movimento na redação. Valoriza-se, sobretudo, a comunicação entre os pares. Repórteres e editores, produtores e fotógrafos, cinegrafistas e técnicos preferem conviver num mesmo espaço em que possam se ver e falar entre si.

Dessa maneira, a informação circula com maior facilidade e todos sabem o que está acontecendo por esse boca a boca. A fórmula permite que os jornalistas se mantenham esclarecidos, com informações em tempo real, ajudando-se reciprocamente nas pautas e dúvidas, na indicação de fontes e dados, e alimentando um clima de estímulo e competição saudável pela notícia que tem como beneficiários o veículo e o público.

Uma experiência de repórteres sem vinculação com editorias foi tentada, tempos atrás, pelo *Correio Braziliense*. O processo tem seus prós e contras. Para os editores, é sempre bom saber que poderão dispor de repórteres a qualquer tempo. E não haverá na redação profissionais parados à espera de pauta. Do ponto de vista do repórter, o excesso de generalização impede uma relação íntima com as fontes. Com isso, se perde a oportunidade de, como dizem os veteranos, *educar* a fonte, ou seja, conversar, explicar, burilar, quebrar as resistências dos informantes e levá-los a identificar a notícia que interessa.

Um veículo pode criar quantas editorias quiser, desde que sirvam às especificidades dos assuntos que se propõe a cobrir. O nome das editorias varia conforme a empresa jornalística e o tipo de cobertura à qual se devota.

As redações estão organizadas por editorias e setores de cobertura. As principais editorias estão descritas a seguir.

Geral

A Editoria Geral é a grande escola do jornalismo. Ao lidar com acontecimentos inesperados, ter de se adequar a diferentes realidades, ajustar as ferramentas de apuração conforme o fato, apurar a técnica da entrevista, estudar a psicologia do entrevistado, checar e rechecar dados, o repórter aprende com a vida.

81

"Do pingente (usuário de ônibus, de trem) ao sorriso do presidente", resumiu uma vez o repórter Jorge Antônio de Barros, ao falar nos temas que o pessoal da Geral cobre no cotidiano. Assim como a Editoria de Cidade proporciona o convívio com brasileiros e estrangeiros com falas diversas e níveis culturais variados, o profissional que atende à reportagem geral desenvolve o conhecimento sobre a cidade em que mora e sobre a psicologia do relacionamento humano. A Editoria de Cidade é uma ramificação da Geral, assim como a Editoria de Polícia (que cobre crimes e assuntos de segurança). Em alguns casos, a Editoria Nacional ou Brasil está integrada à Geral ou pode constituir uma editoria à parte, também acoplada a Economia ou Política.

Política

O repórter de Política investiga o poder e os setores de cobertura podem ser divididos entre vários profissionais: Palácio do Planalto, Palácio do Governo do Estado, Congresso, Assembleia Legislativa, Câmaras de Vereadores, Prefeitura. Villas-Bôas Corrêa diz que Brasília prejudicou o trabalho do repórter de Política. A cidade moderna desafia o caráter de andarilho de todo repórter, com suas distâncias falsas e a impossibilidade de locomoção a pé. Mais antigo analista político em atividade no Brasil, Villas vê ainda outro problema na modernidade, que é o uso do gravador.

"O gravador portátil, Brasília e o AI-5 endoidaram o repórter político", acusa Villas-Bôas Corrêa, na "Receita de repórter político" que escreveu para a *Revista de Comunicação*. Ele acha que o hábito de ligar a máquina prejudica o diálogo com o entrevistado. Muita gente ainda guarda sequelas da época militar e morre de medo de dar informação. Em política, aponta Villas, o que distingue o grande repórter do que está começando é a informação correta, de bastidores. "É o jornalismo do cochicho, do segredo, da conversa ao pé do ouvido. A entrevista é a raridade, a exceção." Outros autores acham que o gravador assusta o político que tem o que informar.

Ferrenho adversário desse tipo de tecnologia é Gabriel García Márquez. Num artigo para a revista *Caros Amigos*, em 1997, afirmava: "O gravador é culpado pela glorificação viciosa da entrevista. O rádio e a televisão, por sua própria natureza, converteram-na em gênero supremo, mas também a imprensa escrita parece compartilhar a ideia equivocada de que a voz da verdade não é tanto a do jornalista que viu, como a da entrevista, que declarou". O jornalista/escritor propõe: "Talvez a solução seja voltar ao velho bloco de anotações, para que o jornalista vá editando com sua inteligência à medida que escuta, e restitua o gravador à sua categoria verdadeira, que é a de testemunho inquestionável".

O exercício da *inconfidência*, da conversa secreta, muitas vezes é substituído pelas entrevistas coletivas, convocadas pelas fontes para atender à própria vaidade. As redações atuais nem podem se dar ao luxo de deixar repórteres soltos, sem pauta, à procura do furo, como antigamente. Assim, o repórter político de hoje é bem diferente: ele cobre setores e sua habilidade está, da mesma maneira, em fazer boas fontes. Ele tem que tomar cuidado para não sucumbir às máquinas burocráticas das assessorias de imprensa e ficar à espera de que elas deem as cartas.

Economia

O espaço econômico cresceu muito nos periódicos brasileiros durante os tempos de censura do regime militar. Sem ter como dar notícias de Política, ampliou-se a cobertura de Economia. Durante os anos de 1968 a 1983, houve a perspectiva de crescimento do Produto Interno Bruto (PIB), aumento de empregos e estabilidade da moeda: seria o milagre econômico brasileiro. O país se lançou em um ambicioso programa de construção de infraestrutura – estradas, hidrelétricas, habitações –, financiado por capitais internacionais. Os repórteres foram levados a entender mais sobre projetos, metas e resultados, índices e balanços para poder explicar ao público o que se passava com a economia. Suely Caldas, em *Jornalismo econômico* (2003), conta que, nessa época, o pessoal da Economia adquiriu destaque na redação e passou a ser mais bem pago. Tinha até "uniforme": terno, gravata e pasta 007.

Hoje, a cobertura econômica oferece análises e interpretações, sendo que o futuro está cada vez mais ligado ao caráter didático do noticiário, a fim de mostrar ao leitor aquilo que lhe afeta o bolso, procurando desenvolver uma consciência crítica em relação às decisões do Governo. Assim como a Política, a Editoria de Economia se subdivide em setores: áreas financeira (bancos, Banco Central, Ministério da Fazenda); de habitação e infraestrutura (Transportes, Telecomunicações, Energia); trabalho e previdência, e outras.

Além do crescente mercado de publicações segmentadas, ainda há espaço para projetos editoriais dedicados a temas específicos, como energia, trabalho, carreira, transportes, medicina e veterinária, por exemplo. Tudo isso envolve gestão e é assunto para ser bem explorado pela Economia.

Esportes

Grande parte dos editores e chefes de reportagem é contra a especialização: acham que funciona como camisa de força para a criatividade do repórter. Editorias com vários assuntos, como a de Esportes, adotam um sistema de rodízio, a fim de que os jornalistas possam entender e cobrir todas as atividades desportivas. No exterior, deseja-se que o profissional realmente pratique um esporte, o que não acontece no Brasil. Repórteres e editores cobrem o assunto, muitas vezes, de forma sedentária.

Esse perfil está mudando em função do afluxo de jovens, que vêm com mais interesse e alguma experiência na prática desportiva diária. A energia dos novos jornalistas também gera formas diferentes de cobertura, incorporando ângulos humanizados a velhos esquemas: falar de uma corrida de Fórmula 1 pela cidade onde se é realizada amplia o espectro de atratividade da notícia e incentiva a curiosidade de pessoas que não se ligam a esse assunto. Colocar um jornalista para participar de um rali certamente dará ao relato veracidade e autenticidade. E encontrar jovens repórteres que queiram fazer *bungee-jump* e esportes radicais também não é difícil.

Ciência e meio ambiente

Para determinados temas, a especialização é fundamental. Um exemplo é a Editoria de Meio Ambiente, já que bons cavadores de assuntos de ecologia não podem ser recolhidos a esmo da redação geral. O grau de conhecimento exigido se mostra cada vez maior e não se permitem erros. A Editoria de Ciência, que algumas vezes absorve a de Meio Ambiente, deve manter parâmetros estritos para que as matérias tenham respaldo.

Os repórteres são incentivados a fazer cursos na área ou são de campos como Medicina, Biologia e Engenharia. Esse nível de especialização é exigido também de outras áreas, como a Informática. Editores e repórteres encarregados de cadernos semanais com esses temas pressupõem informação e atualização constantes.

No chamado *jornalismo científico*, o profissional tem "o privilégio de ser porta-voz da fronteira do conhecimento humano", disse o repórter *freelance* Steve Mirsky, na obra de Fabíola de Oliveira, *Jornalismo científico* (2002). Nesse tipo de jornalismo, facilita-se o acesso a informações científicas que afetam a vida das pessoas; por isso, é visto como uma espécie de "jornalismo de precisão".

Cultura

Na Editoria de Cultura, especializar-se constitui uma faca de dois gumes. Ao entrar na faculdade, muitos alunos sonham ser repórteres dessa área nobre dos veículos. Entretanto, o problema está justamente aí. Infelizmente, o que se entende no Brasil como jornalismo cultural é aquele profissional que trabalha nos chamados cadernos culturais. Muitos não sabem o sentido da palavra cultura; outros são incapazes de colocar um fato cultural numa perspectiva histórica, política ou social. O perigo de um *Caderno B* ou da seção de entretenimento de um site está na informação fácil, porque a fonte faz questão de vir até o jornalista, pois depende dele para se divulgar.

O lado bom do repórter de Cultura se revela quando ele caminha para o aperfeiçoamento, lê, frequenta os lugares certos e se imiscui no meio daqueles que lhe fornecerão dados privilegiados. O direito à cultura está entre os direitos civis, mas a esses foi incorporada a diversidade cultural, a sociedade civil como um dos atores dos direitos culturais e a capacidade de inovação, pois a cultura hoje não é apenas a tradição, porém, aquilo que expressa a multiplicidade do indivíduo.

Internacional

Também denominada Mundo, exige dos repórteres e redatores conhecimentos de geografia e do globo terrestre, das regiões, dos problemas políticos, territoriais e econômicos, e alguma coisa de diplomacia e relações internacionais. Antigamente, quem se engajava nessa editoria ficava quase que só na *cozinha* da redação, fazendo a retaguarda, lendo o material que chega pelas agências, organizando os fatos em sequência. Nos grandes jornais, entretanto, a cobertura de Mundo foi-se diversificando e hoje o repórter tem oportunidade de viajar e entrevistar personalidades internacionais, participar de congressos e reuniões de cúpula e até mesmo cobrir grandes acontecimentos como enviado especial.

No dia a dia, fará uma ou outra matéria com o auxílio de pesquisa e deverá manter bom relacionamento com o Itamaraty, as áreas internacionais do governo e das empresas, embaixadas, consulados, organismos internacionais. Deverá saber, no mínimo, uma língua estrangeira e ter habilidade de fazer entrevistas por telefone com pessoas do outro lado da Terra.

Tipos de reportagem

Os tipos de reportagem são:

De rotina ou setor: busca, redação e publicação de acontecimentos que se dão habitualmente, de tal maneira que o jornal pode prevê-los e destacar *setoristas*. Brasília é, por excelência, o habitat dos repórteres de setor, não só porque a própria cidade é setorizada,[1] como porque se procurou mais funcionalidade no trabalho de organizar a coleta das informações, definindo áreas de cobertura. Nas demais cidades, a rotina da reportagem é feita nos hospitais, delegacias, escolas, igrejas, prefeitura, departamento de trânsito, assembleia e câmara.

Grande reportagem: busca, redação e publicação de acontecimentos extraordinários, originais e complexos, com o uso de múltiplas fontes. O repórter tem mais tempo para apurar as informações. A grande reportagem é a caçada de acontecimentos incomuns e depende da argúcia, espírito criador do jornalista. Gênero mais próprio das revistas, descoberto pelos jornais, principalmente para as matérias de fim de semana, pode ser planejado para um ou mais repórteres. O repórter deve ter faro para a notícia, sensibilidade na criação de temas, cuidado na apuração e perfeccionismo na organização dos dados. Situa-se entre o jornalismo informativo e o literário. Os alunos de Técnicas de Jornalismo da Universidade de Brasília produzem a cada semestre um trabalho de grande reportagem nas cercanias da capital federal.

Matéria de serviço: o jornalismo tem caminhado para uma linha de prestação de informações mais diretas ao leitor. Quem lê, recebe incentivos visuais e psicológicos que o envolvem no assunto. Uma pessoa pode querer o endereço de um banco, loja ou consultório médico; precisar do horário da sessão de cinema ou do mapa para a viagem do fim de semana; ou desejar debater um tema com um especialista. Entre os estímulos mentais do jornalismo de serviço está o de comer um prato sugerido ou o de tentar uma experiência culinária. Revistas e jornais, boletins e páginas na internet oferecem essa informação a mais, o que é um serviço ao consumidor. Matérias são pautadas como itens de serviço, o que é uma tendência: "Como economizar no supermercado"; "O melhor sanduíche da cidade" ou "Novos pontos de crochê para fazer as roupas da moda". A modalidade "Nós testamos" é uma variante: o jornalista experimenta um serviço e conta ao leitor suas impressões.

Antes, se dizia: "Não há bom jornal que não tenha bom serviço de reportagem. O mais importante no jornal é a informação; acima da notícia, o repórter". Hoje existem as agências de notícias. O sistema de transmissão *on-line* está mudando as relações dos repórteres com a redação, os quadros vão se encolhendo e as exigências aumentam. No Brasil e em muitos países, o repórter clássico, aquele que levava uma semana para apurar uma notícia, está em extinção porque custa caro.

Entretanto, lembra Carl Warren, "se a notícia é propagada em pedra lascada, blocos de argila, papiro; se usa a figura do pregoeiro, tipos em madeira ou metal, fax, ondas de rádio ou imagens de televisão – tudo isso significa publicar. A prensa, o microfone, a câmera são apenas ligações mecânicas entre as fontes de notícias e os órgãos dos sentidos".

Teste: Você é bom repórter?

Este teste foi feito a partir de experiências trazidas pelos repórteres-estudantes à sala de aula. Algumas questões parecerão ingênuas, outras óbvias, mas a maior parte aconteceu de fato. Não se elaboraram questões com o fim de desqualificar possíveis candidatos ao jornalismo – ou aqueles que gostam de uma boa investigação –, porém, na intenção de apontar caminhos. O teste procura mostrar que a vida do repórter implica a tomada de decisões a cada minuto. É mais uma maneira de encarar a profissão com bom humor. Responda marcando a alternativa que julgar conveniente. Veja comentários e respostas ao final.

1 – Você é enviado para a cobertura da Guerra do Iraque. Ao arrumar as malas, não esquece:

a) Fósforo, capa de chuva, gravador, caderninho, caneta, credenciais.

b) Canivete, terno e gravata, gravador, boné, sunga.

c) Barraca, saco de dormir, celular, máquina fotográfica.

2 – Você recebe uma pauta sobre meninos que cheiram cola. Na primeira entrevista com o grupo, descobre que eles não cheiram cola, mas *thinner*. O que faz?

a) Pensa: já que estou aqui, vou fazer a matéria assim mesmo.

b) Liga para a editora e explica o sufoco.

c) Vai para casa e deixa a decisão para o dia seguinte. Afinal, aquela história é meio forte.

3 – Assinale a definição de repórter que lhe parece mais adequada:

a) Repórter: "The legs' man" (o homem das pernas).

b) Pessoa que noticia ou informa pelos jornais.

c) É o rei do cochicho.

d) É aquela pessoa que sabe descrever exatamente o que viu.

4 – O que não se deve perguntar numa entrevista?

a) Se o presidente está gripado.

b) Se o entrevistado sabe ler ou escrever.

c) Tudo é permitido. Perguntar não dói.

5 – Você entrevistou Michael Jackson e se esqueceu de perguntar sobre o casamento dele. O que faz?

a) Ao fazer o jornal falado para seu editor, lembra-se de que não teve coragem de perguntar, mas diz que Jackson se recusou a responder.

b) Diz que ligou mais tarde, mas não conseguiu a informação. Para dar mais veracidade à história, ainda reclama da grossura do secretário do ídolo.

c) Assume o erro e tenta conseguir a informação com um coleguinha.

6 – Você é escalado para fazer uma matéria sobre uma banda de rock da cidade. Os músicos são amigos seus. Infelizmente, não é seu dia de sorte e você não acha ninguém. Aí você:

a) Saca rapidamente a imaginação e coloca na boca deles o que com certeza eles falariam.

b) Conta a verdade: a matéria, naquele dia, deu NF (Não Feita).

c) Vai para casa completamente arrasado.

7 – Assinale os recursos com que conta o repórter:

☐ Material de escritório completo
☐ Literatura farta sobre o trabalho de reportagem
☐ Caderneta de telefones organizada
☐ Boas fontes
☐ Gravador
☐ Telefone
☐ Pesquisa
☐ Leitura dos jornais

☐ Orientação dos chefes
☐ Bons amigos
☐ Roteiro de reportagem
☐ Consulta a colegas
☐ Arquivo pessoal
☐ Caderno de anotações

8 – Você é mandado para cobrir a inauguração de uma estrada na periferia, porém detesta esse tipo de trabalho. O que faz?

a) Executa uma busca na internet ou no departamento de pesquisa e verifica quantas estradas foram inauguradas pelo prefeito no último ano.

b) Tenta convencer o chefe de reportagem de que não é a pessoa mais adequada para esse tipo de cobertura.

c) Vai de cara amarrada, torcendo para a inauguração já ter terminado.

d) Vai atrás da matéria de qualquer jeito, pois sabe que ela nem vai sair.

e) Tenta trocar a incumbência com um colega.

9 – Dos três tipos de repórter, qual o que melhor se adapta às necessidades da moderna empresa jornalística?

a) O que sabe apurar e tem bom texto.

b) O que é mau apurador, mas se salva pelo texto.

c) O que é bom apurador e tem texto excelente.

10 – Numere a coluna inferior de acordo com as afirmativas que mais combinam:

1) Todo repórter é entrão.

2) Repórter tem que ter opinião.

3) Nenhum repórter pode esquecer...

4) Toda matéria é uma criação. A objetividade é uma balela.

5) O editor sempre tem razão.

(   ) Pensamento que restringe o trabalho do repórter, preso apenas à pauta.

(   ) É preciso viver e ver. Andar na rua. Ter uma certa paixão e capacidade de se comover.

(   ) É preciso ser duro sempre, porque senão não se consegue nada.

(   ) É preciso ter consciência do que faz, ser ético e não ser ingênuo.

(   ) O que não quer dizer que o repórter possa se disfarçar de Deus e melhorar a realidade cruel da vida.

Comentários

1) A resposta certa é a letra **a**: fósforo, capa de chuva, gravador, caderninho, caneta, credenciais. Tal como nenhum repórter vai para uma
frente de batalha sem estar credenciado pelo governo local, o bom
escoteiro nunca se esquece do fósforo, útil em circunstâncias como
acender o cigarro de alguém para conseguir informação, como também para fazer fogo à noite, nas madrugadas geladas de qualquer
guerra. Se for necessária barraca, as autoridades locais certamente
oferecerão equipamento do exército. Saco de dormir, só se lhe for
requisitado. Máquina fotográfica sempre é bom (hoje em dia exige-se
do repórter que seja multimídia, que saiba manejar vários instrumentos tecnológicos), mas há fotógrafos só para isso. Celular pode
ser alugado *in loco*.

2) Confesse: você nem sabe o que é *thinner*. Então, seja humilde, vá
averiguar. Você tem chance de fazer uma ótima matéria, descobrindo
ângulos que outros ainda não viram. A resposta correta é **a**, embora
pedir orientação à editora não seja descabido. O que não dá é abandonar a matéria.

3) *The legs' man* é uma definição bem antiga, porém próxima à realidade. A tarefa do repórter tem muito de movimento, de correr atrás
da notícia, de ser *o homem* ou *a mulher das pernas*, apesar de muitos
reduzirem essa atividade a uma pesquisa na internet. "Pessoa que
noticia ou informa pelos jornais" é uma definição reducionista. Hoje,
os meios de comunicação não se restringem ao jornal de papel. Um
repórter não faz cochicho pelo simples prazer de fofocar: ele transmite
informações que sempre beneficiam alguém e prejudicam alguém. A
melhor classificação, portanto, é a letra **d**: cada vez mais o repórter é
aquele ser humano com capacidade de reproduzir com fidelidade o
que está assistindo, comunicando-se com o público para que ele tome
decisões, tire conclusões.

4) "Perguntar não dói" é uma máxima dos jornalistas. Responder dói e,
às vezes, a pergunta ofende. É preciso refletir sobre isso. A repórter
Sônia Carneiro foi autora da célebre pergunta ao presidente Fernando Collor de Mello: "Presidente, o senhor está com Aids?". Antes, na

entrevista coletiva no Palácio do Planalto e diante de todos os colegas que cobriam o setor, Soninha fez um preâmbulo para amaciar o entrevistado. O jogador de basquete Magic Johnson havia confessado, na semana anterior, que era portador do vírus da Aids. A jornalista disse que todos haviam notado que o presidente emagrecera e se perguntavam se era por causa dos exercícios ou, por acaso, se estava doente. Enquanto Collor – já no processo de desgaste que antecedeu o *impeachment* – se preocupava em explicar confusamente que estava muito bem de saúde, um clima de mal-estar se generalizava. Mas essa era a pergunta que todos queriam fazer, inclusive o público. A princípio, ao repórter cabe perguntar tudo de maneira polida, sem agredir. Ele tem todo o tempo do mundo para desenvolver a habilidade de bem questionar. Resposta certa: letra **c**.

5) O repórter conta o que apurou ao editor: esta é uma forma de já ir organizando mentalmente a notícia. É o momento em que se combinam o enfoque e a abertura da matéria. Ao editor vão ocorrendo perguntas que ele mesmo gostaria de dirigir ao entrevistado. E que caberia ao repórter tê-las feito. Uma pergunta crucial pode surgir aí. Se o repórter tiver a oportunidade de voltar à fonte ou procurar outras fontes para complementar, muito bem. Nem sempre é possível e ele pode ter que elaborar o texto com as informações de que dispõe. Não há nada de mal em esquecer alguma pergunta. Para se precaver, repórteres sempre pedem telefones para que possam localizar as fontes com facilidade. Muitas dúvidas aparecem na hora de escrever o texto. Se marcou a letra **e**, acertou: consultar os colegas faz parte dos mecanismos para conferir a notícia. É melhor não faltar com a verdade. No caso do jornalismo, a mentira tem pernas muito curtas.

6) Alguns repórteres usaram desse recurso (sacar da imaginação) e se deram mal, porque os "entrevistados" desmentiram as declarações. Se você tem certeza do que eles responderiam, trate de achar a(s) fonte(s) e proponha a resposta. No caso de ela(s) concordar(em), a resposta pode ser publicada. À revelia, é muito arriscado. Resposta correta: letra **b**. A matéria deu NF (Não Feita). Não há razão para voltar deprimido para casa. Muito frequentemente, matérias caem, mesmo quando o tema é muito bom e as pessoas são certas de se encontrar.

7) Boas fontes; leitura dos jornais; roteiro de reportagem; arquivo pessoal e caderno de anotações. Manter um bom relacionamento com as pessoas que você vai conhecendo ao longo da vida profissional é uma maneira de cultivar fontes. Não importa o cargo ou a classe social, o que vale é o nível de informação conseguido. Além disso, os bons repórteres sabem ler os jornais e extrair deles material para novas pautas. Quem é esperto, não sai da redação sem um plano de reportagem na cabeça, mesmo sucinto. Se já está tratando de juntar dados sobre os temas que lhe interessam, ponto para você: um arquivo pessoal é útil hoje e no futuro. E um caderninho é essencial, principalmente para quem não confia na memória e sabe da importância dos detalhes no jornalismo. Cada vez menos os chefes têm tempo para orientar repórteres. A prática da reportagem se faz no dia a dia das ruas, nenhuma literatura é suficiente para isso.

8) Resposta certa: letra **a**. Passar a incumbência a um colega ou fugir da matéria não pega bem. Ir atrás da pauta "de qualquer jeito", torcendo para que derrubem o assunto, tampouco é atitude ética ou inteligente. Uma das características do repórter é a curiosidade. Para ele não existem assuntos ruins. Todo tema pode ser um furo. Depende da apuração.

9) A letra **c** é a melhor resposta. A alternativa **a** também pode ser aceita, embora o ideal seja o bom apurador com texto excelente. É lamentável que, com o jornalismo em tempo real, as preocupações com a qualidade da redação se reduzam apenas à comunicação rápida. O repórter que lê muito e procura aperfeiçoar-se, enriquecer o vocabulário, tem mais facilidade de passar as mensagens, mesmo em tempos e espaços curtos.

10) Gabarito: 5-3-1-2-4.

- Imaginar que o editor sempre tem razão é o tipo de pensamento de repórteres medrosos, preguiçosos, de filhos da pauta. Discutir com o editor para mostrar uma visão dos fatos faz parte da missão do repórter.

- Todo repórter precisa ser um pouco *entrão*, não pode ter vergonha de entrar numa porta aberta, de fazer determinadas perguntas ou de se apresentar em situações difíceis. É preciso ser duro consigo mesmo e ir atrás da notícia com garra: a maior parte do tempo ela não nos cai na cabeça.

- Nenhum repórter pode esquecer... que é preciso viver e ver. Andar na rua. Nesse sentido, é preciso ter paixão pela vida e capacidade de se comover com o que acontece, além do entusiasmo de querer transmitir aos outros.

- Toda matéria é uma criação, pois é fruto do processo de seleção dos fatos por uma pessoa, no caso, o repórter. A objetividade não existe em estado absoluto, embora seja uma meta de quem reporta. Apesar de ter o poder de criar um texto – devendo aí comunicar com fidelidade o que viu e sentiu –, o repórter não tem o direito de melhorar a realidade da vida.

- O repórter tem que ter opinião, precisa ter consciência do que está fazendo e de quais as consequências dos seus atos; é necessário pensar o tempo todo na ética e evitar encarar as coisas pelo lado ingênuo. Há sempre alguém querendo se beneficiar da publicação de notícias.

Nota

---

[1] Brasília não possui bairros, mas setores: Setor de Indústrias Gráficas, Setor Hoteleiro, Setor de Habitações Isoladas, Setor de Diversões.

PARTE II

PRODUÇÃO DA NOTÍCIA

A APURAÇÃO

Seria muito fácil ser jornalista se o trabalho se limitasse a colher as notícias que chegam à redação, tiradas dos outros jornais, do rádio, da TV, do fax, comunicadas por telefone ou vindas pela internet.

Os repórteres vão à rua todos os dias para **apurar**.

Segundo o *Aurélio*, **apurar** significa:

> Tornar puro; livrar de impureza, purificar. Tornar puro ou perfeito, aperfeiçoar, esmerar, aprimorar, polir; mas também:
> Conhecer ao certo, averiguar, indagar: "Temos de apurar o que se passa aqui", "Não pôde apurar o que se passara".

Em que consiste o processo de apuração de notícias no jornalismo? A pessoa designada como repórter tem a função de reportar aquilo que viu, ouviu, constatou, sentiu ou investigou, e dar, a quem não estava presente, a ideia – a mais fiel possível – do que aconteceu. Apurar é colher os fatos, juntar todos os dados disponíveis sobre o acontecimento e construir uma notícia.

Para apurar, você tem que saber **onde** e **quando** procurar, **o que** e a **quem** buscar, **por que** e **como** verificar as informações. O repórter do meio impresso e do rádio dispõe de mais facilidade de deslocamento do que o colega da televisão, pois o máximo de equipamento de que precisa é gravador, papel e caneta. Muitas vezes, nem isso: bastam-lhe os ouvidos, memória e atenção.

Contando com o caráter analítico e interpretativo do jornal e da revista, o profissional desses veículos tem mais tempo para investigar, ao contrário do repórter *on-line* – a serviço de uma agência de notícias ou de um site na internet. Esse depende da própria agilidade, não só para identificar a notícia como para enviá-la rapidamente. O pessoal da TV, além de precisar de equipe – no mínimo uma câmera –, pode ser requisitado para montar um show, produzir a notícia. Muitos jornalistas que trabalham para sites também usam câmeras e máquinas fotográficas, numa condensação de funções que passa a exigir mais dos profissionais.

Uma vez, um pagador de promessas subiu os 365 degraus da Igreja da Penha, no Rio de Janeiro, com uma cruz às costas. No alto do morro, um repórter de jornal estava à espera e o entrevistou. O homem, que viera do interior para pagar uma dívida com Nossa Senhora da Penha, dava mostras de cansaço. Ele havia terminado a entrevista e descansava à sombra, quando chegou o repórter da emissora local de televisão e insistiu para que o penitente subisse de novo os últimos degraus, com a cruz nos ombros, a fim de que fossem feitas algumas imagens.

Com frequência, é necessário pedir que se repitam frases, atitudes, gestos e até canções para serem levados ao ar, o que, para os repórteres de rádio e televisão, soa muito natural. Sem o registro audiovisual, não há matéria. Para o pessoal de texto, parece intervenção na notícia. Todos sabem que a concentração, a calma, a conversa tranquila e o tom intimista favorecem a coleta de dados profundos e fidedignos. O simples fato de acender uma luz sobre alguém muda a atitude.

No primeiro dia de redação, o foca pode ser convidado a participar da reunião de pauta. Mesmo que pego de surpresa, contará ponto a favor se apresentar uma ideia de matéria. Isso poderá surgir de algum assunto sobre o qual venha refletindo, uma tendência que tenha observado, do tema do dia ou do que estiver sendo discutido na reunião. Cada um tem liberdade para sugerir ou, então, aguardar uma designação.

Com a pauta na mão ou na cabeça, você, repórter ou foca, vai em busca de dados. Antes de partir para a apuração – quando há tempo –, tenta esclarecer os detalhes importantes da incumbência que acaba de receber, discute com o chefe de reportagem ou coordenador da editoria o enfoque a ser dado e define os locais aonde deve ir, bem como as pessoas que interessa entrevistar.

Só existem três maneiras de conseguir informações:

Repórter no local: indo ao lugar onde estão acontecendo os fatos. O jogo, o discurso, a greve, o julgamento, o incêndio, a eleição, a explosão, o descarrilamento de trens, o desastre automobilístico são cobertos pelos repórteres enviados à cena do acontecimento;

Entrevistas com os envolvidos ou com fontes de informação: ninguém tem obrigação de dar informações ao repórter, mas os profissionais experientes sabem como obter as respostas que desejam, atuando com jeito e paciência, às vezes com candura, sempre com muita tenacidade. Fazer as perguntas certas na hora adequada é uma ciência que se aprende por meio da prática e da observação. Entrevistas também podem ser feitas por telefone, fax, e-mail ou por sistemas de mensagem instantânea na internet;

Fontes secundárias: a lista telefônica *on-line* ou catálogo telefônico, junto com o dicionário, são fontes preciosas de consulta para o repórter. Ele vê ainda documentos, fitas e filmes, relatórios, arquivos, livros e revistas, recortes e, naturalmente, a internet, e tem que saber avaliar o peso de cada um dentro do processo de apuração. Um repórter deve desenvolver condições de fazer matéria a partir de um relatório, de uma palestra ou de um bate-papo, por exemplo, usando recursos de interpretação, o próprio *background* de informação ou uma pesquisa rápida.

Podem ser consideradas fases de apuração:

1) **Observação:** O repórter deve prestar atenção ao cenário macro, a fim de ter uma visão geral do contexto em que se insere determinado fato. Precisa prestar atenção também ao cenário micro – os detalhes –, para poder descrever lugares e cenas.

2) **Anotação e indexação:** O repórter lista as coisas vistas; nomes e tipos de pessoas; deve ser capaz de colher e transmitir informações sobre o local, destacando o que mais lhe chamar a atenção. Nesse trabalho, ele efetua contagem (de pessoas e objetos); procura números e estatísticas; anota cheiros, sons e cores.

3) **Questionamento:** Nas entrevistas, deve perguntar tudo o que lhe ocorrer sobre o assunto, até que a curiosidade esteja saciada ou tenha certeza de que compreendeu bem o que lhe foi dito.

4) **Organização dos apontamentos:** Antes de escrever, é necessário reler todo o conteúdo anotado; separar os assuntos; destacar as declarações mais importantes; completar com apuração mais aprofundada de dados, fazendo pesquisa ou novas entrevistas.

5) **Avaliação:** De volta à redação ou em conversa com o editor, o repórter define o lide e a hierarquização dos dados e faz (mesmo que mentalmente) um roteiro para a redação, que pode conter uma ou várias matérias interligadas. Nesse momento, ele analisa e interpreta, classifica e complementa o material obtido. Porém, antes de sentar-se para escrever, deve se perguntar: ouvi todos os lados da questão? Dei oportunidade para que todas as pessoas envolvidas se manifestassem? Fui isento nos meus julgamentos e decisões?

Métodos de apuração

Como toda atividade profissional, a coleta de dados também tem sua metodologia, um caminho para se obter resultados. Pode-se resumir os meios de apuração em dois caminhos:

Direto

Chega-se à notícia por suas fontes: entrevistas com os autores do fato (políticos, escritores, teatrólogos, professores); autoridades responsáveis pela área que se quer investigar (o presidente da República ou o porta-voz, o ministro, o presidente da organização não governamental, o síndico, o bombeiro); agentes da notícia, seus provocadores (o motorista do carro que causou a colisão, o presidiário que liderou a rebelião, o refém, as testemunhas, o cantor que fez o show, pessoas da plateia).

O *phoner*, a entrevista por telefone, também é um meio direto – fala-se diretamente com o entrevistado, artista ou VIP por meio de uma ligação agendada previamente. A depender dos interesses dessas pessoas notórias, a negociação para se conseguir uma entrevista, mediada por um agente, pode demorar dias ou semanas. Se o contato via correio eletrônico ajuda, não se pode esquecer que o recurso ao *phoner* e à entrevista por e-mail impede o olho no olho, subtrai o grande toque mágico do entrevistador diante da fonte, como diz Cremilda Medina (1986):

> (...) Uma sensibilidade diferenciada que se manifesta através do gesto, do olhar, da atitude corporal. Um repórter se debruça sobre o entrevistado para sentir quem é o outro, como se estivesse contemplando, especulando uma obra de arte da natureza, com respeito, curiosidade (ainda que a fonte de informação represente uma ideologia contrária à do repórter), por certo esses fluidos positivos chegarão, por complexos sinais, à percepção do entrevistado.

Indireto

O método indireto é aquele em que o repórter se acerca da notícia, sem, muitas vezes, conseguir se aproximar dela. Quando Euclides da Cunha foi cobrir o conflito de Canudos, o exército brasileiro o impediu de chegar até o front. Toda a descrição da guerra contra Antônio Conselheiro foi feita indiretamente, de Monte Santo, o que não o impediu de narrar com exatidão o massacre dos fiéis e a destruição do arraial no sertão baiano, em 1897. Durante três meses, Euclides conheceu toda a região e fez um relato completo sobre a vida do sertanejo e sobre as expedições enviadas pelo governo. O primeiro correspondente de guerra da história do jornalismo brasileiro usou uma frase de Tucídides, da Guerra do Peloponeso, para contar o método que adotou para *Os Sertões*:

> (...) Sem dar crédito às primeiras testemunhas que encontrei, nem às minhas próprias impressões, mas narrando os acontecimentos de que fui espectador ou sobre os quais tive informações seguras. (Cunha, 1984)

Dentro dos métodos indiretos de colher a notícia, pode-se alinhar o *off* (ou *off the record*) – quando o jornalista entrevista a fonte, mas não pode citá-la; as fantasias; o recurso à assessoria de imprensa; e o uso do questionário.

Off

Algumas vezes você recebe uma denúncia, mas não pode divulgar quem lhe deu a informação. A relação com as fontes é uma das áreas mais sensíveis da profissão. Nem o jornalista pode ser muito íntimo – pensando que é "um deles", como dizia o experiente Joel Silveira –, nem pode se distanciar

MANUAL DO FOCA

demais, senão deixa de merecer a confiança de seu informante. A informação *off the records* deve ser confirmada por mais de três fontes ou não será publicada. Como não existe *off* entre aspas, o repórter tem que assumir os fatos e transformá-los em notícia. A credibilidade dele próprio e do veículo estão em jogo.

Fantasias

São disfarces que o repórter usa quando a via direta falha; um jeito especial de chegar à informação; técnicas de convencimento de que o repórter se vale para apurar; enfim, recursos especiais que requerem esperteza e capacidade de improviso. Ele pode trocar de voz ou de personalidade e, às vezes, é até mesmo obrigado a mentir para conseguir o que deseja.

Nenhum veículo encoraja o profissional a usar subterfúgios para obter a informação. É sempre preferível que se identifique logo no início, para evitar constrangimento e mal-estar. Você deve entender que qualquer pessoa tem o direito de não querer dar entrevistas. A aproximação da imprensa pode ser repelida e a fonte pode se limitar a dizer algumas frases pouco agradáveis: "nada a declarar"; "só falo na presença de meu advogado". Entretanto, o dever do repórter é insistir, com jeito: "gostaria de ouvir sua posição a respeito desse assunto"; "o senhor ainda não se manifestou, o jornal quer ouvi-lo"; "estamos lhe dando a oportunidade de mostrar as suas razões".

Mentir para obter informação é procedimento condenado pelo código de ética da profissão. Somente quando fracassam todos os recursos ou quando a experiência pessoal do repórter é requerida, o órgão de comunicação pode autorizar e até participar de uma encenação cujo objetivo seria denunciar uma operação ilegal, um ato arbitrário ou criminoso. O repórter deve ter consciência do risco que está correndo, e os editores necessitam de respaldo da direção para mandar executar a reportagem.

Há matérias que são feitas de tempos em tempos e não exigem grandes transformações:

- dois repórteres se vestem de turistas para investigar as agruras dos estrangeiros numa cidade turística;
- um casal de repórteres se apresenta como *casal liberado* para fazer matéria sobre o mercado de sexo;

102

- duas repórteres se fantasiam de patroa e empregada para denunciar a máfia das agências de contratação de mão de obra doméstica (veja "Agências: armadilha para empregada e dona de casa", em "Anexo").

No Rio de Janeiro, a história de Lou e Vanderley, em 1975, foi um caso tenebroso que ocupou manchetes de jornal por meses. Vanderley era soldado da Polícia Militar e conheceu Lou, jovem bonita por quem se apaixonou. Lou já havia tido outros namorados antes e Van quis apagar o passado da moça. O casal cometeu alguns assassinatos, antes que a polícia conseguisse relacionar os crimes. Lou terminou presa no setor feminino do Presídio de Água Santa e, no dia em que foi encaminhada, *O Globo* quis que eu tentasse uma entrevista. Sem burocracia, bati na porta do presídio — uma porta de ferro pintada de preto —, o carcereiro olhou e perguntou:

– Você é a irmã da Lou?

Confundida pela idade e pelo estilo de cabelo, apenas respondi:

– Sou.

O diretor do presídio foi então chamado, apareceu na porta e confirmou que eu era mesmo a irmã de Lou. Enquanto iam chamá-la, eu pensava no que ia dizer a ela, ao perceber o engano. Fiquei de costas para a saída do pátio.

– Mas essa não é minha irmã! – chegou a falar, quando a agarrei.
– Lou, me ajuda! Eu sou estagiária e estou precisando desse emprego. Por favor, converse comigo por um instante.

A moça alta, de aparência fria, os cabelos tingidos de louro que já estavam voltando à cor na raiz, deu-me a entrevista. O fotógrafo (que ficou de fora) quase não acreditou. *O Globo* abriu manchete na primeira página do dia seguinte.

Não é aconselhável que jornalistas cometam crimes para provar que as autoridades são negligentes, como é o caso de uma repórter que roubou um bebê em uma maternidade, fato que a levou a ser processada. Pautas em que repórteres levam câmeras escondidas implicam alto risco, pois eles podem ser ameaçados, presos ou mesmo mortos, se identificados, como foi o caso de Tim Lopes. Repórteres têm que aprender a tomar decisões em cima do laço. Também é preciso saber o momento de sair fora. Muitas vezes é difícil assumir uma atitude diante da situação.

Assessoria de Imprensa (AI)

É sempre um meio indireto, ou seja, órgãos governamentais, empresas, políticos e artistas têm pessoas especializadas em lidar com a imprensa. No que diz respeito aos jornalistas, as assessorias são vistas como obstáculo entre o repórter e a fonte; muitas não fazem outra coisa a não ser impedi-lo de aproximar-se do entrevistado. O objetivo das AI é passar uma imagem positiva. Os bons assessores auxiliam, criam pautas e até facilitam o contato do jornalista com a instituição, porque sabem que estão garantindo um lugar na mídia. O jornalista usufrui do sistema quando aprende a usar a máquina a favor, quando cultiva fontes mesmo dentro das estruturas mais fechadas, como Palácio do Planalto, Palácio do Governo, Itamaraty ou assembleias legislativas.

O repórter também usa pretextos para descobrir aquilo que lhe interessa. Você nunca vai confessar que o objetivo é fazer uma matéria sobre o lado negativo do Hospital Municipal. Chega vestido de cordeiro, dizendo que executará uma reportagem (para a fonte, a palavra é mais pomposa) sobre a instituição. Então, as primeiras perguntas serão genéricas, para obter dados e elementos para formar uma ideia. Assim, ganhará tempo e a confiança dos entrevistados.

O assessor de imprensa sabe que você procura exatamente as falhas e se esforça para apresentar apenas as qualidades. Deve fornecer o máximo de informações, para que você realize bem o trabalho ou até para fazê-lo mudar de ponto de vista. Sobretudo, não deixará nenhuma pergunta sem resposta e, se o questionamento não puder ser resolvido na hora, fará contato novamente para completar o que foi pedido. Essa é a função do assessor.

Ninguém deseja ler ou ver apenas elogios, nem apenas críticas nos meios de comunicação. Mostrar o que está ruim é uma maneira de ajudar a melhorar. Os jornalistas são os olhos da sociedade.

Questionário

Algumas vezes, a fonte não quer ou não pode receber o repórter. Um recurso extremo é o questionário, hoje muito usado via fax e via e-mail. As perguntas devem servir apenas para guiar a entrevista, para que o entrevistado saiba o assunto sobre o qual irá discorrer e se preparar previamente. No caso de a fonte estar longe e de uma entrevista por telefone ser impossível, o roteiro respondido por e-mail constituirá a própria entrevista. Nesse caso, é preciso comunicar ao leitor essa condição.

Alerta: o questionário limita o trabalho do repórter, pois não permite réplica. Só deve ser usado em último caso, quando o acesso for mesmo impossível. No chamado diálogo interativo, há uma troca de emoção e energias entre o entrevistador e o entrevistado. Isso não acontece com o rol de perguntas prefixadas, no qual, em muitos casos, não se permite que o jornalista acrescente novas questões ou exponha dúvidas quanto às declarações do entrevistado.

Herança do regime militar, o questionário e o hábito de conferir o texto do repórter se disseminaram como praga no meio civil. Não raro, o entrevistado sugere que você lhe mostre o texto antes de ser publicado. Ora, o jornalista ganha da empresa que o contrata e a ela deve obediência. Quem tem que julgar o trabalho é o editor e não uma pessoa fora do meio jornalístico. Admitem-se exceções em textos científicos ou técnicos, por cuidados com a exatidão.

A revista *Pais&Filhos*, da editora Bloch, quando liderava o segmento, registrava alta credibilidade junto ao público porque as matérias não continham erros: eram conferidas por um corpo de consultores, que revisava todo o conteúdo, mas não opinava na parte editorial.

Uma outra exceção aqui fica por conta dos jornais de empresa: como é mais aparentado do gênero opinativo – considerado como material publicitário –, o *house organ* é revisado pelo departamento de comunicação do contratante antes de ser publicado. Compreende-se a preocupação, embora muitas vezes o zelo acabe interferindo na qualidade jornalística do produto. Fica melhor quando a assessoria de imprensa tem carta branca da direção para decidir.

Recursos de apuração

Antes de ir a campo atrás de um assunto, você se prepara. Cada vez menos, infelizmente, reduz-se o tempo e a oportunidade de trocar ideias com o editor. Focas são mandados para a rua solitários e, muitas vezes, sem uma palavra de orientação ou estímulo, quando o ideal seria que acompanhassem – pelo menos no início – os jornalistas experientes. As pautas estão se resumindo a uma linha; com o repórter fica a responsabilidade de desenvolver contatos com as fontes; saber o enfoque; ter segurança quanto ao modo de apurar; e montar estratégias para chegar às informações. No mais, para o foca como para o repórter, é contar sempre com a sorte, companheira de todo profissional do jornalismo.

Caderneta de telefones: antes chamada "seboso", a lista de endereços e telefones das fontes hoje está na tela das redações. Repórter que é repórter preserva os contatos com muito carinho, liga de vez em quando para perguntar as novidades e manter o vínculo. Preservar uma caderneta com telefones estratégicos é uma habilidade que poucos cultivam, perdidos na velocidade dos acontecimentos. Porém, os que têm visão de futuro guardam muito bem sua lista particular e confidencial.

Gravador: você deve avaliar se pode ou não usar apetrechos eletrônicos durante a entrevista. Na dúvida, vale perguntar. Não convém esquecer que o gravador é um auxiliar e não o principal recurso de apuração com que conta o repórter. Como qualquer máquina, falha, quebra, distorce ou simplesmente não grava. Só apertar o botão equivale a ser papagaio da informação: nem ouvir o que o entrevistado está dizendo. Mesmo quando está gravando, o bom repórter toma anotações durante a entrevista, pois assim fica mais fácil localizar os trechos desejados, no momento de redigir. E evita surpresas desagradáveis, como a fita ficar em branco. É melhor prevenir que remediar.

Caderninho: até hoje, repórteres dobram a folha de papel em três, simplesmente para fazer com ela um suporte para anotar. Os mais organizados usam cadernos ou cadernetas para tomar notas durante a apuração. Os melhores são os usados pelos taquígrafos. A vantagem do caderninho é que ele pode ser consultado em outras ocasiões.

Repórteres desenvolvem um sistema próprio de abreviaturas, o que costuma se provar mais eficiente do que aprender estenografia, método que exige a *degravação* posterior, tão trabalhosa quanto a escrita em código. Há repórteres que confiam na memória, outros que anotam tudo, com datas e locais.

Quando você está num ambiente (político, secreto ou muito escuro – no interior de uma mina, no cinema, numa boate), em que não é possível tomar notas, espere ocasião propícia para registrar pelo menos frases, horários, presenças. No jardim, fora do salão, no banheiro, anote, para evitar esquecimentos, principalmente se vai escrever a matéria no dia seguinte. A memória, porém, continua a ser um dos principais atributos do bom repórter.

Arquivo pessoal: desde os tempos de foca, juntar recortes ou material digitalizado acerca de determinados assuntos de interesse é extremamente útil. Você começa guardando temas que despertam sua curiosidade, de maneira a formar um pequeno arquivo, principalmente com dados inéditos, difíceis de conseguir. No momento em que entrar numa redação, pode sugerir matérias ou demonstrar conhecimento, recorrendo a esse *departamento de pesquisas* particular.

Pesquisa: redações de grandes jornais, revistas e TV possuem departamentos de pesquisa. São os Serviços de Documentação (Sedocs) os encarregados de arquivar o que sai publicado, não só no veículo, como nos outros e na internet, catalogando os assuntos para dar apoio aos repórteres. Os funcionários do setor fazem levantamento sobre determinados temas, a pedido do reportariado, entregando cópias em papel para adiantar o trabalho. A esse material agrega-se pesquisa em livros e enciclopédias. A pesquisa é uma arma poderosa. Repórter bem informado sai na frente.

Fichário: se você é designado para cobrir um caso policial ou é setorista de uma determinada área, um bom recurso é mesmo ir organizando os dados em pastas ou fichas, arquivadas na gaveta ou no computador. Por exemplo: nomes, cargos e perfis de funcionários ou pessoas-chave na investigação, dados sobre o inquérito e recortes relacionados aos assuntos do setor são *fichas* a ser preenchidas à medida que se vai coletando as informações.

Depois de algum tempo, você percorre as anotações fichadas e já terá matéria para desenvolver, cruzando os dados e tecendo as ligações necessárias. O repórter da TV Globo, Caco Barcellos, reuniu fichas com os casos da polícia de São Paulo antes de escrever o livro *Rota 66*.

Roteiro: tanto o iniciante quanto o veterano organizado escrevem roteiros de perguntas ou enumeram com antecedência as questões que devem investigar, dados a observar, lugares a percorrer, com nome das fontes, telefones e horários ao lado. Se a pauta diz para apurar o que está havendo em um determinado posto do INSS, tendo em mente as três primeiras fases da apuração (observação/anotação e indexação/questionamento), é necessário, antes de sair, fazer um guia com:

- Dados sobre o posto – localização: no meio do quarteirão, numa esquina? Tamanho: grande, pequeno? Capacidade de atendimento, especialidades atendidas, atendentes, médicos, consumo de material?

Instalações: bem conservadas? O local é limpo, o lixo é recolhido? Há macas e cadeiras para os doentes?

- Dados sobre o bairro – outros postos? População estimada? É um posto respeitado ou as pessoas preferem o hospital mais próximo?

- No local – há fila? Mais de uma? Quantas pessoas estão na fila no momento? É hora do *rush*? Quais são os piores horários da fila? Existe venda de lugar? Distribuição de senhas? Que aspectos têm as pessoas na fila? Alguém já morreu esperando?

- Pacientes – quem está na fila são os próprios doentes, ou parentes, guardadores de lugar? Há um sistema de triagem? Quais são os requisitos para o atendimento: documentos, preenchimento de fichas com dados desnecessários, exigências absurdas?

- Autoridades – o que dizem os médicos, o coordenador do posto, as enfermeiras, os prestadores de serviço (atendentes, faxineiros, dona da cantina)? E a Secretaria de Saúde?

- Observação – o que está acontecendo? Por que as filas são grandes? Há doentes graves, velhos e crianças na fila? Falta de organização? De material? De pessoal para atender? Os médicos obedecem aos horários? Quantos doentes consultam por dia? Quanto ganham os médicos?

- Entrevistas – Gente na fila; chefe do posto; enfermeiras; atendentes; porteiros; médicos. Algum ou alguns desses personagens podem merecer um perfil.

Se você vai cobrir a inauguração de uma exposição de pintura, observa:

- nome do artista (como é, como está vestido?), horário do *vernissage* e local. Se não conhece o pintor, recorre ao departamento de pesquisa, lê atentamente o *press-release* distribuído antes da exposição, consulta um colega mais experiente, recorre ao assessor de imprensa;

- material com que o artista trabalha, cores e temática; título, tamanho e preço das telas; local e disposição das obras;

- origem do artista, com quem já trabalhou, quem foram os mestres ou inspiradores, exposições realizadas anteriormente (individuais e coletivas), rotina de trabalho;

- críticas e elogios.

- quem são os famosos presentes ao *vernissage*? E os anônimos?
- quais serão as próximas exposições/trabalhos: há algo agendado no exterior?

Na entrevista com o artista, você pode conseguir a maior parte dos dados. Como se trata de área muito sensível, convém agir com cautela na formulação das perguntas. É de bom alvitre pedir ao próprio artista que defina seu estilo e fale da obra com mais detalhes, uma vez que um repórter neófito corre o risco de errar ao tentar teorizar sobre o que não conhece, ou sobre escolas de pintura que não domina. Você também observa as pessoas que cercam o artista e as entrevista, procura os críticos de arte presentes e procura saber mais sobre o artista.

Numa cobertura de evento, o esquema de apuração seria:

- quando se realiza (época do ano, implicações com o momento político-econômico);
- quando começou (horários e prazos);
- temas principais: política/saúde/música/religião/economia/ecologia/turismo;
- atividades (programa);
- patrocinadores, organizadores, público-alvo;
- como se manifesta: enterro/comício/festa/ritual/seminário/feira/exposição;
- número de participantes, local, instalações (descrições: cores, cheiros, clima local);
- sequência de fatos (inauguração solene, corte de fita, descerramento de placa, brindes)/fatos mais importantes/discursos;
- personagens ou personalidades envolvidas; pessoas comuns – o público-alvo foi atingido? Beneficiados e prejudicados;
- lances exóticos ou inusitados;
- principais descobertas/invenções/fatos;
- depoimentos contra e a favor.

Cada situação exige uma conduta diferenciada. A apuração é um trabalho de detalhe, conduzido pela curiosidade do repórter. Quanto mais informações tiver, mais segurança mostrará na hora de redigir o texto. Uma apuração falha se torna problemática diante do computador ou da máquina de escrever. Gene Miller, duas vezes ganhador do Prêmio Pulitzer, costumava dizer: "Se você está tendo problemas na hora de escrever, é porque você provavelmente precisa apurar melhor".

O que oferecer ao leitor? Como interessá-lo pelo assunto? O repórter/redator só consegue passar sua mensagem para a plateia se ele próprio tiver interesse e conhecimento acerca daquilo que está relatando. Por isso, costuma-se classificar o repórter em quatro planos:

1) aquele que tem bom texto e apura bem;

2) aquele que tem bom texto, mas apura mal;

3) aquele que não tem bom texto, mas apura muito bem;

4) aquele que apura mal e escreve mal.

A redação moderna está exigindo cada vez mais profissionais do primeiro tipo, aptos a exercer variadas funções nos veículos de comunicação. Muitas vezes o repórter n. 2 é capaz de enganar o editor. Só que esse engodo não dura muito tempo. O terceiro exemplo não é um modelo desejável nas redações rápidas do século XXI, pois depende sempre da figura de um bom revisor para melhorar os textos. Ainda assim, subsistem alguns exemplares nos dias de hoje, graças a seus méritos como violentos apuradores. O n. 4 não tem emprego na imprensa, pois essa profissão depende do bom emprego do idioma.

Questões básicas

Em cada evento, não se esqueça de averiguar:

O que é? (Se necessário, traduza o significado do evento para o leitor.)

Quem promove? (Nomes corretos das pessoas, cargos, funções.)

Quem participa? (Número de pessoas? Destaques?)

Como se iniciou a ideia? (Um pouco de história, retrospectiva.)

Quando começou? (Qual a história do acontecimento?)

Onde se realiza? (Se achar importante, descreva.)

Por que se dá? (Justificativa do evento.)

Para que serve? (Repercussões/atividades paralelas.)

Com todas essas respostas na cabeça, você está apto a armar um esquema de cobertura para:

- um incêndio de grandes proporções;
- um seminário sobre física quântica;
- uma enchente na cidade;
- um ritual religioso;
- um comício importante;
- uma procissão;
- um enterro;
- o assassinato de um político famoso.

Lembretes

- A notícia se materializa, torna-se real com o trabalho de reportagem.
- A espinha dorsal de uma narrativa é a organização dos eventos em sequências, de modo que sejam compreendidos por quem deles não participou, mas quer saber como foi. A sequência também pode dar origem a um box cronológico, sempre de grande utilidade.
- Cada evento pode ser fracionado em partes, de modo que o narrador escolhe (aleatoriamente) o ritmo da sequência. Essa escolha é subjetiva e, na internet, se materializa por meio dos *links*, a ligação hipertextual entre os vários textos.

A ENTREVISTA

Médicos, psicólogos, assistentes sociais, juízes, vendedores, pesquisadores, além de jornalistas, são categorias afeitas à entrevista. Porém, no caso jornalístico, a entrevista visa obter informações que serão utilizadas em um produto comercial – o veículo noticioso –, onde entram a credibilidade e a fidedignidade das fontes.

A entrevista, segundo Cremilda Medina – em *Entrevista, o diálogo possível* (1986) –, é "uma técnica de interação social, de interpenetração informativa". Quebra isolamentos e serve à difusão de vozes, ao pluralismo informativo. A autora acredita que seja possível criar um diálogo com o entrevistado, o que significa ir além da técnica para estabelecer um vínculo que, embora momentâneo, resulte em troca mútua:

> É necessário que o entrevistado sinta um ótimo de distância e proximidade e, igualmente, um ótimo de projeção e de identificação em relação ao investigador.

Não foi sempre assim. Nos primórdios, os jornalistas conversavam com as fontes, mas escreviam o que queriam, sem citá-las obrigatoriamente. A história do jornalismo norte-americano aponta que a primeira entrevista publicada teria se dado em 1836: o jornalista James Gordon Bennett fazia a cobertura do assassinato da prostituta Helen Jewett e transcreveu o diálogo com a dona do bordel, na zona de prostituição de Nova York. Ainda demorou para que a entrevista fosse absorvida como técnica de obtenção de informações. Os franceses pensavam que ela era uma esquisitice dos americanos.

A entrevista é uma técnica de diálogo com regras unilaterais: um dos lados faz as perguntas e o outro tem apenas o direito de respondê-las. Embora uma das máximas do jornalismo seja "perguntar não ofende", é preciso ver como e em que circunstâncias a questão é proposta. Quando se dá o diálogo verdadeiro com a fonte, ambos os lados trocam ideias e tentam desenvolver um raciocínio, sempre em favor do público.

No dia a dia do repórter, a entrevista depende do momento:

- **ocasional:** qualquer pessoa pode ser colhida por uma indagação e muitas vezes não sabe que está sendo entrevistada; como não é acertada previamente, é a urgência ou a necessidade que leva a esse tipo de entrevista, em que você pode colher a pessoa de surpresa;

- **temática:** você tem um tema que está perseguindo e procura especialistas para ajudá-lo;

- **em profundidade:** você deve tentar se aprofundar nos assuntos, procurar conhecer os entrevistados com antecedência, a fim de apreender todos os sentidos do diálogo.

Tipos de entrevista

Há quatro tipos de entrevista:

Entrevista-rito: frases respondidas pelos jogadores de futebol e de outros esportes, pelas misses, pelos atores-ganhadores de Oscar, etc. Em geral, para as perguntas de sempre há sempre uma resposta-padrão:

> Eu estou muito feliz por este sucesso, e quero agradecer à minha mãe, à minha família e à equipe que me ajudou a chegar até aqui.

Ou:

> O resultado mostrou que a equipe está entrosada e preparada para a vitória. Em nome dessa torcida que tanto amamos, vamos procurar melhorar sempre e fazer muitos gols.

Entrevista anedótica: típica dos *talk shows* – as entrevistas de TV –, faz piada com as respostas dos entrevistados. Tem um tom jocoso e o entrevistador/*showman* busca sempre a anedota picante. Jô Soares, com seu programa na televisão, é um exemplo típico de quem procura valorizar os aspectos engraçados ou pitorescos dos convidados.

Entrevista-diálogo: é a entrevista verdadeira, com contribuições de ambas as partes. Diversas vezes, é preciso *tricotar* um pouco com o entrevistado, para fazê-lo relaxar; de outras, um elogio surte efeito e você consegue deixá-lo à vontade. Ou você fala de si e ele resolve se abrir. Ele pode começar, por exemplo, contando a própria trajetória.

Confissões: é o depoimento ou entrevista testemunhal, na qual o entrevistador se apaga para deixar falar o outro, muitas vezes num desabafo emocionado. Todo o depoimento vem entre aspas, com uma breve abertura para introduzir o assunto.

O aprofundamento leva a outros tipos de entrevista, ainda segundo Medina:

Entrevista conceitual: o entrevistador procura ouvir os dois lados da questão;

Enquete: também conhecida como *o povo fala*, consiste em formular apenas uma ou duas perguntas para várias pessoas. O conjunto das respostas conformará uma ideia na cabeça do leitor/espectador que se identificará com as posições contra ou a favor do tema levantado. A enquete propõe uma questão tipo *sim-não*: "Você é a favor da CPMF?" ou do tipo *positivo-negativo*: "O que você achou da instalação de mais *pardais* (controladores de velocidade) nas ruas?";

Entrevista investigativa: o jornalista no papel de cão de guarda da sociedade, encarregado da verificação de abusos do poder, vai atrás das informações e denúncias. Usa frequentemente meios indiretos de averiguação, aproveita muito *offs*;

Confronto: debates, mesas-redondas, painel, simpósio para discutir temas polêmicos. Você também pode colocar a polêmica ao entrevistado, o que pressupõe estar preparado para argumentar e contrapor dados;

Perfil: para traçar o perfil de uma pessoa, é preciso conhecê-la. Você deve, primeiro, ler a biografia para entender a trajetória. Na entrevista, busque aproximar-se do entrevistado, compreendê-lo; além disso, converse com pessoas que o conheçam, para falar dele (veja "Entrevista/perfil com Ivete Vargas", em "Anexo").

A esses pode-se acrescentar subgêneros da entrevista conhecidos por algumas peculiaridades:

Entrevista pingue-pongue: é a clássica pergunta e resposta que, geralmente, é gravada para facilitar a edição. No jornal e na revista, o formato requer uma apresentação rápida e descritiva da vida do entrevistado. Questões e respostas podem ser editadas (como nas páginas amarelas de *Veja*, nas vermelhinhas de *IstoÉ*) ou estampadas na íntegra (*O Pasquim*, revista *Caros Amigos*);

Entrevista coletiva: é uma modalidade de entrevista de um para muitos: um entrevistado (no máximo dois) e vários entrevistadores, representando diferentes veículos. É necessário, quando se convoca uma coletiva, que o assunto seja relevante;

Entrevista exclusiva: as declarações são resultado do esforço do repórter em busca do fato, ou de iniciativa do entrevistado, que não deseja dividir a informação com mais ninguém. Realiza-se um pacto: o repórter obtém da fonte o compromisso de não divulgar as informações até que as tenha publicado.

Não importa qual o gênero de entrevista se faça, pois, se o objetivo é a publicação, é preciso escolher um formato para estampá-la. Mesmo que a entrevista seja ocasional, realizada no corredor de um ministério, ela pode derrubar um ministro. Foi o que aconteceu com uma repórter que perguntou a um recém-empossado ministro da Justiça da Itália se ele era favorável à separação de poderes entre a igreja e o Estado. Esse é um tema ainda tabu entre os italianos, país em que a igreja católica reivindica participação nas decisões governamentais. A resposta favorável manteve o ministro apenas até que o jornal fosse publicado.

Do ponto de vista do formato, a entrevista é publicada em forma de pingue-pongue ou como texto corrido. Se optar pela modalidade pergunta-resposta, no meio impresso e na internet, será necessária uma edição própria – em uma página inteira, num canto de página, complementando outra matéria – e o cuidado de não repetir muitas pingue-pongues ao longo do veículo, para não ficar cansativo. A enquete é outro subgênero que deve ser usado com parcimônia. Não caia na ideia simplista de que é fácil fazer um *povo falar* porque:

- é necessário fazer muitas entrevistas para conseguir boas respostas originais;
- é preciso aprofundar as entrevistas, o que demora tempo, pelas mesmas razões;
- às vezes, é difícil fazer as pessoas pensarem sobre determinado assunto fora de sua agenda habitual.

Conselhos para uma boa entrevista

Confira a seguir:

1) Em sentido estrito, fazer uma entrevista significa: marcar um encontro com uma pessoa para falar de um assunto específico que ela domina. Por isso, algumas regras devem ser obedecidas, tais como cortesia, precisão e respeito para com a fonte, em primeiro lugar. Apresente-se, identificando o veículo e dizendo a razão da entrevista. Seja pontual.

2) Quanto tempo você terá para a entrevista? Isso é básico para elaborar as perguntas. Frequentemente, o repórter só pode fazer uma pergunta. Seja objetivo, vá direto ao ponto. Numa solenidade externa, o presidente da República esteve muito próximo dos jornalistas. Havia tempo que ele não dava entrevistas. Um repórter da TV colocou-lhe o microfone na boca e disse:

– Presidente, duas palavrinhas para a imprensa.

O presidente apenas respondeu:

– Boa tarde.

Oportunidade desperdiçada.

3) Prepare-se, pesquise, leia tudo o que puder sobre o entrevistado. Ninguém vai entrevistar uma atriz veterana como Fernanda Montenegro sem saber o mínimo sobre sua carreira. Também não se pode conversar com Zuenir Ventura acerca de um novo livro sem saber de que trata a obra. É uma questão de respeito para com o entrevistado e a própria profissão.

4) Faça anotações, mesmo se usar o gravador. Preste atenção nas palavras, no raciocínio do entrevistado. Há repórteres prodigiosos em guardar declarações, como Truman Capote (autor de *A sangue frio*). Mesmo ele, no entanto, não dispensava o caderninho. Quando o entrevistado disser uma frase contundente, anote-a entre aspas.

5) Repórteres não fazem longas perguntas. Concentre-se no que quer obter do entrevistado. Tente conquistar a confiança, antes de fazer perguntas delicadas. Zele pelo clima de cordialidade, sem abrir mão de questões incisivas. Lembre-se dos bons entrevistadores, como Marília Gabriela (do programa "Cara a Cara", hoje atriz da televisão). Sorria.

6) Se o entrevistado disser "em primeiro lugar...", anote. E depois cobre dele o segundo e o terceiro lugares.

7) Registre o clima da conversa – gentileza, amizade, franqueza, cordialidade ou, ao contrário, animosidade, rispidez. Isso é importante para o relato. Se o entrevistado não quiser responder a uma pergunta, insista ou faça-a mais tarde, de outra maneira. Um jornal norte-americano adotava como regra: "Sempre temos que dizer ao nosso público por que alguém se recusou a falar; que a fonte estava em Nova York no fim de semana; que não quis atender ao telefone; que o repórter ficou na porta até a noite e a pessoa não apareceu. A pior reportagem é uma reportagem perdida. Melhor contar a verdade ao público".

8) Elabore questões curtas para que o entrevistado tenha chance de se expressar. E não lhe dê as respostas. No caso de uma resposta muito esperada, faça-o repetir para comprovar: "o senhor quer dizer que...?"

9) Siga o rumo da entrevista, mas não se distancie daquilo que quer obter.

10) Por um gesto, pelo tremor das mãos ou pelo modo de se mexer, é possível saber se alguém está mentindo. É muito importante entrevistar as pessoas olhando-as nos olhos.

PARTE III

REDAÇÃO DA NOTÍCIA

O TEXTO
JORNALÍSTICO

A técnica de fazer jornal acompanhou a história dos tempos, a evolução tecnológica, e seguiu as necessidades criadas pelas mudanças sociais. O texto jornalístico obedece a um formato – a pirâmide invertida – e a algumas normas que visam ampla compreensão e difusão pelos vários veículos noticiosos. Jornalistas buscam tornar a escrita clara e concisa. Os padrões industriais e o *fetiche da velocidade* (Moretzsohn, em *Jornalismo em "tempo real"*, 2002) levam a uma notícia cada vez mais breve; as exigências de qualidade devem caminhar no sentido de maior exatidão dos fatos. O profissional do jornalismo tem que juntar a pressa à perfeição, sempre no intuito de cativar leitores e garantir-lhes o direito a informar-se.

Nos primeiros séculos depois da invenção de Gutenberg, os impressos ofereciam textos opinativos, interpretativos: os episódios eram analisados à luz de tendências ou linhas de pensamento defendidas pelos intelectuais, dentre eles os jornalistas. A burguesia emergente precisava de meios para divulgar as novas ideias de liberdade, prosperidade, igualdade. Enquanto a Revolução Industrial modernizava as máquinas, proporcionando o aumento das tiragens e atraindo a população do campo para as cidades, uma grande pressão elevou a demanda pela alfabetização. O sistema educacional foi estruturado e os desejos do público também foram se aperfeiçoando (Quadro 3).

Quadro 3 – Do sensacionalismo à objetividade

Desde os primórdios, a história da notícia evoluiu *do*:

Sensacionalismo: com armas dirigidas ao interesse popular imediato, apelando a sentimentos recônditos das pessoas, o que em outras palavras seriam as emoções baratas, fáceis de despertar no público – medo, tristeza, alívio, alegria, solidariedade. São os relatos de grandes crimes e paixões, dos quais se nutrem até hoje as novelas, melodramas e os jornais da chamada imprensa marrom...

para:

Imparcialidade, objetividade, veracidade: pressupostos da imprensa livre, esses três princípios lentamente se difundiram a partir do século XVIII, quando o jornal londrino Daily Courant começou a prometer *only news, no comments* (só notícias, sem comentários) em suas folhas. No corpo do periódico, havia uma distinção nítida, visível, entre *news* (notícias) e *comments* (comentários), deixando às pessoas a tarefa de escolher o gênero de leitura que preferiam.[1]

Nos Estados Unidos, a imparcialidade e a objetividade ganharam terreno fértil. Na primeira metade do século XIX, Benjamin Day cortou os vínculos do jornal *Sun* com os partidos políticos, para dar prioridade às notícias de crimes e processos. Foi um golpe fatal contra o concorrente, o conservador *Tribune*, que se notabilizava pelas páginas de opinião. O sucesso foi tanto que, em pouco tempo, Day resolveu dobrar o tamanho das páginas para comportar mais anúncios, criando o formato *standard*, o chamado *jornalão*.

A Guerra da Secessão nos EUA (1861-65) forneceu a prova cabal de que informação oferecia atratividade superior à opinião, levando a um *boom* das agências de notícias. Forçada pelo aumento do contingente de leitores – a quem tinha que dar satisfação –, a imprensa começou a se preocupar mais com a veracidade e as fontes passaram a ser identificadas. A objetividade veio a se tornar uma carência, forçada pela tecnologia do telégrafo: nada de palavras ocas, se era necessário comunicar rapidamente um fato.

A conotação de objetividade se insere na ideia de que o repórter deve ser isento ao relatar a cena que presenciou. No entanto, sabe-se que a objetividade se sujeita ao olho de quem seleciona, mistura, ordena os fatos. Mesmo com o propósito de ser o mais imparcial possível, não se consegue deixar de colocar a colher no meio da sopa – o processo de apuração jornalística.

A humanidade está em plena era da dromocracia (velocidade tecnoló-gica), o poder da velocidade. Todo mundo quer ler o jornal, na mesa do café da manhã, ou na internet, para se inteirar logo das notícias; avidamente as pessoas ligam a televisão, ouvem rádio dentro do carro, enquanto se dirigem para o trabalho. A escolha da angulação a partir dos dados apurados per-passa a subjetividade de quem escreve. O jornalista em tempo real tem que tomar decisões rápidas para colocar a matéria no ar e, por causa da pressa, arrisca-se mais a errar.

O fantasma que persegue o jornalista consciente é o da justiça. Seu papel é mostrar os dois lados da situação que, como observador, deve transportar a quem está longe. Pelo menos o esforço se concentra em apontar objetivamente o que está vendo, sempre tentando retratar os fatos de maneira fiel para que o leitor interprete, junte e julgue os fatos, tirando as próprias conclusões. Segundo o manual do *New York Times*, justiça e imparcialidade "devem ser os marcos de todas as notícias e análises que aparecem no jornal":

> Obviamente, a apuração rigorosa é o elemento chefe da justiça e da imparcialidade. Mas a apuração é facilmente subvertida. Por exemplo, um número de fatos, mesmo verdadeiros, podem ser ordenados de maneira tendenciosa, injusta para com os personagens. Palavras simples, aparen-temente inocentes, podem ser empregadas com parcialidade. Mesmo informações de bastidores podem ser manipuladas (mais facilmente ainda por seu mero uso ou omissão) em detrimento da justiça.

Então, ainda de acordo com o manual, evitar essas armadilhas não é o suficiente. É preciso dar oportunidade para que as pessoas acusadas, cri-ticadas ou citadas negativamente falem em sua própria defesa. Por isso, é importante que os repórteres tentem de todas as maneiras chegar às fontes e, quando isso não for possível, que expliquem por quê. O jornal também pede especial atenção às notícias em *off*, vindas de fontes anônimas, que só devem ser publicadas após negociação entre repórter e editor, evitando assim que o veículo incorra em erros ou cometa injustiças.

A redução galopante do número de leitores, os hábitos modernos de leitura do periódico e a concorrência de outros meios de comunicação enca-recem o espaço em branco e valorizam o centímetro ocupado pelas notícias, na página impressa. Não se pode esquecer que o jornal é o primeiro veículo do jornalismo, o que significa que teve tempo de evoluir e se consolidar, sendo ele a origem de todas as outras formas de jornalismo. O jornalismo impresso é uma escola e deveria ser o primeiro estágio para todos os que desejam escrever bem na imprensa.

Costuma-se entender como texto jornalístico a narrativa de alta comunicabilidade em rádio, jornal ou revista, cinema, TV, vídeo ou na tela de computador, que comunica um fato, descreve uma experiência, informa sobre um acontecimento ou convida à reflexão. No meio impresso, fica mais evidente o que se quer dizer com *texto jornalístico*: o que não é jornalístico destoa do conjunto. Até anúncio fúnebre e propaganda atendem a esse chamamento geral pela homogeneização. Significa que qualquer gênero (artigo, coluna, editorial, nota, notícia e reportagem) tem que se adequar ao jargão, senão não é publicado.

Como discurso centrado no receptor, tendo como principal meta a transmissão de informação e cultura, o texto jornalístico deve alcançar o maior número possível de pessoas. Os textos dirigidos, boletins de empresa, *newsletters*, jornais internos, não estão isentos da obrigação de ser claros. O objetivo da comunicação é expandir o número de leitores e não fechá-la num círculo de privilegiados. Isso é coisa da Idade Média.

Sem condições de avaliar que plateia tem diante de si no momento em que escreve – dotado apenas do que dizem as pesquisas sobre público-alvo, de muita intuição e de treinamento diário –, o jornalista terá atingido o objetivo na medida em que penetrar mais veloz e profundamente nos pensamentos do público. Para isso, o texto publicado ou transmitido deve obedecer a algumas características. A "prosa jornalístico-informativa" tem, segundo Sodré e Ferrari (em *Técnica de redação*, 1982), requisitos ou qualidades que se modificam ao longo do tempo e podem ser resumidos a sete itens:

1) **Brevidade:** a notícia deve ser exercitada na primeira das qualidades, a síntese. O texto breve tem muito mais chances de ser publicado que os conteúdos exaustivos, com informações em demasia. A densidade de informação em um texto tem a ver com o número de ideias em um parágrafo, as quais podem formar opinião ou confundir.

   A profusão de dados que chega às redações, o apressado ritual de processamento, os interesses da audiência e os altos custos industriais são fatores que forçam a necessidade de brevidade no tratamento da matéria. Ser breve não significa ser pobre de pensamento, isto é, a capacidade de condensar os elementos principais da notícia não implica limitação ao uso de palavras, mas objetividade e profundidade no sentido. O propósito é ampliar o nível de comunicação numa linha não apenas horizontal, mas vertical, de modo a atingir mais leitores.

"A notícia deve ter o tamanho de uma saia de mulher: curta bastante para atrair a atenção e bastante longa para cobrir o assunto", afirmava um velho provérbio norte-americano, resumindo o primeiro requisito: dizer apenas o necessário. Hoje em dia, essa frase machista poderia ser traduzida numa linguagem universal como: "A notícia deve ter o tamanho de um *short* – na forma certa para atrair a atenção e no tamanho ideal para cobrir o assunto".

2) **Clareza:** a clareza é companheira fiel da brevidade. O texto breve deve também ser explicado, chegando, às vezes, a ser didático. A compreensão da notícia depende da forma como chega ao leitor. Assim como a publicidade, o jornalista precisa *vender seu peixe*, ou seja, convencer o outro lado da veracidade do que fala. E só se atinge esse objetivo se o profissional for direto e simples. Agente transportador de um fato a um interlocutor distante, o repórter tem a responsabilidade de contar a história, expor de maneira inteligível e fácil os acontecimentos.

3) **Simplicidade:** a redação jornalística deve ter a simplicidade das coisas bem elaboradas. Quanto mais bem-feito um texto, mais despojado e comunicativo. Simplificar a linguagem é preferir as palavras comuns e familiares, sem rebuscamento. Evite vocabulário e expressões prolixos; fuja dos lugares-comuns que, ao contrário de facilitar, dificultam a comunicação pelo empobrecimento dos recursos. E ainda: use com parcimônia as gírias, já que elas só têm sentido para grupos pequenos da população.

4) **Concisão:** o trinômio concisão/precisão/exatidão se completa, mas as três expressões estão longe de ser sinônimas. Concisão é o ato de resumir as ideias ao mínimo necessário, descartando o supérfluo e utilizando palavras indispensáveis e justas para a ocasião. Ou seja, ser conciso é lutar contra a repetição e a verborragia. Costuma acontecer de os textos dos focas apresentarem muitas palavras e conceitos redundantes. É preciso então soar uma campainha interna para evitar

as repetições que não se usam – de modo algum – no texto jornalístico escrito. Na TV e no rádio, bater na mesma tecla significa ajudar o público a reter a mensagem, o que não acontece no impresso, no qual concisão quer dizer escolher os termos adequados. Às vezes, você precisa inverter a ordem da frase ou cortar. Para atingir o ideal, é necessário ampliar o vocabulário. Aqui o mais é menos: quanto mais cultura e informação você tem na cabeça, mais conciso e direto é o seu texto, com menos palavras supérfluas.

5) **Precisão:** é o ato de escolher o texto certo, a expressão mais aproximada para descrever uma cena, narrar um estado de coisas, exprimir uma mensagem. É a palavra-chave, tanto no relato do jornalismo científico, como na notícia rápida do dia a dia. A precisão preserva a lógica da frase e, importante no jornalismo, evita ambiguidades que só confundem o leitor.

Quadro 4 – Armadilhas da língua portuguesa

Cuidado! Muitos caem nas esparrelas da língua, ao falar ou escrever sob emoção e pressa, frequentemente pecando na precisão. Por isso, não use expressões como:

Abertura inaugural – Acabamento final – Comprovadamente certo – Continua a permanecer – De comum acordo – Déficit negativo – Demasiadamente excessivo – Diretor da diretoria – Elo de ligação – Em duas metades iguais – Empréstimo temporário – Encarar de frente – Escolha opcional – Obra-prima principal – Pequenos detalhes – Plus a mais – Previsões para o futuro – Repetir outra vez – Retornar de novo – Superávit positivo – Surpresa inesperada – Todos sem exceção.

6) **Exatidão:** diz respeito à informação. Ao transmitir os fatos, é necessário ser exato, ou melhor: buscar o termo certo, a comparação justa, números que tragam a realidade para perto de quem lê. Exatidão não significa minúcia, detalhe desnecessário; quer dizer, ao contrário, densidade informativa, correção, aproximação coerente dos fatos. Não diga "exatos 31 minutos", a não ser quando um minuto faz diferença. "Exatos" é dispensável, já que ser exato é obrigação de quem informa.

7) **Ritmo:** só as pessoas familiarizadas com o ato de escrever compreendem a importância do ritmo, algo intuitivo e sentido, mais do que estudado. Os vários ritmos no texto jornalístico, de acordo com o que se quer reportar, levam a diferentes cadências: uma tarde no circo exigiria um ritmo de prosa alegre; um acontecimento pitoresco apela ao gênero cômico; um enterro teria um tom grave; uma procissão religiosa, tratamento respeitoso; a recepção a um papa ou líder religioso, ritmo solene.

Ao falar sobre a vida de um compositor clássico, uma repórter pinçou os acontecimentos grotescos e transformou o texto numa peça jocosa: adeptos de música erudita e leitores comuns protestaram. A técnica da pirâmide invertida também envolve questões de ritmo, uma vez que os fatos precisam ser ordenados segundo uma ordem de importância e a narrativa requer princípio, meio e fim.

Nas chamadas matérias redondas, você pode notar mais ainda a importância do ritmo: a ideia que dá início à história é a que a fechará, conformando uma espécie de conclusão ao raciocínio do leitor. Se notícia é perecível, para escrevê-la apenas é necessário, como está no manual do *Washington Post* (1978): "Bom gosto, boa gramática, bom-senso, boa reportagem, boa escrita".

Lembretes

- Um foca, nos primeiros dias de redação, recebeu instruções do editor para evitar lugares-comuns. Surpreso, perguntou: "como vou escrever, então?". Os vícios de linguagem não ajudam a ninguém, e a imprensa é um instrumento que, por ser cotidiano, tem horror à repetição. Tudo o que é batido fica enfadonho e perde o sentido. "Metralhadora giratória", "rota de colisão", "maioria esmagadora", o abuso de gerúndios ou uma fórmula mágica para o lide colam como chiclete na cabeça do leitor: banalizam o texto, fazem-no parecer velho.

- O segredo da boa notícia depende da maneira como chega ao receptor. Jornais, revistas e até a internet são meios de comunicação que se destinam a uma gama de pessoas sem distinção de sexo, classe, cor, estado civil, profissão ou nível de escolaridade. Os exemplares comprados na banca ou os textos no computador podem ser lidos tanto pelo presidente da República como por gente com menos cultura.

- Você deve se policiar para preservar a imparcialidade. Embora essa seja uma das utopias da profissão, o jornalista não pode se esquecer de que ele próprio é um formador de opinião e o texto influencia o que as pessoas pensam. Por isso, tome cuidado para que seu ponto de vista não distorça, mutile ou comprometa a interpretação dos fatos. Como diz Mino Carta, "um jornalista é um ser humano e, enquanto não aparecer uma máquina para substituí-lo, ele se exprimirá de forma pessoal, ao sabor de seu temperamento, da sua inteligência, da sua cultura, das suas emoções, até dos seus complexos. Mesmo que não queira, será ele mesmo até ao colocar uma vírgula".

Nota

[1] T. M. Jorge, 2004.

O LIDE

Orientar um texto como resposta a algumas perguntas básicas é um exercício feito desde a Roma antiga. O reitor romano Fábio Quintiliano, no livro *De institutione oratoria*,[1] tratou do estilo dos relatos e estabeleceu um "heptâmetro para disciplinar o discurso" – ou seja, sete questões para ordenar a escrita –, orientando os estudantes para que dissessem logo na apresentação dos textos sobre o quê, quem, quando, onde, por quê e como iriam discorrer. Como pôde ser visto, a preocupação em dar, no início, as principais informações acerca de um assunto não é de hoje.

Já em 1690, Tobias Peucer (1999) defendia que a forma das narrativas deveria se basear na economia (*oikonomía*, a ordem e a disposição do fato) e na expressão (*lexis*, a maneira de dizer). Recomendava que, ao se relatar um evento, não faltassem os seguintes elementos: "Primeiro fale de seus autores, depois do motivo, em seguida dos aparelhos e instrumentos, logo em seguida do local e da maneira de agir, finalmente, da ação mesma e dos acontecimentos e do valor dos valentes heróis".

Os dois parágrafos iniciais, a parte mais importante de um texto jornalístico, tomaram o nome de *lide*. Palavra aportuguesada do inglês *to lead* (liderar, conduzir, comandar), o lide constitui uma unidade de pensamento em si; introduz, resume e fornece explicações ao leitor; procura situá-lo diante dos fatos, cativando-o para que continue a leitura ou buscando satisfazer a curiosidade rapidamente.

No jornalismo contemporâneo, o lide condensa quatro funções fundamentais:

- responde às perguntas do leitor: o quê? quem? quando? como? onde? por quê? e, finalmente, para quê? Essas questões são a fórmula trazida pelos norte-americanos: 5W + 1H – *Who? What? When? Why? Where? and How?* Em português, seria: 3Q (quem, quê, quando) + COP (como, onde e por quê);

- dá ênfase à parte principal da notícia, colocando-a em primeiro lugar, a fim de despertar a atenção;

- fornece rápida identificação das pessoas, lugares e eventos, para facilitar a compreensão da história sem, no entanto, sobrecarregar o texto com excesso de detalhes;

- chama à memória, lembrando a origem, o início da história, como eclodiu o fenômeno ou o problema.

No Quadro 5, acompanhe de que forma as perguntas latinas vieram resultar no lide que se conhece hoje:

Quadro 5 – As famosas perguntas

Perguntas latinas	Perguntas romanas	Em língua portuguesa	Em inglês
Quis?	*Persona*	Quem?	*Who?*
Quid?	*Factum*	O quê?	*What?*
Ubi?	*Locus*	Onde?	*Where?*
Ad modum?	*Modus*	Como?	*How?*
Quibus adminiculis?	*Facultas*	Com que meios?	*With what?*
Quando?	*Tempos*	Quando?	*When?*
Cur?	*Causa*	Por quê?	*Why?*

Embora tentativas de resumir os fatos mais importantes no primeiro parágrafo da notícia tenham aparecido em 1848 com a agência de notícias *Associated Press*, somente em 1861, durante a Guerra Civil nos Estados Unidos, o estilo pirâmide invertida – modelo do jornalismo ocidental – recebeu a certidão de batismo, em *The New York Times*. As dificuldades de transmissão por telégrafo e a necessidade de reduzir os custos fizeram com que os repórteres concentrassem a informação relevante nos primeiros parágrafos. O lide é a base do estilo pirâmide invertida, já que resume ou oferece os dados principais da notícia em bloco, no início do texto.

Com o tempo, descobriu-se que o conto policial já usava essa técnica, na qual o crime acontece logo nas linhas iniciais. O objetivo é capturar o leitor. Até que se prove o contrário, a ideia de começar pelo fator de interesse, importância ou relevância – segundo critérios psicossociais, traduzidos para o ambiente jornalístico como valores-notícias – atrai, seduz, cativa o leitor. Se feita com destreza, com as ferramentas adequadas, em vocabulário simples, a pirâmide é capaz de reter a atenção até nos temas insípidos e em condições adversas. Por exemplo, se você está diante de uma matéria bem elaborada, cujo assunto desperta a curiosidade, não desgruda os olhos nem de pé, enquanto viaja no metrô lotado, de casa para o trabalho.)

Style book e copy-desk

Nos primórdios do jornalismo, o domínio era do estilo opinativo. O jornalista seria mais um *publicista* (alguém que publicizava informações, frequentemente misturadas com opinião). Envolvia-se em proselitismo, propagandeando ideais, empenhando-se em campanhas em favor de partidos políticos e causas muitas vezes duvidosas, querendo *fazer a cabeça* do leitor. Os textos eram longos e não tinham ligação com a objetividade. A invenção do telégrafo provocou uma revolução na forma de transmitir notícias e mudou o jornalismo.

Em 1943, o jornalista Pompeu de Sousa foi aos Estados Unidos e descobriu que os norte-americanos "tinham duas instituições padronizadoras da qualidade" do texto e da apresentação da notícia: o *copy-desk* e o *style book*. Ele observou que cada jornal possuía um *livro de estilo* para "preservar a identidade, o temperamento e a personalidade jornalística", e o novo jeito de escrever era acompanhado por um *copy-desk*, ou uma mesa revisora de originais. No carnaval de 1950, depois de ler meia dúzia de manuais, escreveu as regras de redação do *Diário Carioca*. Pompeu contava:

> Quando entrei no Diário Carioca, o jornalismo era feito à base do nariz de cera, que era a introdução à notícia. Ninguém publicava em jornal a notícia de que aqui em frente um garoto foi atropelado sem antes fazer considerações fisiológicas e especulações metafísicas sobre o automóvel, as autoridades do trânsito, a fragilidade humana, os erros da humanidade. Fazia-se primeiro um artigo para depois, no fim, noticiar que o garoto tinha sido atropelado defronte a um hotel. Isso era uma remanescência das origens do jornalismo, pois o jornal inicial foi um panfleto em torno de dois ou três acontecimentos que havia a comentar, mas não a noticiar, porque já havia a informação de boca ao vivo, a informação direta. (*Revista de Comunicação*, 1992)

Para aplicar as normas recém-instituídas e colocar em prática o texto que queria implantar, ele criou no DC o *copy-desk*, mais tarde adaptado para *copidesque*, uma equipe de redatores especializados. O *Diário Carioca* oferecia cenário propício para esse início do processo de modernização da imprensa no Brasil: era um jornal pequeno, atravessava dificuldades financeiras – portanto, queria inovar, para destacar-se – e deu carta branca a Pompeu, que buscou, na então Universidade do Brasil, alunos dispostos a tentar escrever com *lead*.

No fim da década de 1950, Odylo Costa, filho, transplantou as ideias de Pompeu para o *Jornal do Brasil*, comandando assim uma reforma gráfica e editorial encomendada pela condessa Pereira Carneiro. Levou gente do *Diário Carioca* para uniformizar o texto dos repórteres, "conformá-lo às exigências dos novos tempos". A paginação do JB, concebida por Amílcar de Castro, favoreceu o lide: a abertura da matéria vinha em duas colunas para se destacar do corpo. Estava criado o sublide.

O sublide (*sub-lead*), ao contrário do lide, é uma invenção brasileira, que corresponde ao parágrafo seguinte ao lide, no qual se agrupam os fatos que têm importância inferior aos do lide. Nele, desenvolvem-se as informações do primeiro parágrafo ou se adicionam complementos à informação. É o "jeitinho brasileiro" no modelo da pirâmide, que funciona como *pescoço*, no entender de Cipião Martins Pereira (1985): "(...) dá sustentação à cabeça, faz sua conexão com o tronco e hospeda informações menores".

Normalmente, quando se diz *lide,* o termo refere-se ao conjunto lide-sublide, ou seja, os dois primeiros parágrafos da notícia impressa, no formato da pirâmide invertida, padrão no jornalismo ocidental. Na televisão e no rádio, o lide é a *cabeça*, a introdução lida pelo locutor antes de se iniciar a matéria propriamente dita. E o sublide seria o pescoço.

A fórmula de Quintiliano serve ao jornalista iniciante para conferir as informações do lide, evitando dúvidas e incoerências. Nas primeiras matérias redigidas, é importante repassar o texto para certificar-se de que foram respondidas todas as perguntas. Não necessariamente devem ser contempladas no primeiro parágrafo: a explicação dos fatos, o encadeamento lógico, deve estar presente no texto.

Ao longo do processo de leitura, a pessoa continua a ter questões – além de *o quê, quando, como...* – que gostaria de ver respondidas na matéria. Tendo em vista o assunto, dúvidas acabam por surgir. A apuração é o que dá base ao texto; o repórter seguro se antecipa ao que o leitor pode vir a perguntar. O relato jornalístico resolve as questões e ainda deixa suspenso o interesse, abrindo oportunidade para nova matéria.

Nariz de cera

No início do jornalismo no Brasil, a abertura da matéria era um comentário, mescla de informação, interpretação e opinião. Os textos começavam sempre com uma introdução, que foi denominada *nariz de cera*, à qual nem a notícia sobre o telégrafo – invenção mirabolante e surpreendente para a época – conseguiu escapar. No ano de 1844, o jornal *The Baltimore Sun* narrava desta maneira o grande acontecimento do início das comunicações a distância:

> Mais algumas experiências foram feitas sábado de manhã no novo telégrafo, as quais foram testemunhadas por um número de espectadores. Várias mensagens foram mandadas para lá e para cá com quase incrível presteza, as quais, embora importantes em si mesmas, eram mais interessantes pela novidade do procedimento, forçando-nos a refletir na ideia de completa anulação do espaço, pelo fato de que uma completa e bem definida conversação realmente aconteceu entre pessoas de cidades a 40 milhas de distância.

O veículo usava o texto normal à época, vago e cheio de rebuscamentos, impreciso, sem dados exatos, o contrário do que caracterizaria mais tarde a linguagem jornalística. O leitor tem que adivinhar, nas entrelinhas, o que realmente ocorreu: que uma nova tecnologia de transmissão de informações estava sendo testada; que havia uma plateia; que mensagens foram trocadas entre duas localidades, distantes 40 milhas uma da outra. Quantas pessoas estavam presentes? Quanto tempo durou a experiência? Quantas comunicações tiveram sucesso? Quantas fracassaram? Como funcionava a tecnologia? E principalmente: quem eram os autores do invento? Quais foram as mensagens trocadas?

Esse parágrafo pode ser considerado como um nariz de cera: embora alguns dados estejam aí, encontram-se perdidos no meio de tantas palavras, frases compridas e estilo prolixo. Eis um outro exemplo, do jornal mineiro *O Imparcial*, noticiando, em 1918, o fim da Primeira Guerra Mundial. Observe que o periódico exercitava, com todos os quesitos, o chamado jornalismo publicista, misturando opinião com informação, eloquência com notícia, neste texto comemorativo. Pelo menos, deu a notícia na segunda linha:

> Depois de 4 annos de cruel martyrio, em que toda a humanidade se estorceu em dores, terminou a horrenda hecatombe, que espalhava a miséria, o lucto e a fome pelo mundo inteiro. Rios de sangue correram nestes 4 annos de angústias! Milhares de lares foram invadidos brutalmente! Lindas cidades foram destruídas sem piedade! E através de tudo isso via-se, com terror, o espectro horrendo do Kaiser, que na sua sêde de sangue, na sua cega ambição de dominar o mundo, via em delírio a victória de seus bárbaros ascéclas! (...) Nós, brasileiros, devemos nos orgulhar também com a grande Victória alcançada pelos Alliados porque o Brazil, na medida de suas forças, concorreu espontaneamente para auxiliar os Alliados nesta cruzada bemdita. Finalisando, pois, estas linhas – erguemos de coração um VIVA às Nações que se bateram em defeza do Direito e da Liberdade dos povos. Paz aos mortos desta tremenda guerra!

Afinal, o que é um nariz de cera? É "uma longa e interminável digressão sobre um assunto antes de dizer que a tresloucada seminua jogou-se do oitavo andar", definia Roberto Drummond, que, além de escritor, foi jornalista da revista *Binômio*, em Belo Horizonte. Antigamente, vinha em corpo menor, a título de abertura; com o tempo, tornou-se uma introdução supérflua, desnecessária. "Nariz de cera, para quem não é do ramo, é a forma antiga e romanceada de se redigir o início de uma notícia", ensina o professor Paulo José Cunha, dando um exemplo feito por ele:

> Intelectuais, de maneira geral, são chatos, pretensiosos, donos da verdade e, sobretudo, arrogantes. Na qualidade de ardorosos defensores

da teoria da conspiração, costumam identificar nos porta-vozes das manifestações populares indícios claros de manipulação da opinião pública. Enquanto o povão se desarvora em explosões dionisíacas de puro júbilo, acomodam-se na visão apocalíptica que ameaça qualquer excesso com o castigo do fogo do inferno.

Feito dessa maneira, o primeiro parágrafo não atende os requisitos de brevidade e objetividade da notícia, nem os interesses imediatistas da sociedade moderna. Em agosto de 1945, o *Diário Carioca*, pioneiro na modernização do jornal impresso no País, publicou uma série de artigos sob o título "Cartas a um foca". Divulgavam-se, pela primeira vez, os princípios do lide para redatores e repórteres. Pompeu de Sousa, diretor de redação do *Diário*, considerava o nariz de cera "um vício" e quis "estabelecer as linhas mestras de uma redação objetiva, com informações objetivas, sem nenhum comprometimento com a opinião".

O apelido *nariz de cera* remete aos adereços que os atores usavam – no tempo dos jograis ou no teatro grego – à frente do rosto, para modificar as feições. E que, na verdade, acabavam se provando dispensáveis. O que vale mesmo (no palco e na vida) é a expressão do sentimento. As emoções comunicam muito mais. Este é o tipo clássico de nariz de cera:

> O destino inexorável que, na maioria das vezes, é o principal responsável pelos atos da espécie humana, torcendo, ao seu bel-prazer, as situações de euforia ou desespero foi, ao perpassar da bela tarde de ontem, no longínquo subúrbio de Triagem, o abominável carrasco, cuja lâmina se abateu sobre uma indefesa jovem de 19 primaveras, roubando-a do seio dos vivos.

Repare que a informação está nas últimas linhas do parágrafo, ainda assim incompleta: perde-se na linguagem prolixa, não dá o nome da vítima. Muitos jornalistas pensam que, ao escrever sobre um assunto de certa complexidade, têm que fazer uma introdução ou explicação inicial. Por isso, acontecem ainda hoje tremendos narizes de cera, que fariam Pompeu se revirar na tumba:

> Os alquimistas da Idade Média lutaram séculos para transformar em ouro elementos químicos então conhecidos, como ferro, prata, chumbo ou mercúrio. Em seus caldeirões, misturavam esses "ingredientes" com veneno de cobra, asa de morcego e uma infinidade de coisas esquisitas que, temperadas com palavras mágicas, pudessem causar alguma surpresa. Os físicos de partículas, alquimistas do século XX, ainda não chegaram a tanto, mas descobriram que tudo o que existe na Terra é constituído

por apenas 92 elementos, classificados na tabela periódica. Não satisfeitos, produziram em laboratório outros 19. Os dois últimos, com 110 e 111 prótons no núcleo, foram detectados recentemente pela equipe dos professores Peter Armbruster e Siegert Hoffmann, da Universidade de Darmstadt, Alemanha.

Onde está mesmo a notícia? A introdução é tão extensa que o leitor se perde e não sabe o que o redator quer comunicar, tampouco o que é importante conhecer ou qual foi a descoberta relevante para a humanidade. Provavelmente, o fato novo é a descoberta dos professores alemães. Mas para que isso serve? Como chegaram à descoberta?

Mais um exemplo do que você não deve praticar:

> O dia das mães é uma ocasião especial para retribuir o amor e o carinho recebidos durante toda uma vida. Mas é, principalmente, uma das datas mais importantes para que comerciantes de todas as vertentes engordem o caixa e impulsionem o desempenho dos seus negócios. O Pátio Brasil sabe a força e o apelo emocional provocado pela data e pelo terceiro ano consecutivo aposta em um evento que já se tornou uma das suas marcas promocionais: o projeto Mães Famosas, cuja terceira edição começa hoje e que trará a Brasília três artistas da TV Globo.

A frase inicial é totalmente descartável, soa como bajulação. Os leitores críticos a verão como uma besteira, o dia é apenas mais uma data no calendário comercial. O redator não buscou os outros lados da informação, não tem outras fontes nem apresenta números de faturamento, que ajudariam a dar credibilidade ao relato. O texto se assemelha a um *press-release* de shopping center. Caso utilizasse o valor-notícia Notoriedade – com o nome das atrizes –, o lide chamaria a atenção. Entretanto, o dado novo (o projeto Mães Famosas) vem no fim do lide.

Para mostrar como se elaboram lides em ordem direta, o redator Lago Burnett (1976) fez uma experiência com textos clássicos. Até o hino nacional ele reescreveu em forma de notícia. Em lugar de "Ouviram do Ipiranga as margens plácidas/ de um povo heroico o brado retumbante/ e o sol da liberdade em raio fúlgidos/ brilhou no céu da Pátria nesse instante", que seria uma boa introdução no jornalismo publicista, ficou assim, atendendo os preceitos da pirâmide:

> O imperador Pedro I proclamou a Independência do Brasil às margens do rio Ipiranga, em São Paulo, tornando o país, a partir desse instante, liberto de compromissos para com a corte de Portugal.

O LIDE

Por que, então, tanta ênfase no nariz de cera, algo em desuso? É que a maior parte dos principiantes no texto jornalístico começa a escrever dessa forma. Sem conseguir se decidir pelo que é mais importante, sem uma base de valores-notícias e, sobretudo, sem a prática cotidiana, muitos entendem que devem falar bonito antes de entrar no fato. O nariz de cera comprova que um bom lide é o que faz um leitor prosseguir na leitura da notícia, seja qual for a apresentação, em jornal ou na tela do computador, com ou sem efeitos multimídia.

Com o exercício cotidiano, a ideia é que você se autoadestre na formulação de lides em resposta ao questionamento do leitor. O desafio de construir aberturas reside em fazer com que atraiam a atenção, sejam informativas e fiéis à informação, enquanto realçam os aspectos essenciais. Você pode experimentar e brincar com o lide, procurando fazê-lo diferente a cada matéria. Os tipos de abertura que emplacam no dia a dia das redações são os que conseguem equilibrar, a contento, os três **Ps** do jornalismo: **Pirâmide** (lide, estrutura em blocos, terceira pessoa), **Pressa** (brevidade, concisão, precisão), e **Pressão** (horários de fechamento nas edições impressas, no rádio e na TV, atualização das páginas digitais).

No exemplo a seguir, o lide foi decomposto. Confira como a resposta às perguntas se encontra no início da matéria.

Mulher troca filha recém-nascida por um quilo de carne[2]	A notícia é curta e o título, direto, sai do primeiro parágrafo, como se deve. A matéria está em formato de pirâmide, o que significa que as informações mais interessantes vêm em primeiro lugar.
Manaus – Uma criança foi trocada por um quilo de carne ainda no berçário da maternidade, no Amazonas. A mãe, Maria Délia Araújo de Almeida, de 40 anos, confessou querer se livrar da criança porque já tinha 22 filhos, sendo que apenas cinco deles ficaram em seu convívio. A criança, uma menina, nasceu de parto normal, com boa saúde e está sendo criada por uma mulher conhecida apenas por Odineis.	**Quem?** Uma criança. **O quê?** Foi trocada. **Para quê?** Para se livrar da criança. **Por quê?** Porque já tinha 22 filhos e só criou cinco. **Onde?** No berçário da maternidade, em Manaus. O tema fala por si. O lide responde às perguntas principais e as vai desdobrando no sublide e no terceiro parágrafo. Fornece sucinta descrição da mãe e dá notícias do bebê.
"Tinha mesmo que dar a criança para que eu não viesse a passar fome", revelou Maria Délia. A mulher confirmou ter dado a filha em troca de um quilo de carne, pois, na ocasião em que Odineis foi buscar a criança, ela estava passando fome junto com os cinco filhos.	**Para quê?** Para não passar mais fome. **Como?** Em troca de um quilo de carne. Não se tem o sobrenome da pessoa que levou o bebê, nem o nome da maternidade. O repórter tentará obter a informação mais tarde.
O caso só veio à tona porque parteiras da maternidade onde Maria Délia deu à luz denunciaram a doação ilegal. Ao comparecer hoje de manhã ao Juizado da Infância e da Adolescência, em Manaus, a mãe tentou descaracterizar a troca, afirmando ter dado a criança sem pedir nada. "A Odineis é que me ofereceu um quilo de carne porque sabia que eu estava passando fome", revelou ao juiz.	**Quando?** O fato transcorreu dias atrás. Veio à tona quando chegou às autoridades, por meio de denúncia. O relato inicial já é bastante chocante. A matéria merece continuação. O leitor ficará à espera de notícias sobre o futuro dessa mãe, de seus filhos e da mulher que comprou a criança.

Classificação dos lides

– *Belo* lide-pergunta *você compôs ontem, hein?*

Comentário como esse provocaria risadas na redação. Ninguém jamais ouvirá jornalistas conversarem sobre o tipo de lide que acabaram de fazer, muito menos sobre possíveis classificações.

Repórteres e redatores, uma vez familiarizados com o esquema da pirâmide invertida, variam o lide de acordo com a criatividade, a inspiração ou os dados de que dispõem. Os mais experientes, e já cientes do que deseja o veículo, escolhem sozinhos a maneira como vão iniciar o texto, ou discutem a forma final com o editor/coordenador antes de se sentar ao teclado.

"Acho que você pode *puxar* por este ângulo", dirá o editor, depois de saber o que foi apurado e ciente do que o veículo espera da matéria, ou pensando em função do restante do material do dia. Decidirá ali, naquele momento, que o trabalho do repórter pode render uma manchete de página e que o assunto é forte. Fará perguntas sobre o tema para se certificar de que o repórter tem todos os elementos; conforme a ideia formada a respeito, defenderá o assunto como *primeirável*, matéria para a primeira página, a capa do jornal ou do site.

A construção de um lide não é tarefa fácil nem mesmo para jornalistas maduros. Ao contrário, constitui uma das angústias da profissão. Sempre haverá alguém na redação, nervoso com o tempo e a premência de escrever, que gritará: "Pelo amor de deus, um lide!". A responsabilidade de fazer uma *cabeça* aumenta na proporção inversa dos espaços cada vez mais exíguos para as notícias. No jornalismo televisivo e radiofônico, descobrir as palavras certas para acompanhar as imagens pressupõe um exercício cada vez mais intenso da capacidade de concisão e objetividade.

Apenas para fins de estudo, o lide se enquadra em tipos e recebe nomes, o que é uma tentativa de sistematizar o conhecimento e aprender com a prática.

Quanto à pergunta-guia

A posição dominante de uma das respostas (Quem? O quê?) determina a ênfase dada ao elemento-chave no lide. Se esse dado ocupa o primeiro lugar na frase, ganha valor e condiciona a entrada das outras informações na matéria. Observe:

Lide "Quem"

Maria Coveira, Maria Cigana, Maria Pedreira, Maria 24 horas ou simplesmente Maria do Cemitério. A Maria de tantos apelidos é Maria Aparecida dos Santos, 57, mãe de 16 filhos, que optou por um trabalho muito especial: ela faz todos os serviços do cemitério de Machado, cidade a 380 km de Belo Horizonte. E agora vai ser vereadora.	**Quem** faz tantos trabalhos? Maria do Cemitério. Esse tipo de lide serve para dar realce a pessoas com alguma notoriedade ou a quem se deseja destacar. Neste exemplo, a série de apelidos esdrúxulos justifica a posição na abertura da matéria.
Um sósia do juiz Nicolau dos Santos Netto, cercado por mulheres de biquíni, abriu ontem a procissão de Dom Bosco, no Lago Paranoá, que misturou bom humor e protesto. Cerca de 80 barcos participaram da festa que comemorava o 117º aniversário da visão de Dom Bosco. Muitos exibiam faixas pedindo paz em Brasília. Nicolau e seus comparsas desfilaram a bordo do iate *Esconderijo*. O governador Joaquim Roriz aproveitou para assinar ordem de serviço que autoriza o começo das obras de urbanização do Parque Ermida Dom Bosco. Dom Bosco, santo italiano que previu a construção de uma grande cidade no Planalto Central, tem sua imagem associada a Brasília. A obra custará R$ 1,6 milhão e vai incluir novos estacionamentos, praças, ciclovias, calçadão e anfiteatro natural. A previsão é reinaugurar o espaço até agosto do ano que vem.	Com este lide **Quem**? O redator valoriza um personagem do noticiário e destaca fatos novos: a brincadeira com o juiz condenado por desvio de verbas em São Paulo, Nicolau dos Santos Netto; o trocadilho com o nome do barco e a alusão a uma campanha pela paz no trânsito na capital federal. O sublide procura explicar informações do lide (Por que a procissão? Por que Dom Bosco?) e acrescentar mais dados – a presença do governador do Distrito Federal e o anúncio de uma obra.
O criador do site de busca Aonde (www.aonde.com), o estudante Edgard Nogueira, de apenas 16 anos, está para fechar um negócio milionário. Dois bancos de investimento, um estrangeiro e outro nacional, uma empresa de internet e um grupo particular de investidores que tem um fundo para aplicações na rede estão travando um duelo para adquirir uma participação na empresa que vem rendendo ao adolescente cerca de R$ 25 mil mensais.	Aqui é muito importante valorizar a pessoa, ou seja, o **Quem**. **Quem** é o autor da proeza? Um rapaz de 16 anos. Os valores-notícias são os da Notoriedade e do Inusitado, Exótico ou o Novo. Um novo milionário, menor de idade, está surgindo.

Lide "O quê"

O que para muitos é motivo de orgulho, para o Banco Central é sinônimo de problema. Dono de uma coleção com cerca de 4.500 trabalhos, o banco não tem como cuidar da conservação e preservação desse acervo, formado a partir dos anos 1980, quando a instituição passou a permitir que empresas liquidadas fizessem o pagamento de suas dívidas federais com obras de arte.

"A absorção de trabalhos se deu de forma tão rápida que hoje o acervo – administrado pela Divisão de Patrimônio e Comunicação Educativa – é motivo de dor de cabeça", informa a assessoria de imprensa do BC. A intenção é leiloar a maior parte do acervo, mas nenhuma data foi fixada para isso ainda.

> Um lide **O quê** não é muito usual. Este é um bom exemplo. O redator descobriu, acertadamente, que o objeto da ação – no caso, os quadros – era um problema para uma instituição que não foi feita para guardar obras de arte, mas dinheiro.
>
> A afirmativa entre aspas ratifica as informações do primeiro parágrafo. A matéria deve esclarecer quais são as principais obras recolhidas.

Camberra, Austrália – Mais do que revezar é preciso somar. Em busca de uma inédita medalha no revezamento 4 x 100 m livre, dois nadadores brasileiros estão dividindo as águas desde setembro do ano passado, nas piscinas de Jacksonville, Estados Unidos. Gustavo Borges e Carlos Jayme são treinados pelo técnico americano Joe Goeken. O novo integrante da equipe brasileira de natação, Jayme, de 20 anos, busca ser a sombra de Gustavo. O exemplo do medalhista olímpico em Barcelona-1992 e Atlanta-1996 é o objetivo do novato.

"Treinar ao lado do Gustavo me motivou demais. Conversamos muito durante os treinamentos. Pelo fato de ele já ter ido a duas Olimpíadas, conta como serão as coisas", diz Jayme, prestes a estrear nos Jogos Olímpicos. A esperança de medalha no 4x100 m livre, em que a Austrália e os Estados Unidos despontam como os principais rivais pelo pódio, aumentou desde que Jayme passou a treinar com o técnico de Gustavo. A partir de então, seu tempo nos 100 m livre melhorou meio segundo, um progresso significativo numa prova de velocidade, em que frações decidem os vencedores.

> **O quê** aqui é expresso pelo próprio verbo. **O que** é preciso fazer? "Mais que revezar-se" com o campeão, é necessário somar forças.
>
> O lide apresenta o novo personagem do esporte nacional e o sublide completa as informações sobre ele, abrindo com declaração.
>
> A citação dá vida e ritmo ao sublide, que agrega novos dados sem ficar monótono. Note o tom didático do texto que explica por que meio segundo é importante numa prova de natação.

Lide "Como"

Revoltados. Foi como os servidores federais começaram a cumprir ontem o decreto que obriga todos a trabalhar oito horas diárias, batendo ponto na entrada e na saída. O Sindicato Nacional dos Servidores Públicos Federais (Sindsep) prometeu entrar com ação na Justiça do Trabalho, mas os novos cartões individuais – que devem ser passados nas máquinas para registrar a presença – já começaram a ser distribuídos em todos os ministérios, fundações e autarquias.	**Como** os servidores começaram o dia? Revoltados. A maneira como os personagens da notícia se sentiram foi o que o repórter achou importante ressaltar no texto. Essa informação seria aprofundada ou teria seguimento mais adiante, detalhando o porquê da revolta.
Com base em um estudo que está sendo publicado hoje, pesquisadores americanos estão aconselhando que todas as crianças tomem vacina contra gripe regularmente. Uma equipe da Escola de Medicina de Seattle descobriu que meninos com menos de um ano estão sob alto risco de complicações decorrentes da *influenza*.	**Como** os pesquisadores chegaram a essa conclusão? Com base em um estudo, "com um estudo", "a partir de um estudo".
Com sotaque britânico e ritmo de fala pausado, o finlandês Jorma Ollila estranha a garoa fina e as nuvens escuras que encobrem o céu de São Paulo, em plena manhã de primavera. Mas o inverno fora de época não assusta o presidente mundial e executivo chefe da Nokia: ele já chegou a mergulhar em um dos lagos gelados de seu país só para vencer o desafio feito pelos filhos adolescentes. Nem esfria o entusiasmo de Ollila pelo Brasil, mesmo em meio à crise internacional.	A maneira **como** o estrangeiro fala o português foi o que mais chamou a atenção do repórter. Porque ele, que vem de um lugar frio, esperava encontrar sol em um país tropical (valores-notícias: contraste, inusitado). Isso é ensejo para que o investigador descubra um pouco sobre a personalidade do entrevistado e dê mais sabor a uma matéria de economia.

Lide "Onde"

De seu apartamento no Hotel Maksoud Plaza, para onde se transferiu na segunda-feira, após receber alta do Hospital Israelita Albert Einstein, em São Paulo, o presidente do Congresso Nacional, Antônio Carlos Magalhães, afirmou ontem à tarde que seu coração está "maravilhoso".	O redator considerou relevante destacar **o lugar** onde o senador estava, pois ele havia acabado de passar por uma série de exames e seu estado de saúde era preocupante. O Maksoud Plaza é um hotel cinco estrelas e denota o *status* – e ao mesmo tempo a ostentação – do parlamentar, acostumado ao brilho e à pompa.
No mesmo salão do Palácio Facetado onde Ivan, O Terrível, comemorou em 1551 sua vitória sobre os tártaros, Mikhail Gorbatchev receberá o presidente norte-americano Ronald Reagan, em sua visita a Moscou para assinar a ratificação do Acordo de Redução de Mísseis.	O objetivo, ao começar o lide pelo **onde**, era ressaltar os contrastes entre uma era "de bárbaros" e a nova era de paz. É interessante notar que um dos acordos que marcariam o fim da Guerra Fria foi assinado no Palácio Facetado.

Lide "Quando"

Às 8 horas da manhã da última quarta-feira, a nutricionista aposentada Eugênia Gomes de Oliveira estava ansiosa para mudar de vida. Aos 68 anos, iniciava uma cirurgia de transplante de córnea no Hospital Naval Marcílio Dias, na Zona Norte do Rio de Janeiro.	Para o redator, foi importante ressaltar o momento, pois a história se desenvolveria mais tarde, com novos dados: Eugênia voltaria a enxergar.
Moscou – Depois de 26 horas de esforços, bombeiros conseguiram apagar o fogo que matou pelo menos duas pessoas e abalou as estruturas da torre de Ostankino, a segunda mais alta do mundo, com 540 metros de altura. O incêndio, que começou domingo, só foi debelado às 17h40 (hora local) de ontem. A construção abriga antenas de emissoras de TV e rádio e foi inaugurada em 1967 para comemorar o 50º aniversário da Revolução Russa. Planejada para superar em altura o edifício Empire State, em Nova York, e considerada na época um triunfo da engenharia soviética, ela corre agora risco de desabar. Procuradores públicos abriram uma investigação para apurar se houve negligência criminosa no incêndio.	Quanto tempo durou a tentativa de apagar o incêndio na torre? A informação vem para o início do lide. O repórter comparou a construção com outras semelhantes no mundo, para dar ao leitor termos de comparação. Note ainda um certo tom de ironia, nas palavras empregadas: esforços, triunfo da engenharia soviética, risco de desabar, que dão uma conotação ideológica e crítica ao texto, enviado por uma agência de notícias norte-americana.

Lide "Por quê/Para quê"

Para aumentar o número de americanos que viajam para o Brasil, a embaixada brasileira em Washington lançou o programa *Visit Brazil*. No ano passado, somente 500 mil – cerca de 13% – dos estrangeiros que visitaram o país vieram dos Estados Unidos.	**Para que** foi lançado o programa? Para aumentar o número de americanos que vêm ao Brasil.
Por causa da contaminação com óleo provocada pelo vazamento da Refinaria Duque de Caxias, os animais marinhos – principalmente crustáceos e peixes – podem tornar-se inadequados ao consumo humano. Um relatório do Ibama adverte que outras áreas poderão ser atingidas, principalmente os 55 rios da região.	**Por que** o produto da pesca pode se tornar inadequado? Por causa da contaminação, em consequência de acidente em instalação da Petrobrás, no Rio de Janeiro.
Por haver estuprado sua própria mãe, de 60 anos, Yang Chenli, que vivia no povoado de Sunfuji, província de Henan, Sul da China, foi enterrado vivo pelos quatro irmãos. A notícia foi dada pelo jornal *Diário dos Operários* em sua edição de ontem.	**Por que** o homem foi enterrado vivo? Por haver estuprado a mãe. Este foi o item de maior relevância que o redator encontrou no acontecimento.

Quanto à informação

O tipo de informação, o número de dados e a forma de manejar o texto, a fim de torná-lo cativante para o leitor, determinam uma classificação dos lides, segundo a forma como se apresentam.

Simples

O lide **Simples** procura dar a notícia numa linguagem mais chã, em ordem direta. É um início bom quando não há tempo de pensar e é preciso colocar logo as informações no papel. Representa uma fórmula tranquila para equilibrar os três Ps (Pirâmide, Pressa e Pressão). É o lide clássico de jornal.

> **Belo Horizonte** – A polícia civil de Varginha (MG) prendeu anteontem o pintor de automóveis Cléber Antônio Basílio, de 25 anos, que há quatro anos roubava calcinhas dos varais da cidade. Até ontem, o delegado de Crimes contra o Patrimônio, João Pedro da Silva Filho, tinha contado mais de duas mil calcinhas, e ainda não conseguira terminar o inventário das peças apreendidas.

> O lide é **Simples** para que os fatos possam falar por si. A abertura da matéria apresenta a questão e os personagens (o pintor, o delegado). Oferece uma descrição clara e objetiva dos fatos principais.

Integral

Procura ir além do lide Simples, agregando mais informações que o anterior. Tenta dar uma visão geral do assunto logo no primeiro parágrafo, para situar o leitor e evitar a volta ao assunto posteriormente. O lide **Integral** faz a remissão ao assunto, juntando informações que aconteceram no passado, para melhor compreensão.

> O ex-policial militar Valdeir Rezende dos Santos, acusado de participação na chacina de Vigário Geral, foi absolvido, por seis votos a um, em julgamento que começou na tarde de quarta-feira e terminou na madrugada de ontem. A sentença foi proferida pelo juiz José Geraldo Antônio, do II Tribunal do Júri, que de 1997 até hoje absolveu outros 12 ex-policiais e condenou quatro. A chacina, em agosto de 1993, deixou 21 mortos. Trinta e dois policiais ainda serão julgados por participação no crime.

> A preocupação do repórter era a de fornecer todos os dados logo na introdução. O lide **Integral** pretende ser uma síntese verdadeira e completa do assunto. Às vezes, se confunde um pouco com o lide resumo.

> A Secretaria de Saúde do Distrito Federal confirmou ontem mais seis casos de febre amarela. Com isso, sobem para oito os casos confirmados da doença em Brasília, com uma morte, a do estudante Allesson Neres, 19. A irmã de Allesson, Márcia, contraiu a doença, mas sobreviveu. Além dessas oito confirmações, outros 14 casos suspeitos estão sendo investigados pela Vigilância Epidemiológica do DF, todos oriundos de Goiás, onde a febre amarela é endêmica.

> Além de dar o fato novo, a introdução da matéria faz um retrospecto de tudo o que aconteceu em relação à ocorrência de febre amarela, para situar o leitor.

Resumo

Se você tem em mãos muitas informações e não sabe o que fazer com elas; quando sente dificuldade em ordená-las em importância ou quando não domina o assunto, uma solução é fazer um lide **Resumo**. Os principais dados são condensados nas primeiras linhas, a fim de chamar a atenção para o todo ou para algum detalhe particular. Este tipo de lide é bom para discursos ou entrevistas em que são discutidos vários temas e fica a dúvida sobre a relevância deles.

Pente para pentear o cabelo de uma só vez; capacete com rolo de papel higiênico para os gripados; colher com ventilador para esfriar a sopa; guarda-chuva com buzina; calcinha erótica com ímã. Esses são apenas alguns dos inventos inusitados encontrados no Museu Contemporâneo das Invenções.	O lide faz um **Resumo** dos vários elementos, uma maneira de destacar o valor-notícia Exotismo.
A Rocinha vai investir no marketing para atrair os estrangeiros interessados em turismo social. Cerca de 10 mil folhetos de propaganda sobre o bairro, que por sua localização oferece visão privilegiada da cidade, serão distribuídos em novembro nos principais hotéis cariocas. O Guia Rocinha será feito pelo Fórum de Desenvolvimento da Rocinha – entidade formada por órgãos da Prefeitura do Rio de Janeiro, Caixa Econômica Federal e organizações não governamentais – e faz parte de uma grande estratégia para estimular o comércio do bairro.	O primeiro parágrafo dá uma panorâmica do assunto. Fala de vários pontos interligados, dando um **Resumo** do que será tratado mais adiante.

Citação ou declaração

O lide **Citação** serve para destacar uma frase de efeito, importante, engraçada. É também um lide de preguiçoso, quando o repórter, para não ter que pensar muito, abre com a declaração do entrevistado. Só vale se o que foi dito merece realmente destaque.

"As grandes cidades do mundo são aquelas que têm habilidade de criar cultura, não só consumi-la." A frase é de Paul Goldberger, autor e crítico do *The New York Times*. Daí que, quando você escuta falar "Nova York é a capital da arte", você sabe que isso não é pouco elogio.	A **Citação** é de uma autoridade no campo da cultura midiática. É uma afirmativa enfática em um lide **Pessoal**: trata o leitor por você (ver lide **Pessoal** adiante). Uma só ideia forte, iniciada com a declaração, vai gerir todo o restante do texto sobre Nova York.
"Não preciso de tantos cuidados. Sou autossustentável", disse ontem o ministro do Esporte e Turismo, Rafael Greca, ao justificar a ausência dos líderes do governo em seu depoimento na Comissão Especial dos Bingos.	"Sou autossustentável" é uma frase pitoresca de uma autoridade do governo, em meio a um processo de desestabilização. Implicado no caso dos jogos eletrônicos, ele cairia pouco depois. A afirmativa não o sustentou.

Lago Burnett, no livro *A língua envergonhada e outros escritos sobre comunicação* (1987), conta que, durante certa época, na imprensa brasileira, o lide **Citação** era tão repetido que foi necessário impor uma regra: só deveria ser usado se a declaração estivesse fadada a passar para a História (com H maiúsculo). Para exemplificar aos novos repórteres as restrições ao uso, o autor buscou exemplos na *Bíblia* e em Shakespeare:

> "Bem-aventurados os pobres de espírito porque deles é o Reino dos Céus", afirmou ontem, a certa altura do seu Sermão da Montanha, o Rabi da Galileia, perante uma multidão de milhares de pessoas, entre as quais seus assessores de imprensa – Lucas, Mateus, Marcos e João – que documentaram a peça oratória para posterior publicação em livro.

> "Ser ou não ser, eis a questão", afirmou Hamlet, Príncipe da Dinamarca, em solilóquio, no cemitério, após meditar, imerso em dúvidas, sobre a condição humana.

Ou seja, só deus ou o príncipe da Dinamarca mereceriam uma citação literal em abertura de matéria. Os outros meros mortais teriam que dizer algo muito contundente para fazer jus a tamanho destaque.

Pessoal

Trata o leitor por "você", tentando estabelecer uma atmosfera de intimidade com ele. Costuma ser bastante explorado nas revistas especializadas e na imprensa feminina.

Pergunte a qualquer profissional em nível de gerência qual a parte mais espinhosa de seu trabalho e uma das respostas mais frequentes será: "Ter que demitir alguém".	O lide **Pessoal** é um modo de se aproximar do assunto, atingindo diretamente o leitor.
Quanto tempo você demora ao se vestir antes de sair para o trabalho? Guardadas as variações de personalidade e humor, a resposta revela muito da funcionalidade do guarda-roupa.	Com o tom coloquial, é possível estabelecer uma proximidade e assim se torna fácil partir para o aconselhamento, uma das mais antigas características da imprensa feminina.
Kuala Lumpur (Malásia) – Esqueça as flores, os bombons e os jantares românticos. Se realmente quer impressioná-la, ofereça à mulher que ama uma parte de seu salário mensal. "Conexão de amor" faz parte do plano nacional de poupança lançado pelo primeiro-ministro da Malásia, Mahatir Mohamed, para diminuir o impacto da crise econômica que afeta o sudeste da Ásia. A moeda malaia, o ringit, perdeu 30% de seu valor nos últimos sete meses.	Quando o assunto permite, o tratamento **Pessoal** atrai o leitor para a matéria com texto mais leve, puxando para o engraçado.

Pergunta

Combinado com o lide Pessoal, o lide **Pergunta** é comum nas revistas femininas: "Você é tímida?" ou "Quer fazer uma decoração *light*?" Esse tipo de lide, por outro lado, é muito útil nas investigações de crime quando nem a polícia, nem o repórter têm respostas para o mistério. Quando ainda há muito a ser investigado, o texto procura mostrar as lacunas e as aponta para chamar a atenção.

Festas, bares ou locais habituais de paquera? Esses seriam os melhores lugares para começar um namoro? Não é o que pensa um especialista em amor, o professor Ailton Amélio da Silva. Ele aposta na escola e no trabalho, porque favorecem um contato pessoal prolongado.	O lide lança a **Pergunta** para o leitor e o obriga a pensar. Deve conter uma questão instigante, de interesse.
Dá para imaginar 50 mil grávidas no mesmo local, trocando ideias sobre seus filhos, fazendo as compras dos enxovais, pesquisando vitrines e circulando de um lado para outro com sacolas de presentes? Este é o número de mulheres que devem visitar a 22ª Feira de Pechincha, Gestante, Bebê e Criança, que ocorre de 25 a 30 de janeiro, no Pavilhão Amarelo do Expo Center Norte, em São Paulo.	Além de chamar para um fato pitoresco, apelando para a imaginação, este lide costuma ser usado em pesquisas de opinião, debates.
O ex-braço direito do presidente Fernando Collor de Melo, Paulo César Farias, realmente foi morto pela amante? A amante se suicidou? Como foram as últimas horas do homem forte do governo Collor? E a mulher de PC Farias morreu, na verdade, de ataque cardíaco? Essas são questões que até hoje pairam sobre a cabeça dos policiais de Alagoas, razão da reabertura do inquérito de 2002 pelo Ministério Público do Estado.	São muitas as **Perguntas** não respondidas desde o governo Collor de Melo. O texto levanta as questões e as expõe ao público.

Chavão

O lide **Chavão** começa com um ditado, provérbio ou expressão de uso comum. Permite trocadilhos e brincadeiras quando é o caso. Mas não abuse do recurso! Os exemplos usaram bem a língua portuguesa:

Uma lei de dar nó em pingo d'água. Foi o dispositivo sancionado ontem pelo prefeito Luiz Paulo Conde, determinando que os aparelhos de ar-condicionado de residências e escritórios devem ter calhas para coleta de água.	A abertura da matéria principal utiliza um **Chavão** – "dar nó em pingo d'água" – para definir uma situação difícil. O tom de humor está adequado ao tipo de matéria, pois a lei parece ser uma do rol das inócuas, as que não vão pegar.
Não houve rimas nem sabiás como nos versos de Gonçalves Dias. Mas os tucanos chiaram e as palmeiras chegaram. Gigantescas, transportadas em carretas. Uma fileira delas foi plantada no novo bosque, criado às pressas para proteger o quintal da casa do presidente. Tudo em nome da privacidade e da segurança. É que, durante quase 40 anos, os presidentes brasileiros moraram isolados no Palácio da Alvorada. Sem vizinhos.	Utiliza-se aqui um verso da *Canção do Exílio*, poema clássico de Gonçalves Dias ("Minha terra tem palmeiras, onde canta o sabiá"), para falar das árvores plantadas nos jardins presidenciais. As palmeiras foram escolhidas por serem altas e capazes de ofuscar a visão dos novos prédios nas vizinhanças do Palácio da Alvorada, em Brasília.

Suspense

Este lide utiliza o valor-notícia **mistério** para provocar emoção. É raro vê-lo bem empregado na imprensa escrita, uma vez que, por depender de fatos e histórias especiais, é difícil de desenvolver e de aplicar na prática.

Perplexidade. Medo. Em Araçoiaba da Serra (SP), nove porcos foram encontrados mortos com perfurações no corpo. Os corpos dos animais não tinham marcas de sangue. O predador não deixou rastros, nem sinais de sua entrada no curral, trancado com cadeado. Outros dois porcos e um cachorro também foram feridos. Mas ninguém viu nem ouviu nada.	A descrição da ação, as palavras escolhidas, as frases curtas, contribuem para o clima de **Suspense**. Os acontecimentos são encadeados de modo a conformar uma história fora do comum, o aparecimento da figura do *chupa-cabras*.
Chicago – A decepção foi geral: nem joias fabulosas, nem caixas com dinheiro, nem uma grande quantidade de garrafas com bebidas alcoólicas, nem mesmo esqueletos de inimigos. A caixa-forte descoberta no porão do velho Hotel Lexington, na Avenida Michigan, onde morou o famoso bandido Al Capone, continha apenas uma garrafa empoeirada e vazia.	Aqui há o recurso a uma afirmativa categórica: "a decepção foi geral" (Ver **Tópico Frasal**). O redator vai descrevendo a cena aos poucos. A origem da matéria (Chicago), por causa do cinema, evoca a figura de gângsteres e da máfia. Usam-se elementos capazes de provocar suspense: joias, dinheiro, álcool, esqueletos, além da presença da mídia.
Durante duas horas, 181 canais de televisão do mundo inteiro mostraram ao vivo os trabalhos para derrubar o muro que cercava a imensa caixa-forte (49 m de comprimento por 9 m de largura e 9 m de altura). Uma vez aberta, ela revelou a existência de outra caixa-forte cercada por outro muro, que exigiu pequenas cargas de dinamite para ser derrubado.	As palavras escolhidas são propositalmente fortes (caixa-forte, dinamite, olho perscrutador), de maneira a passar a emoção. O leitor até *escuta* o rangido da porta do cofre.
Como nos filmes de terror, o segundo cofre rangeu nos gonzos ao ser aberto, aumentando o suspense, mas, uma vez assentada a poeira, o olho perscrutador da câmara de televisão produziu um anticlímax, que levou os telespectadores, desapontados, a mudar de canal. De mãos vazias retornou o inspetor do Serviço de Imposto de Renda, que esperava encontrar valores suficientes para ressarcir a dívida deixada pelo chefão da Máfia, ao morrer em 1947: US$ 870 mil, incluindo juros e atualização do valor do dólar.	A chave do mistério está no último parágrafo do lide: o tesouro de Al Capone não passava de uma garrafa vazia.

Estorinha

O lide **Estorinha** procura contar o que aconteceu num determinado momento, ou com uma determinada pessoa, para exemplificar o panorama encontrado pelo repórter. Muitas vezes, um tema apresenta-se cheio de detalhes e torna-se complicado escolher a abertura. Um caso emblemático ou um personagem pode ser a solução. Este tipo de lide utiliza o recurso à particularização e favorece as notícias de interesse humano, pela identificação que as pessoas têm com as histórias.

Quarta-feira, 15 de setembro – Chove e faz frio em São Paulo. Numa sala bem iluminada, com paredes forradas de espuma, no quartel-general da polícia, centro da cidade, 40 policiais registram freneticamente em terminais de computador os pedidos de socorro da população. Nesse dia, o telefone chama 30.967 vezes. Das chamadas, 3.152 geram ocorrências. Muitas são atendidas, outras têm que esperar.	O lide começa descrevendo a cena. É a história do que aconteceu naquele dia, num determinado momento presenciado ou reproduzido pelo repórter, que dá ao leitor a dimensão dos fatos. A cabeça da matéria conta, assim, uma **Estorinha** como exemplo.
Gabriela Ribeiro, 5, já captou o espírito da coisa: cruzar a porta do Colégio Zacaria, onde estuda, sem um Push Pop na mão, é estar por fora. O pirulito, fabricado na China, Estados Unidos e Irlanda, chegou por aqui há três semanas e já virou mania entre a criançada.	Em vez de apenas noticiar uma nova moda no Rio, o repórter optou por mostrar a força do costume que se alastrou entre as meninas de colégio. Para isso, usou a **Estorinha** de Gabriela, que chega à escola com o pirulito na boca.

Teatral

Pode ser chamado de lide *cinematográfico*, pois narra o acontecimento em etapas, como se estivesse vendo um filme ou cenas de teatro. É apenas um recurso para desenvolver o texto, já que o emprego deve ser limitado a certas situações. Pressupõe que o autor tenha completo domínio da linguagem.

Cena 1: Glória Bento, 59, acorda às 6h e se prepara para enfrentar uma fila de mais de 100 pessoas, apenas para marcar consulta. Cena 2: Rita de Cássia Silvestre passa a gravidez tentando vaga em uma maternidade e só consegue quando, quase em trabalho de parto, ameaça ter o bebê na sala do diretor. Plano geral e detalhes do cenário. Surpresa nos rostos dos espectadores. O *filme* em questão não retrata o atendimento médico na rede pública, mas sim num hospital das empresas de planos de saúde.	Dividido em cenas, como numa peça de teatro ou num roteiro de cinema ou TV, o lide **Teatral** utiliza aqui um personagem, do qual vai contando a história. Os fatos devem permitir o sequenciamento como se fizessem parte de filmagem ou encenação teatral. O leitor tem que ser capaz de juntar os pedaços e imaginar o que se passou.

Criativo

Algumas aberturas de matéria dependem de uma inspiração de momento, de um trocadilho bem empregado, da pesquisa e da apuração bem-feitas e bem amarradas. É um instante feliz, único. Eis um exemplo:

Eu almecego, tu almecegas, ele almecega. Almecegar é um daqueles verbos que só se encontra no dicionário. Significa tornar algo amarelo como a almécega, resina presente na aroeira do campo e em outras poucas espécies de plantas do cerrado, que acabam sendo chamadas pelo nome da substância. Almécegas é também o nome de um pequeno povoado rural. Não está sequer no mapa. E manteria seu quase anonimato se não entrasse para o anedotário político de Brasília há quatro anos.	O repórter procurou o dicionário e utilizou muito bem a língua portuguesa, construindo uma abertura diferente para matéria árida de campanha eleitoral. Como classificar este lide: seria um lide Chavão (emprega um nome de cidade)? Não se pode negar que se conseguiu um tópico frasal que joga a atenção do leitor para a matéria. Seria um lide Suspense: o que teria acontecido em Almécegas? Na dúvida, foi classificado como **Criativo**, pois o repórter foi preciso no manejo das ideias e das palavras.

Tópico frasal

Uma outra maneira de começar o lide é pelo recurso do **Tópico Frasal**. Nele, a ideia-núcleo está na primeira frase, na qual se encontra o tópico principal da matéria que será desenvolvida. Quando o tópico frasal inicia um texto, ele estabelece o rumo das ideias que seguirão. Essa ideia-núcleo pode ser uma declaração ou uma afirmativa de caráter genérico. "Enunciando logo de saída a ideia-núcleo, o tópico frasal garante de antemão a objetividade, a coerência e unidade do parágrafo, definindo-lhe o propósito e evitando digressões impertinentes", diz Othon M. Garcia (1986), na obra *Comunicação em prosa moderna*. O tópico frasal é uma frase enfática e pode ser aplicado a vários tipos de lide.

Foi uma ação rápida e cinematográfica. Pelo menos 20 homens armados com fuzis, pistolas automáticas e metralhadoras assaltaram na noite de anteontem a fábrica da Cervejaria Brahma, no km 31 da antiga Rio-São Paulo, em Campo Grande.	A primeira sentença da narrativa ("Foi uma ação...") apresenta a conclusão do redator: ele comparou o fato a uma cena de cinema. Essa afirmativa, de caráter generalizante, dá ao leitor a ideia de como ocorreu o assalto. Trata-se de um tópico contido numa frase (**Tópico frasal**). As sentenças seguintes complementam a ideia-núcleo.
Motoristas parados até nove horas na marginal Tietê. Congestionamentos em todas as principais avenidas de São Paulo. Cidades do ABC inundadas até na área central. Problemas em sete estradas que saem da capital. Caos.	Aqui são vários **Tópicos frasais** encadeados. O objetivo do redator foi criar a sensação de que tudo está mesmo parado, a vida está interrompida. A voz passiva confere a exata ideia de inatividade, realçada pelas frases curtas.

Lide forte e lide fraco

Qual o melhor lide para uma matéria?

Já foi visto que, a partir das sete perguntas clássicas, se pode variar o ângulo da informação a ser dada. O melhor é um lide forte, que não deixe o leitor escapar. Às vezes, um lide forte é dado pelo próprio assunto, chocante ou impactante, outras vezes, requer trabalho do repórter para se tornar um texto atraente.

Você volta da missão de apuração e senta-se diante do computador. Da miscelânea de informações colhidas deve selecionar o único fato ou a combinação de fatos que responderão à primeira pergunta (muda) do leitor e, então, muito rapidamente, dirigir o interesse para o corpo da matéria. É um momento de reflexão. Uma boa técnica consiste em reler todo o material anotado no caderno, sublinhando frases importantes, dados. Ordene o material, colocando números que o ajudarão a determinar a importância. Ouça de novo a gravação.

Por onde começar? Como encontrar o lide?

Comece pelo fim. Como num conto policial, inicie sua narrativa o mais aproximada possível do ponto final.

O que isso significa? Que o desfecho da história, o fato mais novo, pitoresco ou importante, deve vir para o lide. Nas sentenças seguintes, desenvolva um pensamento e forneça elementos para a compreensão do que vai narrar, de preferência apresentando os personagens, o cenário, as circunstâncias e o porquê do episódio.

Você deve ter observado que alguns lides misturam características de uma e outra forma. Não importa, o objetivo é justamente seduzir o leitor. O trecho em seguida mistura os lides Pessoal e Pergunta:

> Que tal você chegar em casa, depois de um dia estafante, encontrar empregados satisfeitos, tudo limpo, e ainda ser bem servida? Quem oferece essa tranquilidade é a jornalista e relações-públicas Zizi Lopes, 44, que se especializou há cinco anos em consultoria doméstica.

Agora, faça a análise da seguinte matéria:

Carro atropela 16 em Araxá e mata 3 meninas

Belo Horizonte – Três meninas – as irmãs Jocilene e Júlia Ferreira, de nove meses e quatro anos, e a prima delas, Carolina Cândido, de três anos – morreram na noite de anteontem quando a Brasília bege placa KZ-9654 atropelou 16 pessoas na estrada que liga o centro de Araxá, no Triângulo Mineiro, ao Grande Hotel Barreiro. As outras 13 pessoas, entre elas oito crianças, todos parentes, sofreram fraturas generalizadas e estão internadas, os menores na Santa Casa, e os adultos no Hospital Dom Bosco, em Araxá.

Segundo as pessoas que presenciaram o atropelamento, as vítimas – todas Testemunhas de Jeová – voltavam de um culto religioso e caminhavam pelo acostamento da estrada quando o carro, ocupado por um casal, foi jogado em cima do grupo. O atropelamento ocorreu às 23h35 e o motorista da Brasília fugiu sem socorrer as vítimas, levadas aos hospitais pela Polícia Rodoviária Estadual.

Ontem de manhã a Brasília foi encontrada pela polícia, abandonada em Tapira, a cerca de 45 quilômetros de Araxá, mas seus ocupantes continuam desaparecidos.

1. O texto apresenta-se sob a forma de pirâmide regular, com parágrafos mais ou menos uniformes.

2. Quais os valores-notícias nessa matéria? O principal é morte. Em seguida, mistério, saúde, religião, interesse humano. O lide está correto, abrindo com o valor-notícia mais forte.

3. A matéria envolve 18 pessoas: os 16 atropelados e o casal que estava no carro. O lide tem um sujeito ativo – o motorista –, e um sujeito passivo – as meninas mortas.

4. Foi valorizado o sujeito passivo (as três meninas, que sofreram a ação principal), com verbo na voz ativa (morreram).

5. Estão respondidas todas as questões do lide clássico. É possível ver isso ao decompor o lide:

- *Quem?* as meninas Jocilene, Júlia Ferreira e Carolina Cândido.
- *O quê?* morreram.
- *Como?* atropeladas por uma Brasília desgovernada.
- *Quando?* na noite de anteontem (23h35), quando voltavam de um culto religioso.
- *Onde?* na estrada que liga o centro de Araxá (MG) ao Grande Hotel Barreiro.
- *Por quê?* o carro foi jogado em cima de um grupo de 16 pessoas que andava pelo acostamento.

(Fonte: *O Estado de Minas*)

Portanto, o leitor tem as informações necessárias para prosseguir na matéria. Outros dados serão acrescentados a partir do primeiro parágrafo, oferecendo novos elementos à história. Esse lide é claro, objetivo, preciso e direto.

Se os mortos fossem gente importante (valor-notícia: notoriedade), uma forma de abertura seria:

> O Senador João José e suas filhas Jocilene, de nove meses, e Júlia, de quatro anos, morreram na noite de anteontem...

Trata-se de um lide **Quem**, destaca figuras que se julgam eminentes. A seguir, há vários lides, que realçam outros elementos da história.

> "Uma Brasília dirigida por um desconhecido, acompanhado de uma mulher, atropelou ontem 16 pessoas, na estrada (...)." (o *quê*)

> "A estrada Araxá-Grande Hotel Barreiro fez ontem mais três vítimas fatais: as meninas (...), que foram atropeladas por (...)." (*onde*)

> "Na noite de anteontem, um acidente na estrada (...)." (*quando*)

> "Ao desgovernar-se na estrada (...), uma Brasília placa (...)." (*como*)

> "Por estar com problemas nos freios, a Brasília placa (...), dirigida por um homem não identificado, desgovernou-se e matou (...)." (*por quê*)

A escolha do lide publicado foi acertada, valorizou o grande número de perdas humanas e destacou o fato de crianças terem morrido. Também o título foi bem escolhido, derivando do lide. Em geral, quando a abertura da matéria está ruim é difícil conseguir bom título. Se o redator tenta várias vezes elaborar um título e não consegue é porque o lide escolhido não é o mais importante da matéria: então se torna necessário construir novo lide e novo título.

Veja outro exemplo:

Foi apresentado nas primeiras horas de ontem pelo cabo **Silva** e o soldado PM **Edivar**, Joel Orlando do Nascimento, 18 anos, residente à rua Alagoas n° 1.054, no bairro de Nova Imperatriz.

O motivo que levou o jovem a ser preso foi a desordem aprontada em sua própria residência, depois de ter chegado embriagado em casa. O efeito da **caninha** fez com que Joel, após ter chegado em casa, começasse a quebrar tudo o que lhe viesse à frente. Seu pai, não gostando nem um pouco da atitude do filho, repreendeu-o e o questionou sobre seu comportamento, tendo Joel se revoltado contra o pai, desferindo-lhe socos e pontapés, e, não tendo **uma outra alternativa**, teve que chamar a polícia para acalmar os ânimos do jovem. Joel está recolhido em uma cela da delegacia do Primeiro Distrito, enquanto **se acalma do efeito da água-benta**. (grifo nosso)

(Fonte: *Jornal de Imperatriz*)

1. O lide começa logo com voz passiva, o que deixa a história sem ação. Não interessam os nomes de quem prendeu, a não ser que os PMs sejam heróis na cidade. O fato de trazê-los à cabeça da matéria lhes confere uma notoriedade imprópria, forçada.

2. Pergunte: foi apresentado a quem?

3. Foi apresentado à imprensa, subentende-se, o que também é uma distorção, pois coloca a imprensa como protagonista do evento. O jornalista é apenas agente, veículo, canal; ele não precisa aparecer, a não ser quando seu testemunho for essencial para dar credibilidade à notícia.

4. Note que o texto tem poucos erros de português e, no entanto, mostra vícios típicos dos jornais populares, como o nome dos soldados (incompleto), e gírias para falar da cachaça (caninha, água-benta). Esse tipo de linguagem só poderia ser empregado se a matéria fosse sobre aguardente. Aí, sim, valeria a pena citar as definições do Aurélio: birita, canjibrina, bagaceira, etc.

5. Parágrafos e frases longos são uma armadilha: você pode ser perder numa concordância, prejudicando o sentido. A matéria foi publicada assim mesmo, com essa disposição de parágrafos.

6. É bom evitar julgamentos como "não gostando nem um pouco", "o efeito da caninha fez com que Joel começasse a quebrar tudo", "para acalmar os ânimos".

7. O autor esqueceu-se de dar o nome do pai que, afinal, é o denunciante.

Outras observações:

Voz passiva: como o próprio nome indica, é um modo que torna a informação parada, sem movimento. O autor abusa, com o emprego de "apresentado" e mais tarde "aprontada", "embriagado", "chegado", "revoltado". Para narrações de ação, use verbos *de ação*, evitando *ser* e *estar*. Voz passiva só quando quiser *apassivar* os fatos, conferir um clima de pouco movimento ao episódio.

Regularidade dos parágrafos: parágrafos homogêneos (de cinco a sete linhas, no máximo dez, em casos especiais) facilitam a visualização e permitem a compreensão por blocos de sentido. Além disso, tornam mais bonita a apresentação gráfica.

"Não gostando nem um pouco da atitude do filho": está implícita a opinião do repórter e a condenação prévia dos atores em cena. A frase é dispensável.

Caninha, água-benta: gírias que contribuem para o tom pejorativo e moralista do texto. Evite o jargão e os lugares comuns – é uma maneira de tornar o texto atraente. Cuidado com a reprodução de termos do vocabulário policial, especialmente: "viatura", "elemento", "recolher ao xadrez".

"Uma outra alternativa" é redundância: "alternativa" é formada pela partícula latina "alter", que quer dizer "outro". Use "outra opção", "outra escolha".

Repetições: na mesma frase aparecem três vezes o verbo ter – "tendo Joel se revoltado", "não tendo uma outra alternativa", "teve que chamar a polícia". O texto jornalístico foge das repetições usando sinônimos ou mudando a ordem da frase.

O texto poderia ficar melhor:

> Ao chegar em casa (rua Alagoas, 1.054, bairro Nova Imperatriz), na madrugada de ontem, bêbado, (o mecânico, o estudante, o vigia noturno) Joel Orlando do Nascimento, 18 anos, espancou o pai, Fulano de Tal. Segundo Fulano, o rapaz já entrou na sala quebrando tudo. O pai repreendeu-o e foi agredido aos socos e pontapés. Sem conseguir controlar a situação, Fulano chamou a polícia, que levou Joel para a 3ª delegacia.

Aqui falta a profissão de Joel; o nome do pai foi substituído pela expressão *Fulano de Tal* apenas para ressaltar a ausência dessa informação. Um lide fraco é aquele que: não responde às perguntas do leitor; abusa da voz passiva; repete palavras e expressões; atua como uma introdução ao assunto, em vez de começar logo pelo aspecto mais relevante ou importante; é impreciso e não dá as informações necessárias para a compreensão do fato. Em suma, não dá vontade de ler.

Um lide bem-feito facilita o encadeamento das ideias e a continuidade da matéria. No exemplo a seguir, foi usado um lide **Quem** a fim de ressaltar a figura notória do artista Charles Chaplin e sua imitação por um candidato, com fins midiáticos. A matéria obedece ao estilo pirâmide invertida e, embora curta, fornece dados que motivam o leitor pelo exótico, inusitado e curioso. O texto flui, leva a pessoa a se identificar com o personagem e a querer saber mais.

Charles Chaplin disputa na Paraíba[3]

Charles Chaplin é candidato a vereador em João Pessoa. Bigode escuro em cima do lábio; sobrancelhas marcadas; calça larga com paletó apertado; bengala, chapéu e maquiagem à base de pasta branca, o Chaplin paraibano também usa sapatos trocados. Ganha a vida animando festas infantis. "Sou fã dele e resolvi homenageá-lo", diz o mecânico industrial Jessé Ubiratan de Souza, 35, confessando que gostaria de ir à Inglaterra para conhecer os parentes do ator e falar de sua admiração.

"O povo me acha parecido com ele. Quando saio pelas ruas, escuto as pessoas dizerem: lá vai Charles Chaplin." Jessé acredita que vai conseguir se eleger à Câmara Municipal de João Pessoa usando o personagem do cinema. Foi em 1978 que ele descobriu que tinha semelhanças com o Chaplin real, morto em 1977, ator, diretor, produtor, autor e compositor. Casado e com três filhos, o mecânico vai aparecer na propaganda eleitoral na pele de seu ídolo.

O carro de som da campanha vai tocar músicas dos filmes de Chaplin. Jessé de Souza, que tem apenas o primeiro grau, feito em curso Supletivo, já viu pelo menos dez das produções de Charlie. Assim, se sente à vontade para se vestir como ele e imitá-lo, com o gingado característico, nos aniversários de criança ou festas de escola. O prestígio conquistado entre meninas e meninos é a arma de Jessé para garantir os votos dos adultos e tornar-se vereador, na capital da Paraíba, pelo PRP.

(Fonte: *Folha de S.Paulo*)

O LIDE

Dicas para lides fortes

- Use verbos de ação.
- Evite a voz passiva.
- Fuja dos verbos *ser* e *estar*.
- Apure bem (dois terços mais do que a pauta).
- Utilize expressões fortes e precisas.
- Não confunda o leitor: traduza as informações em linguagem clara.
- Forneça dados gerais para detalhá-los depois no corpo da matéria.

Notas

[1] Marco Fábio Quintiliano, Institutione Oratia. Conjunto de 12 livros editados em Roma em 1995 sobre educação. O último dedica-se à arte de se comunicar. Disponível em <http:www.educ.fc.ul.pt>.

[2] Orlando Farias, Mulher troca filha recém-nascida por um quilo de carne, *JB Online*, Rio de Janeiro, 27 jun. 2000. Disponível em http://www.jbonline.com.br. Esse texto suscita outros questionamentos, de ordem sociológica, política, psicológica e até legal. Não foram desenvolvidos esses assuntos, que fogem ao escopo do trabalho. O professor, em sala de aula, tem a liberdade de propor técnicas para explorar os temas levantados.

[3] *Folha de S.Paulo*, 3 ago. 1996. Texto adaptado pela autora.

A PIRÂMIDE

No primeiro manual de redação da história brasileira, Pompeu de Sousa inseriu ideias para ajudar os novos repórteres, dentre as quais destaca-se o princípio da pirâmide invertida, que veio a se tornar um modelo aceito em todo o mundo ocidental. As regras podem ser resumidas neste decálogo:

Decálogo de Pompeu

1. Ocupe o primeiro parágrafo das notícias com: (a) um resumo conciso das principais e mais recentes informações do texto, esclarecendo o maior número das seguintes perguntas: *quê?*, *quem?*, *onde?*, *como?*, e *por quê?*; ou (b) um aspecto mais sugestivo e suscetível de interessar o leitor no acontecimento.

2. Só componha de modo diverso o primeiro parágrafo em caso de matérias muito peculiares, em que o elemento pitoresco, sentimental ou de surpresa o exija.

3. Ordene o desenvolvimento do resto da notícia pela hierarquia da importância e atualidade dos pormenores.

4. Use parágrafos curtos e evite palavras desnecessárias, qualificativos, principalmente tendenciosos, e frases feitas. Só excepcionalmente construa períodos com mais de quatro linhas.

5. Não comece períodos ou parágrafos sucessivos com a mesma palavra. Não use repetidamente a mesma estrutura da frase.

6. Evite palavras chulas e expressões de gíria, não incorporadas à linguagem geral, assim como termos preciosos e frases de conteúdo puramente sensacionalista.

7. Leia sempre a matéria antes de entregá-la, a menos que o tempo não permita.

8. Leia a matéria depois de publicada e repare nas alterações feitas.

9. Em qualquer dúvida, consulte dicionários, enciclopédias ou outras fontes de referência.

10. Evite fórmulas e expressões genéricas sempre que possa dispor de informações e pormenores precisos.

(Fonte: *Hohenberg, 1962*)

Pense nas pirâmides do Egito: a Grande Pirâmide de Quéops, em Gizé, mede 138 metros de altura e é considerada uma das sete maravilhas do mundo. O segredo da pirâmide está na base bem-feita, a partir da qual os egípcios equilibraram matematicamente a estrutura. Se a posição da pirâmide for invertida, a base vem para cima e continua sendo a porção mais importante. Assim funciona o sistema pirâmide invertida no Jornalismo, que está assentado no tripé:

- **base:** é o lide (soma de lide e sublide), que introduz o assunto;

- **corpo:** da matéria, na qual se desenvolve o tema proposto;

- **fecho:** correspondendo ao cume da pirâmide, de preferência apontando para o futuro.

Grande número de textos é redigido no calor do fechamento. Torna-se impossível ficar esperando soluções maravilhosas para uma notícia quentíssima, que acabou de acontecer, tendo o departamento industrial nos calcanhares. Não é todo dia – nem para qualquer matéria – que um repórter está inspirado. A pirâmide mostra serventia nessas ocasiões: permite que você escreva um texto claro e conciso, respondendo a todas as perguntas do leitor, em poucos minutos. Do ponto de vista do foca, ela ajuda a formular a notícia dentro de determinado padrão que, com treinamento e criatividade, pode ser desenvolvido em outros produtos posteriormente.

Muitos tentam derrubar o lide em favor de uma aproximação com o que seria o *new journalism* (novo jornalismo) ou o jornalismo literário. Querem inventar novas regras, atacam as fórmulas tradicionais, porém, a pirâmide se impõe sempre que se deseja uma comunicação objetiva e direta. E isso é válido também nos textos eletrônicos: mesmo que sofra modificações, ela se mantém como modelo de escrita. É questão de praticidade.

São características da pirâmide invertida:

- o texto começa do mais importante;
- responde às primeiras questões que surgem na cabeça do leitor acerca de um determinado assunto;
- apresenta os fatos da maneira mais clara possível;
- adota o princípio da dedução: do geral para o particular;
- tem uma estrutura fixa, formando blocos de pensamento.

A pirâmide molda todo o conteúdo dos meios informativos. Artigo, editorial, crônica ou reportagem – desde que sejam material destinado à publicação, para ser lido por um grande número de pessoas –, todos têm a preocupação de transmitir a mensagem de maneira compreensível e direta. A pirâmide invertida apresenta-se como uma *receita* adaptável a situações que vão desde teses de doutorado às bulas de remédio: o valor das informações passadas no início se fixa na memória do receptor e aviva o interesse pela leitura.

São pressupostos do estilo:

- o lide é a peça básica do sistema, no qual um dos fatos é selecionado como o mais importante ou interessante;
- o texto é blocado, isto é, estruturado em blocos de parágrafos interligados, em ordem de interesse decrescente; os parágrafos têm igual número de linhas;
- o relato não contém opinião, apenas fatos;
- deve ser escrito na terceira pessoa do singular; no jornalismo escrito, jamais se usam as primeiras pessoas, nem do singular (eu), nem do plural (nós).

Que tipo de texto usar?

MANUAL DO FOCA

1) Com todo o material apurado nas mãos, você tem de decidir que tipo de matéria vai explorar, o tom a ser adotado, a sequência que imprimirá às informações, e até se o texto terá ou não espaço para cor local – detalhes engraçados, pitorescos ou enriquecedores do conteúdo.

2) Depois de algumas tentativas, você descobriu o lide. Agora você já tem mais clareza sobre a melhor forma de discorrer sobre o assunto. A um lide forte – com apelo, sedução, e muitos valores-notícias – corresponde o estilo pirâmide invertida. A ideia de que o mais importante vem em primeiro lugar ordena todo o material noticioso, tanto no momento da redação, como no da edição. O editor escolhe o que é mais interessante (ou impactante) para abrir a página, para redigir a manchete ou para fazer as chamadas na internet.

3) Lides criativos não brotam a todo momento, nem se ajustam a todos os assuntos. Existem outras formas de apresentação da notícia. Quanto mais você treinar a escrita, mais se sentirá à vontade para explorar ou abandonar o estilo pirâmide invertida, que é e continuará a ser o mais prático e versátil para as várias necessidades do fazer jornalístico. Esse fazer é tão diverso quanto o são as notícias que chegam a cada minuto às redações.

4) Cada notícia tem um tom e um ritmo. Uma história de amor possui um modo de contar diferente do anúncio da última medida provisória do Planalto. Assim como existe a pirâmide invertida, há ainda a pirâmide normal e a pirâmide mista. São estilos bastante utilizados, a depender do tipo de matéria e de veículo. Quanto mais tempo tiver o leitor – nos cadernos de fim de semana, nas revistas semanais, nos boletins mensais –, mais você poderá apelar a outros estilos de texto que não contem o principal logo nas primeiras linhas, mas, ao contrário, desenvolvam raciocínio elaborado, chamando à reflexão e ao pensamento.

Construindo a pirâmide

Definir a estrutura do texto não é tarefa das mais fáceis. Escrever o lide é um exercício desafiador, às vezes penoso. Se se trata de uma notícia do dia a dia, o lide convencional dá o recado; se é um texto para o fim de semana, você tem que decidir que estilo usar. Ao imaginar um lide, desenvolver a matéria significa que você tecerá um relato a partir do sublide. Facilita muito quando se tem tempo para organizar as ideias e colocar em ordem os pensamentos, antes de se sentar ao computador, ainda que seja no curto trajeto de volta à redação.

Depois de ler as anotações resultantes do trabalho de apuração e folhear os documentos que tem em mãos, você resolve que tipo de narrativa adotará. Há repórteres que vislumbram a reportagem com princípio, meio e fim antes de redigi-la. Outros sabem apenas o início, o lide, elaboram um roteiro rápido dos itens a desenvolver e, ao longo do trabalho de construção do texto, vão encadeando os assuntos. Outros ainda conseguem planejar as retrancas a partir do trabalho de apuração.

A prática comprova que cada um escolhe o método mais adequado ao próprio estilo e habilidades. Existem repórteres que não conseguem colocar ponto final e ficam apurando até o último minuto, o que significa que a matéria será mexida muitas vezes e só será fechada com a decisão do editor. O perigo é o texto se tornar um Frankenstein, monstro sem forma, e ser publicado com erros, devido à pressa na finalização.

Para construir a pirâmide, seja para o meio impresso, seja para o eletrônico, você deve partir das ideias que apresentou no lide. Como foi destacado, a escolha do lide determina forçosamente a estrutura da matéria. Quando o assunto é vasto e a apuração consumiu várias páginas de apontamentos, fora a leitura de grande número de documentos, livros, fichas e materiais de pesquisa, é interessante traçar um guia com os tópicos principais da apuração, numerados, sabendo que se pode alterá-los no momento da escrita.

No *jornal falado* com o chefe, você tenta *vender* da melhor maneira a matéria, garantindo-lhe espaço nobre, na editoria ou na primeira página. Esse *jornal falado* é o momento em que o jornalista, recém-chegado da rua, dá ciência ao editor do que obteve. O editor ouve, combinam-se enfoques e um possível lide, por vezes avisando: "Vamos dar manchete com isso". O diagramador é consultado sobre o espaço disponível na página e aí você já pode escrever dentro de um limite de centímetros, palavras, linhas ou caracteres.

Sair para a rua com um tamanho pré-estipulado de matéria é limitar a criatividade e os esforços do repórter no sentido de conseguir o melhor. É diante dos fatos que ele saberá se a reportagem vale ser estendida ou se apenas se limitará a um *pirulito* no canto da página. Qualquer história deve apresentar um todo unificado e coerente. Existem três tipos de matéria com base na pirâmide:

- pirâmide invertida;
- pirâmide normal;
- pirâmide mista.

Há ainda uma outra categoria que corre à parte, a matéria redonda. É o texto que começa e termina com a mesma ideia, dando a impressão de que o assunto foi *arredondado* ou burilado à perfeição. Isso é um pouco raro, já que nem todos os assuntos permitem, tampouco os redatores conseguem.

Pirâmide invertida

Sendo a pirâmide o estilo mais usual de texto jornalístico, constitui um padrão que deve ser mecanizado por meio do treino diário. Uma vez memorizada, pode sofrer variações, de acordo com a habilidade e a experiência do repórter na apuração dos fatos. De nada adianta aplicar um estilo a informações que não têm substância, o leitor logo perceberia.

O jornalista Mino Carta (1995), criador das revistas *Veja* e *Carta Capital*, diz:

> Como um artesão que sabe usar com precisão cada vez maior os instrumentos de seu mister, o jornalista, manejando os fatos, capta o alcance de cada um e as suas implicações. Isto é, sabe ordená-los numa escala de valores.

Para facilitar a compreensão, pode-se ver o estilo pirâmide medido em linhas. Numa matéria de 30 linhas (base = uma lauda de 78 toques/linha), a pirâmide compõe-se de:

Lide	**5 linhas**
Sublide	**5 linhas**
Corpo da matéria	15 linhas
Fecho	5 linhas
Total	*30 linhas*

Na matéria a seguir, a pirâmide invertida aparece bem aplicada a um tema policial. Observe que o lide e o sublide apresentam aos leitores os personagens da trama e o assunto evolui até um fecho que remete ao futuro: é uma maneira de garantir a continuidade e o interesse.

Tiro na nuca mata advogada[1]	
Lide	**(5 linhas)**
A advogada Mônica de Souza Guimarães, de 33 anos, foi morta na noite de quarta-feira com um tiro na nuca, na sala de seu apartamento, na Rua Moraes e Silva, Maracanã (Zona Norte). O corpo foi encontrado pelo marido de Mônica, o advogado Ubirajara de Barros Júnior, de 44 anos, às 22h. Ubirajara prestou depoimento ontem ao delegado titular da 18ª DP (Praça da Bandeira), Hermano Spitz.	O lide **Quem?** foi escolhido para realçar a profissão da vítima. Os valores-notícias são: (1) mistério – comum a todos os contos policiais; (2) inusitado – o fato envolve um casal de advogados; (3) violência; e (4) contraste – justiça x injustiça, lei x crime, defensora-vítima.
Sublide	**(5 linhas)**
Para o delegado, a principal hipótese é crime passional, uma vez que nada foi roubado da casa. "Quem matou tinha a chave do apartamento, que não apresentava sinais de arrombamento e estava trancado quando o marido chegou", explicou Spitz, que acredita na inocência de Ubirajara. Ubirajara que, como Mônica, trabalha no Juizado de Pequenas Causas, contou que parou em dois bares antes de ir para casa.	O elemento de ligação com o parágrafo anterior é a expressão "Para o delegado", fazendo referência ao personagem do parágrafo anterior. Se o lide identificou os personagens, o sublide tenta avançar nas informações e manter o clima de mistério, para reter a atenção do leitor. Note a observação do repórter sobre o marido, fechando o bloco.
Corpo da matéria Hipóteses Ao chegar em casa, às 22h, o advogado viu Mônica banhada em sangue e agachada na passagem da sala para a cozinha. Imediatamente, segundo ele, chamou um médico da Caixa de Assistência dos Advogados do Rio de Janeiro (CAARJ) para prestar socorro à mulher, que acreditava ainda estar viva. A polícia chegou logo após e estimou que Mônica tivesse morrido por volta de 19h ou 20h.	**(20 linhas)** 1. O entretítulo (Hipóteses) é genérico. Pode ser usado em várias matérias. O padrão para entretítulos é uma ou duas palavras. Dividir a matéria com um entretítulo facilita a organização das informações e a melhor compreensão. É um bom recurso, já que neste caso se pode reconstituir a história cronologicamente.

Os vizinhos disseram à delegada de plantão, Aline Albuquerque, que esteve no local, não terem ouvido o disparo e tampouco barulho de briga. Um deles, que é militar, afirmou ter escutado apenas barulho como o de madeira batendo no chão. O síndico do prédio foi interrogado pelo delegado Spitz ontem e declarou que nenhum estranho entra no prédio – de três blocos e cerca de 400 apartamentos – sem ser anunciado pelo interfone.

Até agora a polícia só sabe que a empregada, que estava a serviço do casal há dois dias, esteve na casa até às 17h. "O depoimento do porteiro é o mais importante, porque poderá dizer quem entrou no apartamento antes do crime", explicou o delegado, que vai esperar até segunda-feira para ouvir o funcionário, que está de folga.

"Trabalhamos com a hipótese de crime passional porque, além de não haver sinais de arrombamento, o apartamento estava totalmente arrumado", revelou Hermano Spitz.

A hipótese de suicídio foi descartada, porque o tiro foi na nuca. Ubirajara de Barros Júnior entregou à delegada uma pistola Taurus 380 e oito balas, que, segundo ele, estavam no cofre da casa. A arma está registrada e ele informou que não a usava há cinco anos. Para o delegado, é improvável que seja a arma do crime.

2. A fonte da matéria é a polícia. O redator toma distância da cena – "segundo ele (chamou um médico...)". Nota-se que os repórteres não falaram com os vizinhos, nem com o síndico, pois não existem declarações deles entre aspas. Provavelmente não tiveram tempo, ou deixaram para o dia seguinte. O que movimenta o texto são as declarações do delegado Spitz.

3. Observe o encadeamento dos parágrafos: (a) o marido; (b) os vizinhos e o síndico; (c) a empregada; (d) novamente o delegado, puxando pela expressão "crime passional", que é forte; (e) suicídio também é forte; aí vêm detalhes da arma; e, finalmente, (f) os filhos.

Fecho

Spitz encontrou no apartamento R$ 35 sobre uma mesa, deixados por Ubirajara para uma de suas filhas. A jovem Tatiana de Barros, de 18 anos, era a única pessoa que tinha a chave do apartamento do casal e deverá ser ouvida pelo delegado na segunda-feira. Mônica e Ubirajara viviam juntos há dois anos e ambos tinham filhos do primeiro casamento, que não moravam com o casal. Toda a família será chamada para depor.

(5 linhas)

Embora o interesse vá decrescendo ao longo do texto, o fecho cativa o leitor para os *capítulos* seguintes, prometendo mais depoimentos.

Total: 35 linhas

(Fonte: *Correio Braziliense*)

No estilo pirâmide invertida, algumas técnicas são usadas para atrair o olhar do leitor, do lide para o corpo da notícia. São elas:

- a sequência de tempo, em que entram a narrativa linear e o uso alternado de presente e passado;
- as descrições detalhadas, que dão força e credibilidade ao texto;
- o encadeamento dos parágrafos, que propicia um ritmo agradável de leitura;
- as declarações dos entrevistados, que corroboram o relato; e
- os pontos ou elementos que vão sendo acrescentados pouco a pouco, de modo a garantir uma gradação das informações.

Sequência de tempo

Narrativa linear

Na fórmula da pirâmide, pode ser adotada também a narrativa linear, em sequência temporal. Um dos caminhos consiste em fornecer os elementos principais no lide-sublide e, em seguida, nos parágrafos seguintes, narrar o que aconteceu cronologicamente. No texto anterior – "Tiro na nuca mata advogada" –, a matéria tem um entretítulo logo abaixo do lide (no caso, "Hipóteses"), o que ajuda a ordenar o texto. A partir do entretítulo, entram os fatos contados na ordem em que se passaram.

Esse método é muito útil nos casos policiais, numa grande tragédia, crime ou incêndio. Leva as pessoas a imaginar como ocorreu o episódio. A descrição linear também pode ser vista em boxes com os títulos de "Antecedentes", "Saiba tudo sobre...", nos quais se alinham os fatos segundo uma sequência de tempo e se complementam informações dadas na matéria principal.

No exemplo a seguir, a *Gazeta Mercantil* trata a personagem Tiazinha como mais um fenômeno rápido do verão, nem por isso menos exitoso, capaz de provocar altos ganhos a determinados setores da economia. No primeiro parágrafo, o repórter apresenta aquela que é o motivo da matéria e demonstra com números o seu "milionário poder de sedução" na mídia. Já no sublide, procura mostrar que Tiazinha extrapolou para outras áreas.

O entretítulo ("Estratégia") foi acrescentado para mostrar que a segunda parte da matéria está bem delimitada, descrevendo de maneira linear o que vai acontecer com a marca até o fim do ano. Observe que, explorando como valor-notícia o sexo (com notoriedade, beleza, poder e dinheiro), o redator não deixa de ironizar o fato, comum no Brasil, de utilizar símbolos sexuais adultos para vender artigos ao público infanto juvenil. Embora retrate um fenômeno da TV, a abordagem é econômica, o que prova que qualquer assunto, nas mãos de um bom repórter, é passível de render matéria. A frase-gancho é: "Ela poderia passar como mais uma musa de verão, mas ficou fortemente associada aos cifrões".

Note como o perfil do símbolo sexual do momento vai sendo composto por meio de descrições e imagens visuais sugestivas: "lingerie sexy", "chicote em punho", "mania nacional" e "mascarada". Com dados e riqueza de detalhes que fazem com que todos tenham vontade de saber que fenômeno é esse.

O milionário poder de sedução da "Tiazinha"[2]

Produtos com a marca da modelo devem vender R$ 6 milhões em três meses; tiragem da *Playboy* vai ter recorde histórico

A maior tiragem da história da *Playboy* terá na capa uma jovem de 20 anos que seduz adolescentes e marmanjos rebolando mascarada, dentro de lingerie sexy, com chicote em punho. A personagem "Tiazinha", da modelo Suzana Alves, bateu o recorde da revista masculina mais vendida no país, que até então tinha Marisa Orth como auge, com 1.005.000 exemplares na primeira tiragem. Adriane Galisteu é recordista, mas em duas tiragens. A editora voltou atrás, na tiragem inicial de 930 mil números e, apostando no fôlego de 100 páginas de publicidade fechadas até a última sexta-feira, decidiu imprimir 1.020.000 exemplares.

Ela poderia passar como mais uma musa de verão, mas ficou fortemente associada aos cifrões. Suzana Alves, que levantou a audiência da Bandeirantes (Band) nos últimos meses, ajudou também a aumentar o faturamento dos empresários que aderiram à mais recente "mania nacional". Só nos três primeiros meses do ano, as empresas que pagam entre 5% e 10% de *royalties* para usar a marca "Tiazinha" vão vender cerca de R$ 6 milhões – entre meias-calças, *lingeries*, máscaras, cadernos, pirulitos, sapatos e tamancos infantis.

Estratégia – Até o final do ano, a "mascarada" responderá por incremento de 3% a 25% na receita, dependendo da empresa. Segundo os cálculos da Trade Niark, que administra os *royalties* sobre produtos "Tiazinha", o varejo deve vender em 1999 o equivalente a R$ 30 milhões. Desde dezembro, quando registrou sua marca, até agora,

Suzana Alves fechou contrato com seis empresas – o objetivo é que 50 paguem os direitos pelo uso da sua imagem até o final de 1999.

As próximas novidades serão uma linha de produtos *diet*, cera para depilação, balas e doces, revista, álbum de figurinhas e até CD-ROM. "Temos lançamentos para o ano todo", garante José da Rocha Neto, um dos donos da Trade Niark. Se Suzana já surtiu todo esse efeito só no Carnaval, em março tem outra forte carta na manga, além da *Playboy*: a Sony quer vender 100 mil cópias do seu CD apenas na primeira semana. O lançamento vai, no mínimo, dobrar o cachê dos seus shows, que até agora era de R$ 8 mil.

"Ela caiu nas graças do público", comemora Neto. Em especial, dos adolescentes: seu maior sucesso de vendas são os cadernos e fichários, fabricados pela Jandaia. A empresa vendeu 1 milhão de unidades em dois meses e pretende fechar uma receita de R$ 3,5 milhões até o final do próximo mês. O êxito já fez o gerente de marketing, Carlos Augusto Rossette, pensar na próxima volta às aulas. "Queremos vender mais 5 milhões de cadernos entre os meses de setembro e março", conclui (...).

Alternância presente-passado

Outra opção para movimentar a pirâmide é fazer um contraponto entre presente e passado, alternando os parágrafos com ritmo. Serve às narrativas históricas, nas quais se remete a épocas pregressas e logo se estabelece uma relação com o que acontece no presente momento. Sem se perder nos tempos verbais, o redator vai e volta entre os períodos de tempo, a fim de que o leitor compreenda melhor a participação de determinado personagem ou evento e, ao mesmo tempo, informe-se sobre a significação dos fatos na atualidade. Textos publicados em jornais e revistas exploram essa alternância, exigindo grande destreza do autor para com a língua. Veja um bom exemplo:

Os sem-carteira[3]
Cresce em Brasília o número de motoristas com carteira de habilitação suspensa

O barulho dos pneus é inconfundível. O motorista controla o arranque no pedal da embreagem e, de repente, solta-o com rapidez, apertando fundo no acelerador.	A repórter começa com um tópico frasal ("O barulho dos pneus é inconfundível") para introduzir a cena. A afirmativa tem o objetivo de apresentar a tese que será desenvolvida durante a matéria. A sentença seguinte ("O motorista...") alinha detalhes descritivos para conformar a ideia na cabeça do leitor. Essa introdução está – bem a propósito – no presente do indicativo: a ação parece que acabou de ocorrer. Termos fortes (barulho/arranque/rapidez/fundo/acelerador) tornam a descrição real. O leitor é levado a participar e até mesmo ouve os sons.
Foi assim que o estudante Lucas (nome fictício) deu sua primeira arrancada. Naquela noite, ele estava acompanhando o carro de um amigo, que seguiu na frente, para ir a um bar. Com seu Uno, na saída da quadra 413 Sul, Lucas acelerou para fazer espetáculo na via.	Agora o narrador alterna para o passado. Ele está se distanciando da cena para mostrar ao leitor que apenas colheu o depoimento. Em realidade, não estava presente. A escolha de parágrafos mais curtos oferece a vantagem de adicionar suspense. Provavelmente, a condição imposta pela fonte para dar depoimento foi o anonimato. A repórter sinaliza isso para o leitor, ao avisar que Lucas é um nome fictício.
"O pneu gritou mais forte, digamos assim", conta ele, para descrever o que os meninos chamam cantar pneu. A peripécia custou bem caro. Uma blitz estacionada no local flagrou Lucas, que teve a Carteira Nacional de Habilitação suspensa por dois meses.	O título sai deste parágrafo, que ainda pode ser considerado como lide. A declaração dá credibilidade ao relato. O verbo dentro da declaração ("O pneu gritou") está no passado, mas a narração vem de novo ao presente ("conta ele"). Isto quer dizer que o personagem está perto do entrevistador. Este se permite interpretar a ocorrência, que chama de "peripécia", agregando um juízo de valor – "custou bem caro" – e assumindo o papel do leitor e da lei. É como se estivesse dizendo: "Por isso, o rapaz foi punido com a suspensão da CNH". E isso é coisa rara no Brasil (valor-notícia: inusitado).
Esta semana, o rapaz está frequentando a escolinha do Detran para rever todos os ensinamentos sobre direção: legislação e defensiva. Com um pouco mais de sorte, o amigo que ia no outro carro conseguiu fugir.	O verbo está no gerúndio, para mostrar que a ação tem continuidade no presente. Novamente, a interpretação do redator: "com um pouco mais de sorte", o amigo escapou da lei – verbo no passado para mostrar que a ação está concluída. Parece implícita a condenação à atitude do amigo.

Manobras perigosas e embriaguez são as principais causas de suspensão de CNHs no Distrito Federal. A punição para motoristas infratores, este ano, teve um aumento sensível em relação a 1998. Até o final de outubro, 314 motoristas tiveram a carteira suspensa por um período entre um e 12 meses. É mais de uma suspensão por dia.	Agora, o presente mostra uma verdade absoluta, ou seja, as principais causas dos problemas. Alterna-se de novo com o pretérito para estabelecer comparação com os anos anteriores. O redator faz as contas e dá o resultado.
O excesso de bebida é responsável por 33,6% (106) das suspensões; 31% (99) são os que aterrorizam as ruas, classificados como direção perigosa; 11% (37) são motociclistas que não respeitam o uso obrigatório de capacetes para condutores e passageiros (...)"	Fecho forte. Outra vez o presente para apresentar as verdades cruas, estampadas nas estatísticas, e indicar as conclusões.

Descrição de detalhes

O lide comum apresenta os fatos mais importantes da notícia, porém uma matéria não se resume a isso. Os demais elementos que interessam ao leitor e complementam a ideia desenvolvem-se no corpo do texto, por meio de parágrafos sucessivos e encadeados. É importante para quem lê seguir os detalhes do cenário ou do fato ocorrido, porque são eles que dão luz e cor à ação. A descrição da cena e dos personagens confere vida à reportagem e coloca o leitor dentro do fato.

A matéria a seguir faz parte do gênero interpretativo e tangencia o jornalismo de opinião, com a riqueza de detalhes que apresenta. No texto, o redator se permite usar o "nós" ("nossos irmãos da terra da garoa"). Procura, numa linguagem coloquial, visível a partir do título, aproximar-se do universo que retrata. É exemplo de como um jornalista, com sábio manejo da língua, comunica-se à vontade com o público e se permite até brincar com as expressões populares.

Xis, novo bambambã do rap brasileiro
Autor de "Us mano e as mina" lança CD produzido por KL Jay

Um "s" a menos ou a mais sempre foi um bom motivo para cariocas fazerem chiste com paulistanos. Quem nunca ouviu uma referência aos "dois pastel e um chopps", que seriam típicos da fala dos nossos irmãos da terra da garoa? A música *Us mano e as mina*, do jovem rapper Xis, de São Paulo, tem chance de mudar essa história, de tão boa que é – apesar de estar escrita do jeito *errado*. Ou em desacordo com a norma culta da língua, como diria um professor de português.

Us mano e as mina, escolhida pela MTV como melhor clipe nacional de rap, é só uma das pérolas que vêm no CD *Seja como for*, produzido por KL Jay, DJ dos Racionais MCs, e lançado agora pela gravadora Trama. No trabalho, Xis usa e abusa da "desculpa" da "consagração pelo uso", que incorpora ao vocabulário oficial expressões inicialmente condenadas pela tal norma culta da língua e, assim, faz uma crônica consistente – às vezes comovente – sobre o cotidiano das regiões pobres de São Paulo. Também fala de amor, de políticos e de quebra revela talentos como a cantora Lilian, que participa com seu vozeirão em *Segue a rima* (...).

(Fonte: *Jornal do Brasil*)

A descrição minuciosa pode se manifestar em outros contextos, como na pintura de um quadro ou como em um filme, para oferecer uma panorâmica de uma cena em evolução. O objetivo é transportar o leitor a um lugar a que possivelmente ele nunca irá. Mostra, ao mesmo tempo, o trabalho de catalogação e indexação elaborado pelo repórter. O lide da matéria seguinte foi feito para uma revista:

> São 8h15 em Vigia, pequena cidade a 120 km de Belém (PA) e a mais antiga povoação da Amazônia. As barracas de roupas, cortinados, espelhos, bolsas, bugigangas de toda sorte começam a ser montadas na rua do Trapiche. As donas de casa já estão no mercado, enchendo suas cestas com verduras, ajudadas pelas meninas. Garotos vendem bolinhos. Há tacacá nas esquinas para quem quiser iniciar o dia com o caldo quente e revigorante.
>
> (Fonte: *Revista Interior*)
>
> Os detalhes *pintam* o quadro na imaginação do leitor. Colocando-se dentro da cena, ele se envolve, libera emoções, relembra fatos arquivados na memória e se identifica com a situação. O verdadeiro assunto de interesse humano provoca todos esses sentimentos. Ao longo do texto, o repórter/redator desenvolve alguns dos pontos que levantou no lide, por exemplo: o fato de Vigia ser a mais antiga cidade da Amazônia; o cais do porto; o mercado; a situação das "meninas", pequenas empregadas domésticas; ou a culinária local (o tacacá).

As descrições constituem uma espécie de pedra preciosa da narrativa: além de ajudar o leitor a entender o lugar em que se desenrolaram os fatos, conferem veracidade ao texto. Não se pode esquecer de que, ao se contar um caso a um amigo, todos os detalhes são exigidos, pois, de outro modo, a compreensão não se efetiva. O mesmo acontece com a notícia: quanto mais detalhes do acontecimento, mais vívida a impressão se tornará (Ver "Uma cidade telúrica", em "Anexo").

Encadeamento de parágrafos

Um parágrafo pode se ligar a outro pelo desenvolvimento de uma ideia do anterior, pela repetição de uma palavra ou, ao contrário, mudando de assunto. No estilo pirâmide invertida, os parágrafos são independentes, isto é, feitos como blocos, de maneira que possam ser suprimidos se necessário. Usando expressões de conexão, um parágrafo fica amarrado ao outro. Eis algumas: *ontem, hoje, aqui, ali, agora, naquela época, por isto, além de, depois de, se, enquanto, em contraste, em paralelo, igualmente, portanto, assim, mas, porém, entretanto, no entanto, por outro lado, apesar de, pois.*

Qualquer parágrafo pode ser retirado, com pequenas modificações do texto geral, se for preciso reduzi-lo para se adaptar ao espaço. Como a importância das informações vai decrescendo, os maiores candidatos a sair do texto são os parágrafos finais. Ao escrever um texto jornalístico, você deve saber disso e fazer a seleção com naturalidade. Se acaso você colocar informações importantes no fecho, também deve estar ciente de que o redator poderá cortar a matéria pelo pé, o que é um risco.

Na notícia que se segue, suíte de matéria anterior sobre o assunto, está bem demonstrada a necessidade de fazer a remissão a informações dadas. Desta forma, o leitor que não tenha lido o jornal ou se inteirado do acontecido, pode acompanhar a história. O redator volta ao passado (dois dias antes, dois meses) para recuperar os fatos à memória coletiva.

Patrão que seviciou empregada perde cargo[4]	
O assessor legislativo, Murillo Eduardo Fernandes da Silva Porto, acusado de seviciar sua empregada, Edilene Craveiro dos Santos, de 19 anos, foi afastado ontem do cargo de chefia que exercia na Secretaria de Comunicação Social do Senado. A delegada Deborah Menezes, da Delegacia de Atendimento à Mulher, indiciou Murillo por atentado violento ao pudor e por reduzir a empregada à condição análoga a de escrava.	O primeiro parágrafo apresenta os personagens principais da trama: Murillo, Edilene e a delegada. O leitor se pergunta que crime foi praticado. O título da matéria está contido neste lide.
Pelo artigo 149 do Código Penal, o crime é inafiançável. Murillo foi preso na manhã de quarta-feira, depois que sua empregada chamou a polícia, reclamando de maus-tratos e denunciando os patrões por práticas sadomasoquistas. A delegada investiga a possibilidade de Murillo ter colocado fotos de Edilene nua na internet.	Aqui se dão informações legais sobre o processo e se adiantam detalhes que podem reter a atenção, com expressões-chave: maus-tratos, sadomasoquismo, internet, nudez.
O acusado negou ontem as acusações. O flagrante, segundo Murillo, teria sido armado por Edilene por vingança, por causa dos ciúmes que a empregada tinha de sua ex-mulher Ucilane de Paula Silva Porto, também presa e acusada de atentado violento ao pudor. Segundo Murillo, as relações e sessões de sadomasoquismo foram consensuais e Edilene teria mostrado interesse.	Se a primeira versão é da acusadora, cabe também a defesa. O enredo envolve ciúmes, relações estranhas. O bloco começa com o termo "o acusado", evitando condenar ou impor qualificativos a Murillo e fazendo ligação com o primeiro parágrafo.
– O sadomasoquismo começou junto com o relacionamento. Ela disse que já tinha tido essa experiência com um homem lá no Piauí. Estou sendo vítima de uma vingança sórdida – disse.	Primeira declaração (do acusado). No dia anterior saíra a versão da acusadora.
Segundo Murillo, em vez de pagar salário, ele acertou que daria o que ela precisasse e ajudaria sua família, no Piauí. Na terça-feira, Edilene teria ficado com raiva porque Murillo pediu-lhe que usasse um uniforme de empregada. Na residência do casal, no Lago Sul, a empregada estaria morando num apartamento independente com o patrão, enquanto a filha ficava na casa principal.	Os verbos estão no condicional (daria, ajudaria, teria, estaria). Assim, o repórter coloca um ponto de interrogação na história: quem está com a razão? Continua a versão do acusado. O termo de ligação é "segundo".

Ontem, Edilene repetiu suas denúncias. Disse que era obrigada a andar de coleira; que era forçada a comer no chão alimento pisado por Murillo e que ele exigia dela a prática de sexo oral todas as manhãs. Ela também afirmou que a ex-mulher do assessor sabia do que acontecia e participou de duas sessões de sadomasoquismo.	Agora, o outro lado, da denunciante. A ligação (com informações anteriores) é feita pela palavra "ontem". No uso do verbo "repetiu", é possível ver que a matéria é uma suíte.
Na casa de Murillo foram apreendidos objetos como chicote, pênis de borracha, coleiras, cápsulas e "jacarés" metálicos elétricos, vídeos eróticos e fotos de Edilene nua. A outra empregada da casa, que não se identificou, declarou que Edilene era tratada como amiga pelas filhas do casal, vivia alegre e não dava sinais de que estivesse sofrendo.	O redator deixou os detalhes fortes para o final, a fim de não chocar em demasia.
– Eles são ótimos patrões, nunca escutei nada – afirmou a empregada.	O interesse decai, porque a outra empregada não confirma as denúncias, apesar do flagrante.

Declarações

Declarações de entrevistados dão vida e mobilidade ao texto. São um poderoso elemento para manter aceso o interesse do leitor, que se identifica com o que está dito. Ele também gostaria de dar opinião e, enquanto lê, a cabeça trabalha no julgamento dos fatos. Intimamente, o leitor se manifesta contra ou a favor. As citações devem vir sempre entre aspas ou antecedidas de travessões. No modelo clássico, não se aceitam citações em *off* com aspas. Quando você não puder atribuir a declaração a alguém, não coloque aspas: é preciso descobrir um jeito de dar a informação se ela for importante. Observe como entram as citações nesta matéria.

Criticado por autorizar amplas cotas de caça de focas, o governo canadense garantiu nesta terça-feira (24) que a população da principal espécie de focas caçada no Atlântico se manteve "estável" em 2004, com 5,9 milhões de indivíduos. "Os números mostram claramente que o número de focas da Groenlândia se mantém estável e saudável e que o regime de gestão da caça garante sua conservação, assim como a continuidade da caça", destacou o ministro de Pesca e Oceanos, Geoff Regan.	A declaração da autoridade aparece entre aspas no primeiro parágrafo, para corroborar a afirmativa: "Os números mostram..." Também vai entre aspas a palavra "estável", porque reproduz textualmente o ministro.
A população foi calculada "aplicando o número estimado de nascimentos em 2004 a um modelo matemático", segundo o governo. De acordo com este modelo, o número de focas era de cerca de 5,5 milhões de animais em 2000. Um Fórum sobre a gestão da foca será realizado no fim do ano para preparar "o próximo plano de gestão plurianual", informou o ministério de Pesca e Oceanos.	A fonte do governo canadense oferece novas informações, também entre aspas.
Organizações defensoras dos animais reiniciaram há dois anos ações contra a caça das focas depois que o governo do Canadá aumentou as cotas. Considerando que as focas são abundantes e gozam de boa saúde, as autoridades canadenses autorizaram a matança de 320 mil exemplares em 2005.	Aqui o redator assume os dados passados pelas ONGS, pois não há necessidade de colocá-las explicitamente: não há nenhuma frase forte. (Fonte: Portal *Terra*)

Desenvolvimento por pontos ou elementos do texto

Outra maneira de desenvolver a matéria é exercitando a narrativa por meio de pontos – temas vão sendo adicionados para compor a ideia geral. Ainda no modelo pirâmide invertida, esse sistema supõe a redação a partir de um lide estruturado e, portanto, constitui um nível avançado de produção da narrativa.

No primeiro parágrafo, são lançadas algumas informações sobre o que se desenrolará na reportagem. A técnica do desenvolvimento por pontos acrescenta novos dados ao lide, de forma que o texto vai crescendo e tecendo a história. O desenvolvimento de *pontos* pode ser visto no texto seguinte:

Macaco agita Jardim Botânico (TÍTULO)
Visita pela manhã a apartamento assusta moradora (SUTIÃ)

Ponto 1	Beatriz Oberlaender Alvarez, moradora há cinco anos na Rua Conde de Afonso Celso, 74, no Jardim Botânico, recebeu ontem, pela manhã, em seu apartamento, uma visita inesperada. Havia acordado às 9h e ia à cozinha quando, na sala, **encontrou um macaco que, em pé, media uns 60 cm.**	O lide descreve a cena. Puxa pelo nome da personagem, que soa com caráter de nobreza (valor-notícia = inusitado, exótico, estrangeiro), realçado pelo bairro elegante onde se desenrola a ação. **Ponto 1:** mulher se depara com animal.
Ponto 2	Até sua presença ser percebida na casa, **o animal se divertiu** em rápida passagem pelos quartos, **mexeu** nos brinquedos da filha mais nova de Beatriz, **destruiu** pequenas peças de um jogo e **fez xixi na sala.**	**Ponto 2:** antropomorfismo – o repórter equipara o animal a um ser humano, mais especificamente a uma criança. Por isso, atribui ao macaco atividades humanas (divertir-se, brincar, urinar na sala e não na floresta).
Expansão do Ponto 2	**A primeira reação de Beatriz e do macaco foi de susto.** Pouco depois, porém, eles deixaram o constrangimento de lado. Beatriz logo **lhe ofereceu um café da manhã reforçado, com quatro bananas**. E o animal as devorou sem qualquer cerimônia, saltando em seguida para a árvore em frente ao prédio. **Desde a quinta-feira, os moradores da Conde de Afonso Celso tentam capturar o bicho, que também esteve em outros apartamentos.**	**Expansão do Ponto 2:** o repórter mantém o apelo ao **antropomorfismo** (Ponto 2), já que a personagem oferece comida ao macaco. Interpreta como "um café da manhã reforçado". **Expansão do Ponto 1:** Mais dados sobre o encontro homem-macaco, a partir das reações dos personagens envolvidos.
Ponto 3 Expansão do Ponto 3 Expansão do Ponto 2	No feriado, **a moradora do prédio 146, Júlia Lima, a Zuzu, estudava na varanda** quando o animal apareceu, fugindo em seguida. Zuzu garante que **o macaco tinha amarrado a seu corpo, com três voltas, um arame**. "Supus que ele tivesse escapado de um cativeiro. E só veio parar aqui porque estava com fome", disse Zuzu, primeira da rua a encontrar o macaco. Ela colocou frutas e água na janela – que agora fica fechada – **para que o macaco possa se servir.**	**Ponto 3:** novas informações são acrescentadas. O macaco é visto por outros habitantes e apresentava um *adereço*. Um macaco se serve? Novamente **antropomorfismo** (Ponto 2).

Ponto 4	Outros moradores contaram que o macaco, sempre muito assustado, deu um salto em falso de um parapeito e bateu num fio de alta-tensão. O contato do fio com o arame que estava enrolado em seu corpo **provocou uma descarga elétrica e ele despencou lá de cima desmaiado, batendo de cabeça num carro estacionado**. O porteiro do prédio 96 o pegou pelo rabo e o levou para a garagem. O macaco foi reanimado, ficou livre do arame e fugiu de novo para as árvores.	**Ponto 4:** as estripulias (infantis) do macaco o fazem vítima de um acidente; novas informações sobre o animal – "desmaiado" e "reanimado".
Ponto 5	Ontem, o macaco tornou a chamar a atenção, chegando a despertar **a fúria** de uma moradora. Aos gritos, ela **jurou o macaco de morte, ameaçando lhe dar um tiro** porque ele teria comido **sua calopsita**. "**Calopsita**, o que é isso?", perguntou curiosa Zuzu que, como outros vizinhos, observava nesse momento as acrobacias do animal nos galhos das acácias. A mulher, irritada, teve que explicar que calopsita é um tipo de pássaro de cor cinza, com uma crista na cabeça. Ela havia chegado de viagem ontem e deu com a notícia da morte de seu pássaro.	**Ponto 5:** a presença do animal provoca atitudes controvertidas: nesse caso, deixou irada uma outra moradora. Interessante notar o tom de ironia do repórter, enquanto fornece mais informações. O macaco passa a ser culpado pelo que acontece na rua. Observe-se a riqueza de detalhes nos diálogos ("a calopsita", "as acácias", "a viagem").
Ponto 6	**Uma equipe do Corpo de Bombeiros foi até a rua Conde de Afonso Celso** a pedido dos moradores, mas o tenente Paulo Westermann afirmou que não havia condições de pegar o animal sem o uso de dardos tranquilizantes. No entanto, os moradores se opõem e temem pela vida do macaco. "Queríamos que ele fosse para um sítio ecológico", sugeriu Zuzu. "**Isto é trabalho para o Ibama**", finalizou Westermann, que antes de ir a Conde de Afonso Celso andara atrás do mesmo macaco na rua Igarapava, no Leblon. (Fonte: *Jornal do Brasil*)	**Ponto 6:** as providências das autoridades – o lado oficial. Novamente o tom de nobreza dado pelo sobrenome estrangeiro. Moradores de área elegante, como o bairro Jardim Botânico, no Rio de Janeiro, são ecologicamente corretos: não querem mal ao bicho. O bombeiro parafraseia o Super-Homem, o que dá um tom engraçado ao fecho, como se fosse necessário ter superpoderes para tratar com assunto tão raro. O repórter tenta fazer a matéria *redonda*, ao mencionar de novo o Ponto 1, ou seja, a aparição do macaco.

O repórter trabalha com uma massa de ideias a princípio sem ordenamento. Ele é quem organiza os dados de maneira gradativa, do mais para o menos importante, a fim de que o leitor siga o assunto e acompanhe o pensamento que o gerou, selando o pacto implícito de informação-leitura (eu informo, escrevo, organizo – você lê, consome, informa-se).

Embora pareça complicado à primeira vista, o sistema de desenvolvimento por pontos é uma forma didática de compreender como um texto é construído e quais os caminhos percorridos pelo raciocínio do autor. Um texto com excesso de dados causa confusão e dispersão ao leitor. O exercício de desenvolvimento por pontos é interessante para mostrar como a informação é dosada no texto jornalístico.

Pirâmide normal

Foi visto que, no sistema de pirâmide invertida, a base é o lide, no qual estão os valores-notícias mais fortes da história. No sistema pirâmide normal, o acontecimento importante volta ao lugar de origem, o pé da pirâmide: tudo é narrado na ordem lógica – como um conto de fadas –, o que significa que o interesse é suspenso. O leitor não fica sabendo dos detalhes logo no princípio, ao contrário, tudo é engendrado para fazê-lo continuar a leitura pausadamente, dando-lhe aos poucos os elementos para conformar a trama.

O sistema de pirâmide normal deve começar com uma descrição do ambiente e manter o interesse com vários artifícios, entre eles a própria cronologia, ou seja, o alinhamento dos fatos segundo a sequência de tempo. Você não pode esquecer que o fecho – ou a chave da história – está no final, daí ter que dosar os acontecimentos durante a narração. Esse estilo exige, como sempre, bom domínio da linguagem e vocabulário rico, a fim de não tornar penosa a leitura.

Por isso, a pirâmide normal é adequada a reportagens longas: requer muitas fotografias e gráficos que ajudem o leitor a visualizar os dados e retê-los na memória, interessando-se pelo desfecho. Comporta várias retrancas, matérias coordenadas entre si, que vão conduzindo o leitor por um caminho de informações a partir da ideia central. Veja este exemplo bem empregado de pirâmide normal:

Ilha de Marajó (Matéria principal)[5] (CHAPÉU/RUBRICA)

Empresa do Pará vai exportar produção de comunidades ribeirinhas para Europa e EUA (ANTETÍTULO)

Açaí marajoara quer ganhar o mundo	Título (manchete de página): a matéria é dividida em retrancas, publicadas em páginas coloridas, na capa e contracapa do caderno semanal Agrofolha. O valor-notícia é a frutinha da moda, o açaí (natureza, saúde), procurado por atletas, naturalistas, jovens (outros valores: mistério, dinheiro, interesse humano). Poderia ser matéria de comportamento, mas foi bem aproveitada pelo caderno de agronegócios.
A força da religiosidade não conteve a ironia dos vizinhos de Alex Oliveira da Silva, 10, que o apelidaram de Capeta por suas estripulias de moleque ribeirinho. Aos dois anos, mal saído das fraldas, Capeta ensaiava as primeiras braçadas nas águas barrentas do rio Cajubinha. Aos 5, já trepava em palmeiras atrás de açaí.	A matéria não tem lide. O texto apresenta o personagem, numa linguagem quase coloquial; começa com a história dele, a partir dos dois anos e usa expressões como "mal saído das fraldas", "estripulias de moleque ribeirinho".
Na região de Muaná, um dos 12 municípios da Ilha de Marajó, ninguém ralha com essas travessuras. Saber nadar é uma habilidade indispensável, uma questão de sobrevivência, assim como subir nas árvores à cata do açaí, alimento básico na dieta marajoara. Natural dos solos ricos em material orgânico da Amazônia, a fruta faz parte do dia a dia de ribeirinhos, ilhéus e paraenses.	Aqui são mostrados os lugares em que se desenrolará a trama, com algumas características da cultura local.
A polpa macerada, *in natura* ou misturada à farinha de mandioca, acompanha todas as refeições, do café da manhã ao jantar. Para surpresa dos próprios marajoaras, a pequena frutinha da floresta virou moda, há dois anos, em grandes centros urbanos, como Rio de Janeiro e São Paulo, principalmente entre os esportistas, por conta de suas propriedades energéticas, e espalhou-se em outras regiões do país.	Observe os parágrafos regulares, com número de linhas homogêneo. O assunto *açaí* vai sendo mostrado aos poucos, em torno de um personagem, o Capeta.

Agora, a tradição paraense pode ganhar o mundo, por meio de um projeto que pretende transformar o açaí em uma espécie de fruta-símbolo da preservação da floresta amazônica. Com recursos (US$ 1,1 milhão) do Fundo Terra Capital, organização internacional que destina verbas do Banco Mundial, do Japão e da Suíça a projetos industriais que contribuam para a preservação do meio ambiente, a Muaná Alimentos vai iniciar em 2001 a exportação de polpa concentrada de açaí para os EUA e para a Europa.	O lide está no quarto parágrafo: "Agora, a tradição paraense pode ganhar o mundo..." O fato novo, que traz a matéria à atualidade, a razão de ser desta reportagem é a "fruta-símbolo da preservação da floresta amazônica".
A empresa, que mantém há seis anos uma fábrica em Muaná (80 km de Belém), faturou US$ 4 milhões no ano passado com a produção de 540 t de palmito (1,8 milhão de potes de 300 g) e 250 t de açaí em polpa. Emprega 100 funcionários na fábrica em Muaná e compra palmito de açaí e açaí de cerca de 60 produtores da Ilha de Marajó. A meta da Muaná Alimentos é triplicar o faturamento até 2003, com a produção de 1.800 t de polpa de açaí e 1.200 t de palmito.	O repórter escolheu esse tipo de estrutura (pirâmide normal) para dar algum suspense, manter o interesse do leitor e transmitir um pouco das emoções humanas envolvidas na atividade de exploração econômica do açaí.
Os recursos do Fundo Terra Capital são administrados pelo Banco Axial, de São Paulo, que gerencia investimentos para financiar projetos ambientais. Parte do dinheiro será destinada a projetos sociais nas comunidades ribeirinhas, como a manutenção de barcos para transportar as crianças para as escolas da ilha. Uma das preocupações do projeto é manter as crianças na escola. Nas comunidades ribeirinhas, é comum os filhos ajudarem o pai na pesca e na colheita do açaí, hábito herdado das tribos indígenas (...).	Acrescentam-se informações numéricas, que dão sentido à investigação. Elas ilustram e estabelecem bases de comparação na cabeça do leitor.
Entre as técnicas repassadas pela empresa aos pequenos produtores, como os de São Miguel do Pracuúba, está a poda de antigas palmeiras de açaí, que apresentam baixa produtividade e oferecem riscos aos trabalhadores no momento da colheita da fruta.	As informações de interesse vão diminuindo, ficando nos detalhes. Alguns elementos deste texto serão explorados nas retrancas ou boxes subsequentes.
Na região de Muaná, a empresa mantém uma área de 8.000 ha de açaizal, sendo 4.200 ha usados em manejo florestal, nos quais há 400 ha de preservação permanente, área que serve de referência para o trabalho de manutenção da biodiversidade na ilha.	O fecho da matéria principal procura manter o interesse. O redator sinaliza ao leitor que vem mais informação interessante por aí e lhe diz implicitamente: "Não pare de ler".

Nas duas retrancas seguintes, publicadas nas páginas de dentro do suplemento, o repórter desenvolve ideias levantadas na principal. Como a pirâmide é normal, tenta manter a atenção com vários valores-notícias: interesse humano, trabalho e função social, dinheiro, mistério (lendas e mitos), e até saúde e sexo. Cada sub-retranca foi construída de modo a concluir com uma informação forte.

Açaí (Sub-retranca 1): Tecnologia permite duas safras ao ano

Integrados à natureza, eles conhecem a hora que a direção da maré do rio se altera e os perigos da floresta, como o de encontrar uma onça no momento da colheita, mas desconhecem técnicas agrícolas que permitam aumentar a produção de açaí, palmeira típica da região amazônica.

Essa é a situação dos 27 produtores de açaí da Aprodap (Associação de Pequenos Produtores para o Desenvolvimento Agroambiental de São Miguel do Pracuúba), que fica em um vilarejo com cerca de mil habitantes em São Miguel do Pracuúba, distrito de Muaná, na Ilha de Marajó.

(...)

Pela Constituição, as terras da Ilha de Marajó são da União, afirma Adalberto Iannuzzi Alves, 44, técnico do CNPT (Centro Nacional de Desenvolvimento Sustentado das Populações Tradicionais), órgão do Ibama, que diz, porém, desconhecer o problema dos produtores de São Miguel do Pracuúba.

Açaí (Sub-retranca 2): Crianças trabalham na colheita

Para fechar a parceria com a associação de pequenos produtores de açaí de São Miguel do Pracuúba, a Muaná Alimentos fez um levantamento entre os agricultores para saber se os seus filhos estavam estudando.

De acordo com Georges Schnyder Júnior, diretor da Muaná Alimentos, nenhuma criança dos 27 produtores associados está fora da escola. "Manter a criança estudando é indispensável para dar continuidade à parceria do açaí", diz o diretor. Segundo ele, na área do projeto não há trabalho infantil.

Mas na Ilha de Marajó é comum os filhos de produtores da população ribeirinha ajudarem os pais na pesca e na colheita de açaí, entre outras tarefas consideradas por eles familiares.

O Estatuto da Criança e do Adolescente reza que o adolescente só pode trabalhar a partir dos 16 anos com carteira assinada, desde que não seja um trabalho que coloque em risco sua integridade física e o seu desenvolvimento. A partir dos 14, só é permitido o trabalho na condição de aprendiz.

(...)

No ano passado, depois de um trabalho conjunto com outros órgãos do governo e ONGs, foram distribuídas 200 bolsas temporárias do Plano de Erradicação do Trabalho Infantil, programa federal, com R$ 25 por criança tirada da colheita de açaí e palmito no município de Anajás, perto de Muaná.

Açaí (Sub-retranca 3): Frutas e peixes compõem dieta da ilha

A casa simples de madeira é sustentada por palafitas, às margens do rio Cajubinha, próxima ao município de Muaná. Sobre a mesa, arroz, feijão, carnes, saladas, suco de cupuaçu e, indispensável nas refeições, o açaí.

"Aqui no Marajó pode ter pobreza, como em todo o país, mas não há miséria. Ninguém morre de fome. Peixe, açaí e outras frutas não faltam", diz Maria do Socorro Fernandes Magalhães, 37, uma das produtoras da Ilha de Marajó que mantém um açaizal no fundo de sua casa, às margens do rio Cajubinha. O açaí é uma fonte rica de ferro, elemento indispensável para prevenir, por exemplo, a anemia.

(...)

Raimundo Oliveira da Silva, 74, diz que começou a comer açaí como "papinha", quando era um bebê. Hoje, Silva vive em uma palafita com dois filhos na Ilha de Marajó. "Nunca fiquei um dia sem comer pelo menos duas tigelas." (...) Para ele, o alimento tem poder afrodisíaco.

Pirâmide mista

Este sistema começa com lide e sublide, chamando para os pontos-chave da história. Depois desse primeiro parágrafo, o relato se desenvolve em ordem cronológica. Nas reportagens mais extensas, você pode se colocar no papel do narrador e oferecer ao leitor suas impressões e interpretações. Pode também usar linguagem mais livre, com muita cor local, pois esse estilo geralmente aparece nas revistas, suplementos semanais ou de fins de semana, quando se supõe que o leitor tenha mais tempo para dedicar à leitura.

Como na pirâmide normal, no sistema misto a apuração deve ter sido tão cuidadosa que possa fornecer detalhes pitorescos ou dar mostras de que você realmente entende do assunto. O texto precisa ter a destreza dos que conhecem bem o idioma; de outra maneira a liberdade de linguagem e de temas ficaria excessiva, beirando o ridículo. E não se ocupa impunemente a atenção dos outros, a não ser que o assunto valha a pena.

Pode-se encontrar a pirâmide mista em duas modalidades:

- lide clássico nos dois primeiros parágrafos e estilo literário adiante;
- dois primeiros parágrafos livres, com lide no terceiro, fechando a informação nessa parte.

Na matéria a seguir, o tema é o inverno e a descoberta de um povoado que ainda vive como há dois séculos, com algumas particularidades: casamentos consanguíneos, sobrenomes idênticos, vida bucólica, autossustentabilidade e ausência de violência.

Num povoado mineiro, manhãs de geada e noites de zero grau
(ANTETÍTULO)

As noites de zero grau e as manhãs de geada não alteram os hábitos rurais dos 300 habitantes de uma cidadezinha perdida no sul de Minas. Outros traços porém são comuns a eles – todos são claros e de olhos azuis, todos são Fonseca, se parecem e são belos. Três irmãos fundaram o lugar, há tanto tempo que ninguém mais se lembra.	Lidão: serve para introduzir o tema, nas matérias de página inteira. Também é utilizado nas entrevistas pingue-pongue ou nas reportagens com várias retrancas, para sintetizar ou chamar a atenção para o assunto.
Em Campo Redondo todos são Fonseca, belos e de olhos azuis	Título: trata-se de manchete de página dada pelo redator de *O Globo* à época, Aguinaldo Silva (o das novelas). Ele resolveu ser poético.
– É hora. A voz forte de seu Joaquim acorda o filho Dario. São cinco horas, em Campo Redondo. Os galos cantam nos quintais, os latidos dos cachorros os acompanham. A neblina se acumula nas partes mais baixas, no fundo dos córregos. Os morros verdes, de vegetação rasteira salpicada pelos pinheiros altos, estão cobertos por uma penugem branca. A geada foi fraca na noite de São João. A cama range, Dario se levanta. Os pés descalços ressoam no soalho de tábuas de madeira. Vai até à cozinha, tira a lata de café enferrujada	O lide é descritivo, mostrando que o repórter viveu a situação. Quanto mais detalhes uma matéria apresenta, mais ela ganha a credibilidade do leitor, que se transporta para o local e acredita no relato. Sabe-se que é noite de São João. Mas não se sabe ainda sobre o que trata a reportagem. O texto tem cor local – conta dos costumes da região, o colorido e os cheiros, os barulhos e a temperatura deste pedaço do Brasil.

da prateleira. Do lado de fora, atrás da casa, os pedaços de madeira já estão empilhados, mas a lenha fria demora a pegar fogo. Dario aproxima do fogão o rosto queimado e ruço de friagem, enche as bochechas de ar e sopra as brasas.

Em Campo Redondo, quando a barra do dia aponta, tem muita gente que já está em movimento. O frio da noite e da madrugada não modifica a rotina diária dos 300 habitantes desse povoado escondido entre o Morro dos Limpos, o Morro dos Sujos, o do Crioulinho, perto das Agulhas Negras, fundado por um português há tanto tempo que ninguém mais se lembra. A 32 km de Itamonte, no Sul de Minas Gerais, Campo Redondo é um dos lugares mais frios do Estado. Nos últimos dias, a temperatura atingiu os seis graus, conservando-se em torno de 15 durante o dia apesar do sol e do céu azul. Em noites de geada forte, porém, o ponteiro pode chegar ao zero (...)	Aqui está o gancho: "A 32 km de Itamonte, Campo Redondo é um dos lugares mais frios". Mostra, afinal, o que o repórter foi fazer ali. Na verdade, sua presença em Itamonte (MG) seria para investigar uma localidade perto do Rio de Janeiro – normalmente muito quente – onde faz um frio intenso (Valor-notícia: contraste). Diz a lenda que chegava a cair neve no pequeno povoado entre as montanhas. Neste parágrafo, o relato situa o leitor no espaço geográfico onde se deu a reportagem. (Fonte: *O Globo*. Veja a íntegra em "Anexo")

Matéria redonda

É aquela que começa e termina com a mesma ideia. Você discorre sobre o assunto no lide, desenvolve outras ideias ao longo dos parágrafos e volta à ideia inicial para dar uma conclusão. A chave da matéria redonda é o princípio da dedução lógica: do geral para o particular. Porém, nem todo tema – nem toda apuração – permite que se crie um todo coerente e perfeito, com fecho forte arrematando o texto. Esse tipo de trabalho dá satisfação a quem escreve.

Astérix nunca comeu carne de javali

Um livro lançado na Europa desmente o mito do herói dos quadrinhos,
afirmando que gauleses eram homossexuais

Da Redação da *Folha de S.Paulo*, com *El País*, de Madri

Eram os gauleses realmente grandes comedores de javali? Existiu realmente uma poção mágica que dava força extraordinária aos homens para combater os invasores? Pasmem: Astérix, Obélix e toda a turma não comiam javalis e a poção mágica que supostamente dava força aos gauleses era feita de cogumelos que, na verdade, os deixava alucinados e por isso partiam como loucos para cima dos soldados romanos.

Pode não parecer, mas tem gente que já se perguntou sobre a veracidade das aventuras de Astérix. E quando virou adulto resolveu fazer disso objeto de estudo. Todo aquele que tenha se interrogado sobre a fidelidade histórica dos quadrinhos de Astérix agora pode encontrar a resposta a suas dúvidas no livro *Astérix e a história real*, publicado recentemente na Espanha.

Os autores, professores da Universidade de Amsterdã, são um especialista em história antiga, René van Royen, e um filólogo clássico, Sunnyva van der Vegt. Ambos tentaram estabelecer uma fronteira entre a mais pura fantasia e o rigor histórico. O livro, ainda não publicado no Brasil, é um sucesso na França, com mais de 150 mil exemplares vendidos. Ele não só permite conhecer a verdadeira natureza do povo gaulês, como também o trabalho de adaptação da história realizado por René Goscinny e Albert Uderzo, criadores dos quadrinhos, baseados no livro de Júlio César sobre a guerra na Gália (*De Bello Gaelico*, em latim), escrito em 50 a.C.

Astérix é um guerreiro da única vila em toda a Gália (hoje França) que não teria se rendido ao exército de Júlio César, o imperador de Roma que expandiu as fronteiras do país até a Grã-Bretanha. O livro dos professores van Royen e van der Vegt disseca em aproximadamente 200 páginas os aspectos da vida na aldeia gaulesa de Astérix e Obélix. Algumas questões que obviamente não interessam a uma série de histórias em quadrinhos dirigida mormente ao público infantil, é o sexo. Sim, isso mesmo.

Vetéranix é o homem mais velho da aldeia, com 93 anos. Apesar de casado, vive correndo atrás das mocinhas da aldeia, enquanto Obélix é um eterno romântico. Isso segundo os cânones tradicionais estabelecidos. No entanto, no mundo celta, a realidade da sexualidade era bem outra e bem mais complexa que a expressada por Goscinny e Uderzo. Segundo os professores holandeses, o historiador grego Possidônio já dizia: "Ainda que suas mulheres sejam muito bonitas, os homens celtas dão-lhes pouca atenção, já que se sentem atraídos pelas relações entre eles" (...)

Bem, pelo menos restou o bom javali para comemorar as vitórias. Mas nem isso passou pelo olho clínico dos historiadores. O grande, feroz e dentuço animal não era a fonte principal de proteínas dos gauleses. Na verdade, eles baseavam sua dieta em um suculento, macio e indefeso porco criado no meio das aldeias. O livro, no entanto, ressalta a importância simbólica do javali, que aparece representado repetidas vezes nos poucos vestígios encontrados dessa cultura, como os cornyx, as célebres trombetas de guerra com forma de chifre.

Quanto à poção mágica que, para a infelicidade dos romanos, tornava Astérix muito forte – Obélix não podia tomá-la, pois quando ainda era bebê caiu dentro do caldeirão e ficou excessivamente grande –, essa se salvou por pouco. Segundo Plínio, um cronista da época, o agárico – um tipo de cogumelo – poderia dar vigor, devolver a fecundidade aos animais e agir como antídoto contra certos venenos. Por outro lado, o comportamento militar dos gauleses dava margem a crer que o que ocorria era uma espécie de loucura coletiva: eles atacavam em bandos, buscando sempre o combate singular e sem nenhum respeito pela disciplina e a estratégia.

(Fonte: *Folha de S.Paulo*, 4 mai. 2000. Com adaptações.)

Notas

[1] AMARAL, Milton; CONTI, Luciana. *Correio Braziliense*. Com adaptações.

[2] MADUREIRA, Daniele. O milionário poder de sedução da "Tiazinha". *Gazeta Mercantil*, s/d. Com adaptações.

[3] LIMA, Clarissa. *Correio Braziliense*, 11 nov. 1999. Com adaptações.

[4] MELO, Fabiana; LEON, Flávia de; MACEDO, Ana Paula. *O Globo*, Rio de Janeiro, 25 fev. 2000.

[5] OLIVEIRA, Roberto de. *Folha de S.Paulo* (Agrofolha). Trechos.

O NOVO JORNALISTA

As rotativas e linotipos provocaram, no início do século xx, a maior revolução no jornalismo impresso desde a publicação da Bíblia de Gutenberg em 1450. Porém, nenhuma inovação transformou tão dramaticamente os meios de obter, transmitir e trocar informação como o computador eletrônico. Uma pergunta que se faz é que perfil terá o profissional das comunicações no novo panorama da mídia, que habilidades se exigirão dele e de que maneira a profissão nascida antes de Gutenberg se adapta às necessidades e carências da sociedade feita de bits – a cibersociedade.

Primeiro, veio a televisão. Depois, os processadores de texto substituíram as máquinas de escrever. E por último, a internet e a *world wide web* consolidaram o acelerado intercâmbio de informações, a dromocracia no jornalismo, o fetiche da velocidade na área da comunicação. A par das criações que propiciaram a Revolução da Informação – telégrafo, rádio, fotografia, cinema –, inventos que fazem parte da história da humanidade, como o automóvel, o avião e o foguete espacial, também deram uma parcela de contribuição à trajetória dos meios de transmissão de informações.

No espaço de três séculos, desde a criação do primeiro jornal em língua inglesa (1702), passando pela impressão, há 200 anos, do primeiro periódico brasileiro (1808), tudo mudou, inclusive a concepção e a apresentação da notícia. Da primeira agência de notícias ao código criado por Tim Berners-Lee (a *world wide web*), chega-se aos conceitos de rede e de convergência: integração de fala, texto, vídeo, áudio, telecomunicação, eletrônica de diversão e tecnologia de computador, o que significa profunda transformação das formas conhecidas de comunicação humana.

Cada época é impulsionada por um determinado setor da economia. As ferrovias foram fator de progresso no século XVIII. Após a Segunda Guerra, o desenvolvimento dos produtos manufaturados fez a fortuna de países como Estados Unidos e Japão. A partir dos anos 1980, o setor serviços – da assistência médica à consultoria jurídica, dos correios às lojas de conveniência – tornou-se responsável pelo crescimento de empregos, no setor público e no privado, gerando lucros para as empresas e melhorias nas cidades.

Hoje, um dos grandes móveis da expansão econômica é a indústria da informática, de software e de telecomunicações. A partir da década de 1990, os gastos empresariais e de consumidores particulares com equipamentos de alta tecnologia passaram a representar quase 50% nos índices de crescimento econômico dos países desenvolvidos. Pessoas e empresas usam a tecnologia da informação para se reciclar e colocar-se no mercado de forma mais competitiva.

A diferença entre o tempo da invenção da roda, o da velha locomotiva a vapor e o das centrais computadorizadas é que, antes, as reformas exigiam grandes somas e vultoso capital imobilizado. Com o preço da tecnologia de informação caindo rapidamente, nos dias atuais investe-se menos dinheiro para conseguir ganhos em qualidade e produtividade.

O óleo combustível e o carvão alimentaram a Revolução Industrial. A Revolução da Informação se nutre dos dados que circulam pelos computadores. Um rio de bits percorre o mundo inteiro e transforma a maneira como se lida com o conhecimento: ele pode agora ser coletado, manipulado, modificado, acrescido, trocado, arquivado com apenas um toque e sem a necessidade de grandes espaços físicos.

No Brasil, a expansão das empresas jornalísticas coincidiu com o processo de urbanização e industrialização. Não por acaso, as primeiras crônicas reportagens de João do Rio apareceram quando a então capital federal se remodelava para entrar no século XX. A industrialização trouxe as máquinas de que careciam as gráficas para aumentar tiragens e atingir a massa cada vez maior de alfabetizados.

Na então capital Rio de Janeiro, e em São Paulo – que iria capitanear o desenvolvimento da região Sul –, surgiriam jornais e revistas, rádios e mais tarde emissoras de TV responsáveis pela feição que tem atualmente um país *media-centric* (centrado na mídia) como o Brasil. Hoje, as inovações tecnológicas à disposição dos brasileiros fornecem as condições técnicas para o incremento do jornalismo digital, chamado também de jornalismo *on-line* e jornalismo em tempo real.

Entretanto, são diferentes os jornalismos na internet. O termo digital abrange todo o tipo de jornalismo que se utiliza de bits, ou seja, transforma a notícia em um código digital para ser transmitida. O jornalismo *on-line* é aquele que depende de conexão; os CD-ROMS, por exemplo, não estão em linha, e então, não poderiam ter jornalismo. O que dizer das reportagens especiais que alguns veículos estão distribuindo junto com o impresso, gravadas em CD-ROM? O jornalismo em tempo real transmite os acontecimentos a partir de repórteres nas ruas colhendo e relatando os fatos. O jornalismo digital constitui uma forma de adaptação de mídias já conhecidas – jornal impresso, fotografia, cinema, rádio – a um novo suporte comunicacional: a tecnologia da transmissão digital de informações.

Alguns previram o fim do jornalismo com a chegada da internet. De fato, a urgência em se adequar ao McWorld – o mundo da velocidade, da pasteurização e da produção em série em busca de mais lucros – já provocou e continuará a provocar muitas mudanças no trabalho de difundir informações jornalísticas. A possibilidade de transmissão de informações para vastos contingentes da população que disponham de um computador, uma linha telefônica e um modem seria uma boa notícia para os produtores de notícia no Brasil, empenhados em aumentar os índices de leitura no país e, entre os povos de língua portuguesa, diminuir a exclusão e as diferenças sociais.

Mas as mutações que atingem toda a sociedade e chegam a afetar o próprio produto notícia, às vezes, parecem caminhar no sentido contrário, com depreciação na qualidade, nas condições de trabalho do jornalista e dúvidas no estabelecimento de modelos de negócio justos e eficazes. É verdade que, desde a invenção dos tipos móveis, nenhuma invenção se enquadrou tão perfeitamente ao trabalho jornalístico quanto o computador e, somando-se a ele, a internet.

As previsões disponíveis, num primeiro momento, pareciam levar a um cenário de expansão dos serviços para o jornalista, com mais oportunidades. Entretanto, o que está havendo em todas as redações é uma síntese do processo produtivo, com ênfase na aquisição de tecnologia e equipes cada vez mais reduzidas para dar conta de novas funções agregadas. Assim como prédios são demolidos, antes de ficar velhos, para levantar modernos arranha-céus, funções se tornam obsoletas no jornalismo, enquanto outras estão sendo criadas com acúmulo de atribuições: é o caso do revisor de originais e do copidesque. Dos novos jornalistas exige-se que entreguem o texto final sem erros, com toda a pressão do fechamento sucessivo e contínuo, nas redações eletrônicas.

Nas regiões distantes, tampouco o esforço do repórter é valorizado: malformado pelas escolas brasileiras desde o curso fundamental, dele se quer um indivíduo que domine ferramentas mínimas de informatização, ao mesmo tempo em que se responsabilize pela entrevista, produção da matéria, edição e colocação no veículo. Repórter? Em muitos lugares, na América Latina, a palavra está em vias de extinção. O jornalista será melhor conhecido como "provedor de conteúdos", "corretor de informações" ou "designer da informação"? Especializações estão surgindo (produtor, tradutor, multimídia), tendo ainda o texto como base de tudo.

Muitos editores contemplam o panorama e veem os novos meios alternativos de informação e entretenimento – como os weblogs, páginas pessoais na internet – com ressalvas. Eles apontam com preocupação a queda na circulação global dos periódicos. Segundo David Randall – na obra *El periodista universal* (1999), ainda sem tradução para o português –, esse fenômeno mundial registra três consequências:

- perda de confiança na imprensa escrita;
- transformações no desenho dos veículos impressos; e
- investimentos dedicados à investigação sobre "a imprensa escrita do futuro".

Randall indica que "os jornais devem se fazer, individual e coletivamente, uma pergunta fundamental: por que as pessoas querem ler as nossas páginas?". E a resposta não deve ser simplesmente "porque existimos ou porque elas sempre nos leem. Mas sim: para conseguir informação que lhes interessa e que não se encontra em nenhuma outra parte".

"A internet está transformando a cultura, a linguagem e a informação", confirma o jornalista Jon Katz, do Media Studies Center (Centro de Estudos da Mídia). O jornalismo tradicional, aquele do bloquinho e da caneta, enfrenta uma fase crítica; o tempo está ficando curto para se conquistar novos consumidores. "Os jornalistas precisam descobrir um meio criativo de alcançar esses consumidores que estão ficando confusos com a quantidade de informação disponível e necessitam de um guia", acrescenta Katz.

Para os profissionais conscientes, a questão tecnológica resume-se a uma pergunta: como as tecnologias empregadas para coletar, analisar e disseminar notícias contribuem para o papel do jornalista de desenvolver cidadãos bem informados? Como ele poderá continuar a servir à comunidade e preservar os direitos à liberdade de imprensa?

Vários autores concordam com Randall, que diz:

> A informação poderá ser transmitida sobre papel, através de ondas, mediante cabos de fibra óptica, via satélite ou por telepatia, mas em todos os casos alguém terá que filtrá-la, investigá-la, comprová-la, questioná-la e apresentar resultados tão dignos de confiança quanto possível. E quem se encarregará dessas tarefas? O tecnólogo universal, o burocrata universal, o estudioso universal dos meios, o político universal, o homem de negócios universal? Ou o jornalista universal?

Nas aulas de Jornalismo e nas redações, são ensinadas as sete perguntas-chave da escrita jornalística – O quê? Quem? Quando? Como? Onde? Por quê? Para quê? – e a forma de estrutura do texto baseada nos parâmetros da pirâmide invertida, na qual se dá prioridade ao que é mais importante ou relevante. Essa fórmula tem quase um século e meio, mas sua supremacia atualmente parece incontestável: esta maneira de escrever cai como uma luva nos novos leitores da rede. Eles são rápidos, querem a informação sucinta, condensada. E preferem vê-la logo nos primeiros parágrafos.

Nesse cenário cambiante, as escolas de comunicação também mudaram, inaugurando setores e dedicando disciplinas a experimentar as técnicas e habilidades exigidas dos profissionais contemporâneos. Alteraram-se o local de trabalho do jornalista e a própria forma de captar, conceber, apresentar, distribuir a notícia. Os consumidores/usuários/leitores são outros.

O jornalista deve estar preparado para servir a esse novo leitor. Hoje, o rol de atribuições do foca, que está se preparando para entrar no mercado, incluiria: saber onde está a notícia; ter bagagem cultural; gostar de tecnologia; ter domínio do português; dominar pelo menos uma língua estrangeira; ser rápido. Segundo o jornalista Gilberto Dimenstein, da *Folha de S.Paulo* (em "Você compraria uma máquina de escrever", 30 set. 2007), os requisitos para qualquer profissional hoje, no panorama das cibermídias, envolvem habilidade de antecipar tendências; capacidade de selecionar informações e aplicá-las no cotidiano; inteligência para manejar conceitos vinculando diferentes áreas do conhecimento; e disposição para enfrentar desafios, empreender e trabalhar em grupo.

Essas exigências não se referem apenas aos sites de notícias, uma vez que as redações de qualquer veículo estão muito mais ágeis. Entre as múltiplas tarefas do jornalista encontram-se: redigir e/ou consolidar textos feitos por outros; elaborar pauta, orçamento e calendário; editar fotos e páginas; escrever chamadas, títulos e legendas; editar vídeos e áudios; editar mensagens dos leitores; enviar/receber e-mails; verificar os sites concorrentes, além de ir à rua e produzir reportagens. Tudo isso no menor tempo possível.

O papel da notícia mantém-se o mesmo de todos os tempos: prover o indivíduo de informações para que ele possa viver com mais qualidade. Os antigos valores da imprensa (responsabilidade, objetividade, imparcialidade) e a missão do jornalista (formar, informar e entreter) não se modificaram. A editora do *Correio Braziliense* Ana Dubeux valoriza o que chama "o estilo clássico do jornalista" – aquele que "cultiva as boas fontes, vibra com as descobertas de uma apuração, busca detalhes dos fatos, esmiúça as informações":

> E, como bom repórter, não se dedica apenas às histórias que recheiam páginas políticas ou policiais. Ele tem a capacidade de se comover com a miséria, narrar as dificuldades do nosso povo. Aplaude as conquistas de pessoas que superam os seus limites (Em *O ofício do repórter*, 3 fev. 2008).

Apresentada sob nova roupagem, juntando imagens animadas e sons, a notícia digital ou hipernotícia não deixa de ser o bem simbólico de uso universal que as pessoas procuram para se compreender no mundo. Se ela vem híbrida de conteúdos da publicidade e da indústria do entretenimento, novos pactos devem ser lavrados para com o leitor. O texto, por enquanto, ainda é a base, mas grandes levas de consumidores podem transformar a hegemonia da página impressa na tela eletrônica, convertendo-a em um *mix* de imagens e sons, numa volta à oralidade e à visualidade.

Pensar a notícia a partir de mecanismos rigorosos de seleção, apuração e organização dos dados continua a ser missão de jornalistas, no que eles podem apresentar como diferencial às milhares de ofertas de conteúdo que fazem entrada na internet todos os dias. As ferramentas continuarão a ser as que este livro pretendeu defender: a técnica orientada pela ética; a dedicação com responsabilidade; a exposição dos fatos com o máximo possível de imparcialidade. Enfim, lições de jornalismo como as de sempre. Tanto para focas, como para jornalistas experimentados.

ANEXO

Reportagens

Aqui você encontrará reportagens mencionadas ao longo do *Manual do foca*, com comentários ao final de cada uma.

> ### Em Campo Redondo todos são Fonseca, belos e de olhos azuis
> #### Num povoado mineiro, manhãs de geada e noites de zero grau
>
> As noites de zero grau e as manhãs de geada não alteram os hábitos rurais dos 300 habitantes de uma cidadezinha perdida no Sul de Minas. Outros traços, porém, são comuns a eles – todos são claros e de olhos azuis, todos são Fonseca, se parecem e são belos. Três irmãos fundaram o lugar, há tanto tempo que ninguém mais se lembra.
> – É hora.
> A voz forte de seu Joaquim acorda o filho Dario. São cinco horas em Campo Redondo. Os galos cantam nos quintais, os latidos dos cachorros os acompanham. A neblina se acumula nas partes mais baixas, no fundo dos córregos. Os morros verdes, de vegetação rasteira salpicada pelos pinheiros altos, estão cobertos por uma penugem branca. A geada foi fraca na noite de São João.
> A cama range, Dario se levanta. Os pés descalços ressoam no soalho de tábuas de madeira. Vai até à cozinha, tira a lata de café enferrujada da prateleira. Do lado de

fora, atrás da casa, os pedaços de madeira já estão empilhados, mas a lenha fria demora a pegar fogo. Dario aproxima do fogão o rosto queimado e ruço de friagem, enche as bochechas de ar e sopra as brasas.

Em Campo Redondo, quando a barra do dia aponta, tem muita gente que já está em movimento. O frio da noite e da madrugada não modifica a rotina diária dos 300 habitantes desse povoado escondido entre o Morro dos Limpos, o Morro dos Sujos, o do Crioulinho, perto das Agulhas Negras, fundado por um português há tanto tempo que ninguém mais se lembra. A 32 km de Itamonte, no Sul de Minas Gerais, Campo Redondo é um dos lugares mais frios do Estado. Nos últimos dias, a temperatura atingiu os seis graus, conservando-se em torno de 15 durante o dia – apesar do sol e do céu azul. Em noites de geada forte, entretanto, o ponteiro pode chegar ao zero.

Retrato de família

Eles são claros, a pele queimada do sol, e têm os olhos muito azuis. Não são altos, mas de ossatura larga e músculos fortes. Todos são Fonseca; Jeremias Barbosa Fonseca, José Pinto Fonseca, Benedito Fonseca Pinto, André Pinto Fonseca. Os prenomes, escolhidos a dedo, variam dos nomes bíblicos aos modernos Paulo Roberto, Luiz Paulo. Muitas mulheres tomaram o nome de Ana – Ana Olímpia, Ana Lúcia, Ana Maria –, embora já apareçam Mônica, Magda e Jacira.

Os habitantes de Campo Redondo se orgulham de sua própria beleza:

– A figura sendo feia não pode morar aqui –, brinca José Pinto Fonseca, o mais velho de Campo Redondo, com seus 72 anos.

Um retrato de álbum de família mostraria uma infinidade de feições em que os caracteres comuns são apenas trocados ou repetidos em um e outro. O velho Fonseca conta a história da região:

– Chegaram aqui três irmãos portugueses. Como gostaram do lugar, resolveram dividir a terra. Um foi para Capivara (também distrito de Itamonte, um pouco mais distante), outro para Conquista, e Manuel Severino Fonseca ficou aqui.

– O irmão que ficou na Capivara – continua Alípio, sobrinho de seu José – queria marcar a terra com o limite no rio, que passa ali atrás e forma a Cachoeira Alta. Mas Manoel achou que era demais e ficou só com a parte redonda, entre os morros, e que acabou se chamando Campo Redondo.

Divisa da terra

Para demarcar a divisa das terras, Manoel Severino colocou seus escravos no trabalho de cavar um valão, começando em Capivara e seguindo pelo cume dos morros. Veio a abolição e, sem escravos, a vala terminou no Morro do Crioulinho, sem completar o diâmetro do Campo Redondo.

Manoel Severino teve 24 filhos, que viraram uma geração de formigueiro. Agora tem gente esparramada até no Capão Bonito e no Paraná. Aí por perto, na Serra da Mantiqueira, o pessoal fundou Fragária, um lugarzinho que está crescendo.

Atravessando a cidade pela rua da igreja de São Sebastião – que está sendo reformada para a festa do padroeiro, em janeiro –, subindo uma série de colinas rasas, chega-se ao alto do Morro do Crioulinho. Do outro lado, de uma pedra que cai sobre uma grota escura, fica a Cachoeira Alta. À frente, o conjunto da Serra da Mantiqueira. Fragária, que tomou o nome da frutinha semelhante ao morango, muito comum na região, e Capivara são dois pontos de casinhas claras encravadas na paisagem verde. Ao longe, o perfil das Agulhas Negras.

As roças de feijão e milho formam desenhos retangulares nos morros. Os habitantes de toda a região, de Capivara a Campo Redondo, sobrevivem até hoje como seus avós: plantando, colhendo e produzindo leite. Eles só conhecem duas estações: o verão, tempo do plantio, que vai de outubro a maio; e o inverno – a colheita, de junho a setembro. Da temperatura agradável do verão – "o vento sopra manso, dá para dormir só de lençol", diz seu Joaquim – às geadas do inverno, o clima favorece a lavoura. Quando a geada chega já se esgotou a produção de peras, morangos, pêssegos e maçãs, e o milho está pronto para ser colhido.

Dia de trabalho

Toda a produção destina-se apenas à subsistência, com exceção do leite (850 litros diários de 43 fornecedores), que é vendido a uma fábrica de laticínios de Itamonte. Três moinhos a água e dois monjolos são usados por todas as famílias para fazer o fubá, a canjica e a ração dos animais. Cada uma delas tem a sua criação de vacas leiteiras, alguns bois para corte, porcos, leitões e galinhas. Apenas José Alípio Fonseca e dois primos criam ovelhas e a lã é aproveitada pelas mulheres para tecer cobertores.

A vida começa cedo em Campo Redondo. Dario acorda para fazer o café e, enquanto o fogão é aceso, os outros oito irmãos e o pai vão se levantando. No córrego que passa atrás da casa, eles lavam o rosto e logo vão *quentar* fogo. Os menores, Aguinaldo (sete anos), Jeremias (seis), André (cinco), João (quatro) e Márcia (três) se aconchegam mesmo sobre as panelas, nos cantos do fogão de lenha. Quando o sol aparece, eles se dirigem ao quintal, encarregados de pequenos serviços, como recolher a lenha e o lixo espalhado.

Antes de sete horas, seu Joaquim Barbosa da Fonseca e tantos outros moradores de Campo Redondo, com os filhos homens e a tropa de burros, podem ser vistos a caminho das plantações. As moças ficam em casa, cuidando do trabalho doméstico e fazem o almoço, que é levado para o campo em panelas. O pôr do sol coincide com a volta do trabalho.

No povoado, só existem três carros e um deles é usado para o transporte de cargas e passageiros até Itamonte. A estrada corta os morros, sobe, desce e são sempre mais de duas horas para chegar à cidade. Aos domingos, toda a população – e mais os visitantes, os namorados e noivos que moram nas localidades próximas – se reúnem no largo da igreja.

São João

Na véspera de São João, as fogueiras são armadas à porta das casas, à tardinha. Dentro das pilhas de madeira, os espetos de pinheiro, ressequidos, servem de combustível para o fogo. E logo, acabado o jantar, cada ponto de Campo Redondo é ponto de luz. Crianças e velhos se encontram em volta do fogo, contam histórias, cantam cantigas de São João.

– Quem tem fé, pisa nas brasas sem se queimar. Fogueira de São João não queima.

Primeiro, são os velhos. Tiram os sapatos, arregaçam as calças e, devagar, andam sobre as brasas. Com o exemplo, os mais novos também se aventuram. E cada passagem é saudada pela roda. As fogueiras se apagam lentamente e é hora de fazer a sorte. As moças prometem ficar acordadas para ver a figueira florescer – e ter sorte para o resto da vida – ou escrevem em papeizinhos os nomes dos rapazes conhecidos. A peneira com os papéis enrolados é deixada ao sereno.

– Papai, olha o nome que saiu para a Jacira. Neiva é quem pega a peneira, de manhã cedo, e constata que nenhum dos seus papéis se abriu com o sereno.

– Vou ficar solteirona – conclui, rindo. Seu José se aproxima, com interesse, e vê que também o bilhete a São João (escrito apenas "esportiva", para pedir a sorte na loteria) não foi aberto.

Em casas que têm bananeiras, facas foram cravadas no tronco, para formar as iniciais dos eleitos: claras de ovos foram derramadas em copos d'água, para surgirem figuras que desvendem o futuro. Em Campo Redondo, é feriado no Dia de São João. Só não há missa, porque o padre Mira, de Itamonte, cobra Cr$ 300 para ir ao povoado e sua presença é reservada para dias mais nobres, como a Festa de São Sebastião, ocasião em que os batizados e casamentos são realizados.

No tempo bom

Foi "no tempo bom, em que a mulher ainda era viva e os filhos estavam começando a nascer", que José Barbosa Fonseca mandou escrever na porta de sua casa a palavra Felisidadi. E este é o nome da venda que, durante muito tempo, funcionou defronte à igreja e onde existe o único banheiro do lugar. Cidade de gente pacata e acostumada à vida em conjunto, Campo Redondo tem apenas um crime em toda a sua história, relembrado por todos como um acontecimento triste.

ANEXO

– Tinha um sujeito por nome José Carvalho, pintor, que frequentava a venda –, conta seu José Barbosa, com ar triste. "Um homem negro costumava vir aqui cantar e, no dia, muita gente estava alegre, numa roda de violão. Quando ele foi sair, José Carvalho tocou o cavalo e passou por cima do pé dele. Ele reclamou e, sem mais nem menos, o pintor, que estava bêbado, apunhalou-o no coração."

Em memória do crime de 15 anos atrás, seu José Barbosa Fonseca ergueu uma pequena cruz no quintal e, todo mês de junho, as crianças a enfeitam com bandeirinhas e papéis coloridos. "Por desgosto", ele fechou o próspero negócio e dedicou-se novamente à lavoura. Nenhum outro episódio comoveu tanto a população nos últimos anos e é o velho José Pinto Fonseca quem sintetiza a boa índole reinante:

– Aqui é terra de meio-bobo. Quando tem um brabo os outros enjeitam e assim a gente vai vivendo.

(Fonte: *O Globo*, 27 jun. 1976, domingo, p. 18)

Notas

[1] A reportagem de *O Globo* chegou a Campo Redondo na noite de São João. Nas grandes cidades, esta é uma data como as outras. Tanto é assim que a repórter nem foi alertada para o fato: chegou ao local e foi agradavelmente surpreendida pela festa. O motorista sabia que, nestas pequenas aldeias do interior, um dos pontos de partida da reportagem é o bar. E dirigiu a velha Rural Willys verde, que sacolejava na estrada de terra, para o Bar Felisidadi – na frente do qual posaram as duas moças, Neiva e Jacira, filhas de José Barbosa Fonseca. O diagramador cortou, na foto, o nome do bar, que fica no ponto nobre da cidade, defronte à igreja e ao grupo escolar onde Neiva dá aulas.

[2] A equipe não viu neve, apenas geada, mas ficou para contar a história desses estranhos habitantes. Observe que o repórter catalogou os nomes encontrados para descobrir que todos são da mesma família; registrou traços semelhantes entre os integrantes da comunidade e procurou descrever o que viu para provocar a identificação do leitor. À primeira vista, o texto segue a ordem cronológica: pura ilusão, porque a sequência obedece ao raciocínio de quem o elaborou, num contraponto entre presente e passado, que vai delineando na cabeça do leitor a ideia que o repórter quer passar. O segundo entretítulo ("Divisa da terra") conforma a feição de Campo Redondo, enquanto na terceira parte ("Dia de trabalho") fala-se da economia regional. A matéria é grande para os padrões atuais. Em lugar dos entretítulos, hoje esta matéria seria dividida em retrancas.

[3] Conquistando o leitor pelo sentimento, o escritor captura a sua vontade (esse é o perigo do sensacionalismo): ganha a confiança de quem o lê quando percebe que o repórter realmente esteve lá, sentiu tudo aquilo como se fosse o leitor, foi seu representante naquela hora. Essa credibilidade aumenta quando se consegue reproduzir as falas o mais próximo possível de como foram enunciadas.

[4] A ocorrência de maior importância na história de Campo Redondo, depois de sua fundação, naturalmente, foi o crime de José Carvalho, 15 anos antes. A passagem da reportagem de *O Globo* também marcou; na cidade, um bebê foi batizado com o nome de Ismael, em homenagem ao simpático motorista, mais conhecido pelo apelido de Bino.

Agências: armadilha para empregada e dona de casa
Problemas de um mercado sem fiscalização

Mais de 30 agências de empregadas domésticas atuam no Rio, lidando, sem fiscalização, com um contingente de trabalho dócil não especializado. Às moças que as procuram, em busca do emprego, as agências prometem colocação imediata e salário acima da média: essas promessas, entretanto, geralmente se revelam falsas tão logo as candidatas aceitam a proposta.

Uma sala, dois bancos de madeira e um telefone bastam para fazer funcionar uma dessas agências. Com as candidatas a emprego elas quase não têm problemas, porque as moças, mesmo forçadas a deixar o trabalho quando termina o "prazo de garantia" concedido às donas de casa, não reclamam. Em relação aos empregadores – donas de casa, chefes de pessoal, síndicos de prédio –, os responsáveis pelas agências apelam para ameaças (às vezes a toda uma família), ou simplesmente fecham a porta para reabrir, mais tarde, em outro lugar.

Zenaide, um dia à procura de emprego (retranca 1)

A ilusão das moças "selecionadas" (retranca 2)

A cozinheira enganada pela agência (retranca 3).

(Fonte: *O Globo*, 7 ago. 1977, domingo)

Nota

---

[1] A reportagem foi feita a quatro mãos: uma repórter fez o papel de empregada (Thaïs como Zenaide), e outra, de patroa (Berta Sichel). A que se disfarçou de empregada teve o cuidado de tirar carteira de trabalho e se submeter a exame de saúde nos órgãos competentes, a fim de validar a candidatura ao emprego. Além disso, Berta se encarregou de telefonar para as agências e das entrevistas com donas de casa.

Meio ambiente: desmatamento
A natureza agredida

Sertão de João Pinheiro, Norte de Minas.

Em cima do trator de esteira, o D 65E Komatsu – conjunto inusitado de letras e números que ele orgulhosamente menciona de cor –, Laerte pensa em voltar para casa. Tratador de mangas-largas numa fazenda em São Paulo, 25 anos, chegado a João Pinheiro há um ano, "porventura", ele executa algo mecanicamente o trabalho de arrancar os bolos de árvores tortas, cipós sinuosos, folhas envernizadas. Acaba de entrar na sua décima sexta hora de tarefa, antes de ser substituído pelo irmão, Francisco.

Do lado de cá da cerca de arame farpado, o terreno devastado atesta a produtividade do tratorista: uma área de 70 metros quadrados, onde as plantas extraídas se empilham em montes disformes, por entre as marcas da esteira. Rosto sujo de pó, chapéu de brim cobrindo as orelhas, olhos azuis inquietos de lembranças, Laerte não escuta os gritos do carcará. Mas tem tempo de acompanhar, com um movimento rápido da cabeça, o mergulho do pássaro sobre uma cobra recém-colhida de seu abrigo pela lâmina do trator.

Saudade de São João do Rio Preto. Ele trabalha para ganhar dinheiro e no fim do ano poder voltar para a fazenda, saciados os primeiros desejos de ventos aventureiros. Trabalha oito horas, dorme oito, trabalha oito, um ciclo ininterrupto, árduo, sem tréguas. As horas, o tempo, modo de passar e parar. O próprio dinheiro, meio de transporte dos sonhos.

Nem tristeza pela natureza destruída, transtornada sob seus pés. À volta, tudo muda: o cerrado desaparece, a terra vermelha se mostra ao sol, brotam capins, cultivam-se eucaliptos. Em alguns lugares, as árvores estrangeiras já estão crescidas e começam a povoar o terreno. Breve haverá ali uma floresta homogênea. Como tantas outras que daqui a pouco se erguerão em pontos diversos de Minas Gerais, Espírito Santo ou Bahia.

Um ótimo negócio

Quem disse que o cerrado não tem fauna? E o tatu, a seriema, o bicudo, as garças, araras, antas, borboletas, vaga-lumes, mutucas? E a flora: buriti, pequi, umbuzeiro, catuaba, paus tortos e ressecados, mas de muita serventia. Tem remédio para enxaqueca e dor de barriga, dor de cabeça, quebranto, dor de cotovelo. Afrodisíacos, fertilizantes e abortivos; condimentos, na crença popular.

Só que a crença popular é forte – porque primitiva e ingênua –, mas não dispõe de poderes suficientes para reter a nova ocupação. Mais de um milhão de hectares nos três estados do Leste se constituirão, nos próximos anos, na maior região produtora de madeira para aproveitamento industrial, o que vem sendo apontado como solução para a crise energética.

"O poder de regeneração das florestas" foi descoberto. Mas o que são as florestas? Segundo os cientistas, denominar floresta ao grupo de árvores de médio ou alto porte que recobre determinada superfície é dar sentido limitado ao termo, cujo significado amplo pode comportar toda a vegetação, homogênea em alguns locais, heterogênea em outros mas, sobretudo, variada, rica, cheia de formas e de vida: um ecossistema de clima, solo, ar.

Como cultura que são – desde que plantados pela mão do homem para seu proveito de tempos em tempos –, os eucaliptos rapidamente ganharam terrenos. A escalada do consumo de carvão vegetal nas siderúrgicas, a partir de 1971, mostra que os eucaliptais, inicialmente responsáveis pela produção de apenas 706 metros cúbicos de carvão, ocuparão, em 1985, 1,5 milhão de hectares, produzindo um mínimo de 10.300 mdc (metros de carvão). O restante do consumo caberá aos "povoamentos nativos", cuja capacidade está estimada em 10.793 mdc.

"No Brasil, caem 1,5 milhão de árvores por dia", alertam os conservacionistas. "O país do desperdício" desperdiça terras, destrói a natureza para garantir a subsistência da máquina da exportação – minério que corre para os portos; papel, competidor no mercado internacional a esmolar divisas; madeiras, a alimentar os mercados dos países que já acabaram com seu meio ambiente.

Um reflorestamento, por pinho ou eucalipto, esta planta trazida da Austrália e aqui aclimatada, começa de modo simples. Uma empresa é obrigada, dentro de determinado prazo, a plantar árvores para que mantenha um mínimo de 50% de produção no futuro. Os reflorestamentos tornaram-se então grandes negócios, uma vez que há perto de 100 usinas siderúrgicas, além das fabricantes de papel e, futuramente, de álcool de celulose, produzindo apenas a metade do material que consomem.

As terras quase abandonadas, difíceis para a agricultura, ostentavam preços baixos. Os incentivos atraíram para as zonas próximas às fábricas, incluindo a região de Linhares, no Espírito Santo, antes farta em florestas nativas. Ali chegaram outros predadores, as 140 serrarias que, num trabalho incessante, em menos de 10 anos transformaram a mata próxima em móveis, carrocerias, peças de madeira para construções, e com isso modificaram completamente a paisagem local.

Mudar? Mas como?

Comprada a terra para o reflorestamento, começa a fase de limpeza do terreno. Coloca-se uma placa na entrada, um trator penetra, abre a estrada que levará em fieira os primeiros carvoeiros. Predadores antigos, eles comparecem com o trabalho diário, desde o construir os fornos de tijolos até o cozimento, dentro deles, de muitos quilos de madeira cortada. Itinerantes, errantes pelo sertão em busca de lenha, são como

Rossenilda e Geraldo Antônio, 19 e 26 anos, casados há sete, dois filhos – Edna e Edson – "e mais um no bucho".

A família acaba de chegar da visita mensal à cidade dos avós, Pompéu. Água para ferver na lata lustrada, arroz pronto, feijão cozinhando. Edna dormindo sobre o lençol de saco de farinha. A palhoça é de madeira, toras dispostas lado a lado sem o cuidado de ajuste; palmas secas do buriti recobrem o teto e os buracos da parede. Rossenilda não conhece a terra.

Geraldo carvoeiro passa os dias na boca dos fornos, sujo, os olhos aparecendo detrás da pintura a carvão.

– Tá vendo? Trabalho de porco. Mas o que nós vamos fazer? Não tem outra coisa, sá. Quando eu despachar, vou ficar uns tempos pra lá. Nós aluga um quarto e vai ficando até... Depois nós volta ao trabalho de carvoeiro. Não, aqui não. Em outro lugar. Tou satisfeita, sá. Geraldo é muito bão, nós combina muito, não briga.

A extração da lenha não pode ser feita em lugar muito distante de onde se fará a queima, para não acarretar problemas de transporte, nos processos mais primitivos. Nos modernos, há eucalipto, há estradas, ruas, caminhos abertos em todos os sentidos nas áreas florestadas. O encarregado do terreno faz os casebres – um grande para os homens solteiros; um pequeno, de um cômodo, para famílias; outros igualmente minúsculos para outros que moram sós – distribuindo-os pelas terras, ao lado ou nas proximidades dos fornos.

Quando a lenha é boa, "com cerne, toco grosso e firme", rende Cr$ 16 o metro cúbico de carvão, para Geraldo. As quantidades são medidas pelos sacos que, por seu turno, completam os caminhões. Nas rodovias, a mercadoria sobe de preço até alcançar os Cr$ 150 à porta das siderúrgicas. Ali alimenta os novos senhores do ferro e do aço, que compraram terras (na região de Sete Lagoas, Paraopeba, Corinto – Minas Gerais) a menos de Cr$ 600 o hectare e já o viram saltar, em quatro anos para Cr$ 2.500.

Rossenilda faz as compras no armazém do Seu Darci, que acredita ser o dono da terra, "um homem muito bão, que leva ao médico, dá remédios". Casou-se com 12 anos, o primeiro filho veio um ano depois. "Quando a gente é miudim não tem juízo, não é?" Perdeu-o, vieram os outros. Ela sonha em sair da carvoagem "para um negócio mais limpo, casa alugada em Pompéu, mas como?" (...).

Educação ambiental na escola primária (retranca 1 – entrevista com Ângelo Machado, professor de neuroanatomia na Faculdade de Medicina da UFMG e membro do Centro para Conservação da Natureza)

Um engenheiro agrônomo faz a defesa do eucalipto (retranca 2 – entrevista com o engenheiro agrônomo mineiro Carlos Eugênio Thibau).

(Fonte: *O Globo*, 23 out. 1977, domingo)

Nota

[1] Essa reportagem teve início em um bilhete trocado entre chefes da redação. Por se tratar de texto muito extenso, publicado em duas páginas, destacam-se aqui os principais trechos; depois de percorrer a região por quatro dias, achei melhor contar a história por meio dos personagens. Os perfis das pessoas vão tecendo a narrativa, compondo as imagens que o repórter vê e que contam a situação da região.

Uma cidade telúrica
Vigia, a mais antiga povoação da Amazônia, tem um passado
de lutas e tenta manter sua tradição

São 8h15 em Vigia, pequena cidade a 120 km de Belém e a mais antiga povoação da Amazônia. As barracas de roupas, cortinados, espelhos, bolsas, bugigangas de toda sorte, começam a ser montadas na rua do Trapiche. As donas de casa já estão no mercado, enchendo suas cestas com verduras, ajudadas pelas meninas. Garotos vendem bolinhos. Há tacacá nas esquinas, para quem quiser iniciar o dia com o caldo quente e revigorante.

Sob a coberta do mercado, o açougueiro tira o couro da cabeça de boi, outro o retalha em pedaços à vista dos fregueses, que os levam para casa sem embrulhar, em cordas presas aos dedos. Peixes se amontoam nos toscos carrinhos de mão de madeira. Urubus circulam recolhendo os restos que boiam nas águas do Rio Guajará-Mirim.

Um homem tece um cofo (cesto) de folhas verdes de inajá para pegar caranguejos. Partem canoas – é tempo de *sauatá*, ou pesca do caranguejo –, enquanto os caminhões paus de arara se enchem com os pesados sacos de farinha d'água, açúcar e arroz, além das redes novinhas, escolhidas cuidadosamente. Todo este movimento se concentra nas primeiras horas da manhã em Vigia por uma razão que torna a cidade e a vida de seus habitantes muito especiais: situada na região do Médio-Salgado do estado do Pará, ela está sujeita às enchentes de rio e de mar, que inundam as ruas duas vezes por dia.

"Vigia é telúrica", definiu a professora Julieta de Andrade, da Universidade de São Paulo (USP), que visitou a região pela primeira vez em 1979, interessada numa pesquisa sobre a dança do carimbó, para a Escola de Folclore, e acabou publicando um estudo intitulado "Folclore na Região do Salgado, Pará". A antropóloga apresentou um curso – *Animais no Folclore* – no XI Congresso Brasileiro de Zoologia, em Belém, e levou uma turma de zoólogos a conhecer seu campo de pesquisas e sua paixão, Vigia.

Dança profana – Rios, *furos*, uma porção de igarapés, uma porção de manguezais: esta seria a descrição simplificada da geografia de Vigia, fundada em 6 de janeiro

ANEXO

de 1616 pela expedição de Francisco Caldeira Castelo Branco, seis dias antes da criação de Belém. Segundo o historiador Francisco Soeiro, diretor da Escola Estadual Bertoldo Nunes, ao pretender expulsar os franceses do Maranhão – evitando os piratas espanhóis e os rochedos da embocadura do Rio Tocantins –, Castelo Branco navegou pelo Furo da Laura e descobriu a posição estratégica daquelas terras.

O nome primitivo da localidade foi Uruitá (Uru=cesto, ita=pedra), por causa da tribo tupinambá que a habitava. Logo o governo colonial mandou instalar às margens do Rio Guarajá-Mirim uma torre de vigia, para observar os possíveis invasores de Belém e fiscalizar as especiarias que começavam a ser exportadas: anil, baunilha, borracha, andiroba. Em 1693, passou a Vila e registrou a chegada das primeiras missões de carmelitas e jesuítas, já com o novo nome.

Se a Companhia de Jesus representou papel importante no desenvolvimento da cidade, com a fundação do segundo grande colégio da Amazônia (o Colégio da Madre de Diós), a cidade adquiriu fama nacional no século XVIII, pelo feito do diplomata Francisco de Melo Palheta. Possuidor de terras entre as bocas dos igarapés Arapijó e Guajará, ele foi enviado a Caiena, na Guiana Francesa, em missão diplomática, e voltou com mudas do arbusto da família das rubiáceas, o café. Vigia chegou a exportar café, muito antes que as plantações tomassem o rumo dos estados do Sul, onde se fixaram.

Os jesuítas foram também responsáveis pela modificação dos costumes dos primitivos ocupantes da terra, os índios, ao introduzir a religião católica, e quase extinguiram o carimbó, considerado dança profana. Chamado de *zimba* em Vigia, o ritual folclórico praticado até hoje nas festas conta, por meio de uma coreografia ritmada e sensual, a luta da onça (representada por uma mulher) contra a presa (um homem) que será seu alimento. No batuque de tambores, acompanhada de violões e vozes dos presentes, a brincadeira termina quando a mulher rasga a camisa do homem, ou seja, a onça vence a sua presa (...).

(Fonte: *Interior*, mar./abr. 1984)

Notas

[1] Na companhia do fotógrafo Duda Bentes e atendendo a um pedido de Valéria de Velasco, editora da revista *Interior*, então órgão do ministério do Interior, fomos cobrir um evento de meio ambiente em Belém (PA), quando ficamos sabendo da cidade de Vigia. Com o estímulo da professora Julieta de Andrade, resolvemos ir até lá.

[2] A cidade é um vilarejo tropical que em nada perde para os lugares descritos por García Márquez em seus livros. Descobrir um lugar como este é uma dádiva para qualquer repórter e uma oportunidade de contar, relatar fatos exóticos, conhecer outros mundos e outras culturas e levá-los para os leitores.

PERFIL
Ivete Vargas
"Se você se entregar, você fica."

Câncer? A palavra já não assusta a deputada Ivete Vargas (PTB-RJ). Ela a pronuncia corajosamente, com todas as letras, desde que se descobriu doente, há dois anos, dois dias depois da morte do marido, o economista Paulo Martins. Gaúcha de São Borja, educada no Colégio Sion, formada em Filosofia, Geografia e História, na Faculdade Santa Úrsula, no Rio, aos 56 anos Ivete não tem "misticismos" nem acredita nas "linhas do destino". Viveu por quase 20 anos com Paulo Martins – autor de um *best-seller, Um dia na vida de Brasilino*, sátira bem-humorada sobre o movimento nacionalista dos anos 60 – e com ele tem um filho, Getúlio. A voz de Ivete só treme quando ela repete o seu signo: Câncer. Nasceu no dia 17 de julho de 1927.

No quarto 408 do Hospital Sírio Libanês, em São Paulo, Ivete só aceita conceder entrevistas "se for para não falar em política". Nos 60 minutos de conversa – 40 dos quais gravados: no período seguinte ela pediu para desligar o aparelho – a *Maria Dodói* que as enfermeiras já conhecem fala da própria doença e dá conselhos. Confessa que sempre foi muito gulosa, como o tio-avô, Getúlio Vargas, de quem se considera herdeira espiritual e política. E ainda se emociona com coisas simples. Às vezes nem tão simples: quase chorou quando o deputado Francisco Horta (PTB-RJ) chegou com o coral da Assembleia Legislativa do Rio de Janeiro para cantar para ela "Nós amamos você". E, ao receber o presidente João Batista Figueiredo, dia 25, colocou os brincos sugeridos por seu médico, "para ficar mais bonitinha". Depois, comentou: "O presidente é tão gentil!".

Nesta entrevista, ao lado da mãe, dona Cândida, Ivete fala do amor e do casamento, da vida e do dia a dia do hospital e, quebrando o próprio acordo, de política.

MULHER – Quando a senhora descobriu que estava doente, qual foi a sua reação?

Ivete Vargas – Dois dias depois de ter perdido meu marido, em dezembro de 1981, tive o diagnóstico de câncer. No entanto, o choque da perda fora tão grande, tão violento, que a notícia da doença, que normalmente arrasa qualquer pessoa, me deixou assim meio indiferente. Apenas encarei as coisas com naturalidade: – Ah, tou? Tenho que operar? Tudo bem, vamos operar.

Nos Estados Unidos, fizeram uma pesquisa a respeito da incidência de câncer em seres humanos e formularam uma interessante teoria, com base em estatísticas acuradas. A doença seria, então, provocada por impacto emocional violento e se daria principalmente em três casos: o político que, de repente, perde as eleições e se vê sem perspectivas de atuação; o homem de negócios que vai à falência e não tem como se recuperar;

ANEXO

e um dos membros do casal que vive muito bem, quando ocorre a perda do outro. Sobretudo quando já não é tão jovem a ponto de poder recomeçar, nem tão velho que a morte seja uma decorrência natural. O que efetivamente me atingiu foi perder a minha metade, o meu Paulo, depois de quase 20 anos de vida conjugal.

Muita gente que faz uma mastectomia radical, isto é, extirpa um seio (no meu caso, o esquerdo), depois não tem mais nada. Em mim, a moléstia tinha vindo com uma virulência muito grande. Eu não queria ser derrotada por ela e, ao mesmo tempo, não queria fazer um tratamento que me colocasse em situação de enferma. Aprendi com a vivência que isto não é bom. Se você se entregar, você fica. Você tem obrigação de lutar pela vida, um dom que Deus nos deu.

MULHER – Toda essa força vem apenas do sobrenome?

Ivete Vargas – Eu acho o sobrenome muito importante. Para mim, a herança não é um prêmio, e sim uma responsabilidade. Cada um de nós procura dentro de si mesmo força nos seus ideais, nos seus valores. Surpreendo-me com que as pessoas se surpreendam com a minha garra. Parece-me que todo mundo tem reservas. Talvez alguns não saibam apelar para as reservas interiores a fim de mostrar do que são capazes, com a energia que possuem dentro de si. Sempre que posso, mando a minha mensagem: é preciso não desanimar, não se deixar derrotar pela adversidade, pela doença. É preciso ter tenacidade. É preciso não esconder a doença, não ficar com medo, e submeter-se a um tratamento total, completo, sem subterfúgios. Cada um de nós deve usar a vida para servir à comunidade, à pátria, dando o que é possível para ajudar os outros.

MULHER – Mesmo doente, a senhora não abandonou a campanha pelas eleições de 1982. Internada num hospital do Rio, no ano passado, aproveitou para fazer as pazes com o governador Leonel Brizola. Mais recentemente, deixou o quarto do Sírio Libanês para comandar as negociações entre o PTB e o PDS. Esta luta incessante não cansa?

Ivete Vargas – Não; para mim, política é dinamismo, é renovação, é a minha própria razão de existir. Política não cansa, vivifica. Em setembro de 82, doente há algum tempo, levei um tombo, o que acelerou o processo. Estava em plena campanha. Não podia largar tudo. Eu entrava correndo pelo Sírio Libanês. "Deixa eu passar na frente, pelo amor de Deus, que tenho comício!" Estendia o braço para a picada, ficava duas horas ali deitada, o soro pingando a droga quimioterápica que liquida as células cancerígenas do organismo, e voltava para os comícios. Cumpria esse ritual duas vezes por semana. Isto foi muito importante, porque antes eu via as pessoas muito desanimadas, e elas foram se entusiasmando com a minha energia. Aqui virou um comitê eleitoral.

213

Cometi abusos, é verdade. No último comício da campanha, em Vila Maria, chovia a cântaros. E eu falei com a roupa colada no corpo, totalmente molhada, durante meia hora. Peguei uma pneumonia dupla e fiquei hospitalizada no Rio. Também fui um pouco irresponsável. Tinha tanto que fazer que esquecia o hemograma e fazia só as aplicações. Quem faz quimioterapia fica com os leucócitos (responsáveis pelas nossas imunidades) muito baixos, portanto muito sujeito a infecções. Eu não controlava os meus glóbulos brancos, enganava o médico dizendo que estava tudo bem e, quando peguei a tal chuva, veio junto uma pneumonia (...).

MULHER – No passado, a briga pela sigla do PTB chegou a provocar forte rivalidade entre Leonel Brizola e Ivete Vargas, duas ramificações personificadas do trabalhismo de Getúlio. Quando procurou Brizola, ainda no exílio, para tentar o ressurgimento do PTB, a senhora voltou desiludida e acusou o ex-governador gaúcho de colocar impedimento à sua atuação política. Como estão agora as relações entre a deputada e o atual governador do Rio?

Ivete Vargas – Eu gosto do Brizola. Nós brigamos não sei por quê. Gente fina? Mais que isto, ele é meu companheiro trabalhista da velha guarda, a identidade de ação e pensamento político é o que nos aproxima, nos irmana. O Brizola entrou jovem no PTB, foi presidente da Mocidade Trabalhista e alcançou, com esforço e dedicação, posições importantes no partido. É uma figura de muito carisma, que já tinha comprovado o seu prestígio no Rio Grande, onde fez um ótimo governo e levou o PTB a grandes vitórias.

Ele continua exercendo grande influência lá, como no Rio de Janeiro, por onde foi deputado federal, além de ter alcançado hoje repercussão nacional. O PDT é hoje a sigla que abriga o prestígio de Leonel Brizola. As ideias que ele prega são as nossas. Como houve uma incompreensão, não ficamos na mesma sigla. PTB e PDT, entretanto, utilizam a mesma palavra – trabalhismo. Temos a mesma origem, a mesma raiz e os mesmos objetivos. Por isto, eu digo que a nossa união é legítima e natural. Todos do lado de lá e do lado de cá desejam unir. É uma atitude muito espontânea.

Vejo este resultado a curtíssimo prazo, no Estado do Rio, a partir do acordo de coalizão (o PTB fluminense com as secretarias de Administração e Esporte e Lazer, nas quais foram colocados deputados da bancada do partido na Assembleia Legislativa). Dependendo um pouco das circunstâncias, acho que a médio prazo é possível que o PTB e o PDT caminhem para um estuário comum.

MULHER – Em torno das eleições diretas?

Ivete Vargas – Quem sabe? Nós somos favoráveis às diretas, mas o panorama, por enquanto, ainda está um pouco indefinido, não é? Pensamos que só as diretas não adiantam nada, pode ser pior. Antes delas tem de vir uma Assembleia Nacional Constituinte.

ANEXO

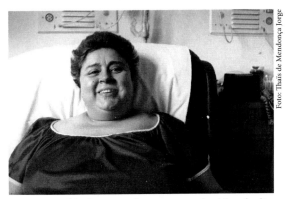

Ivete Vargas fala de amor e do casamento, da vida e do dia a dia e de política, pouco antes de morrer.

Mulher – O que representa o PTB para a política, com mais de 30 anos de experiência...?

Ivete Vargas (interrompendo) – O PTB é um pedaço da minha vida, é sangue da minha raça. Eu era uma adolescente quando meu avô, Viriato Vargas, com quem sou muito identificada, me chamou para participar da reunião onde se fundou o PTB. O PTB era um partido novo. Já havia o partido do governo, dos homens politicamente ligados a Getúlio Vargas, o PSD, que era o partido da estrutura vigente. Em contrapartida, o Partido Trabalhista Brasileiro representou a gente nova que vinha solidária com Getúlio, a juventude, os estudantes, os trabalhadores que ficaram com ele diante da realidade pragmática de um Brasil novo que estava surgindo em 1945.

Antes de 1930, as mulheres não tinham o direito de votar ou ser votadas, havia atas a bico de pena. A democracia era uma farsa. Os trabalhadores eram considerados párias na sociedade. Quando tentavam se unir nos sindicatos, eram acusados de anarquistas e perseguidos pela polícia, as reivindicações mais legítimas, consideradas subversivas, as reuniões dissolvidas a pata de cavalo. O que o governo antes de 1930 pensava era que a questão era um caso de polícia (...).

O PTB se identificou com Vargas por causa desta realidade. Nós achamos que ficaram muito claros, na História, os objetivos de Getúlio Vargas. Ficou muito claro, ainda, que estes objetivos não foram atingidos até hoje e que o instrumento de ação política para isto se chama PTB. Um partido político parece com o ser humano: tem uma parte física, representada pelos diretórios municipais, estaduais, a infraestrutura de funcionamento; e uma parte espiritual ou intelectual, que é a mensagem, o ideal, o programa.

Nós temos uma memória, não apenas em Getúlio Vargas, mas a própria atuação do partido ao longo de todos esses anos. O PTB é uma trincheira de convocação do povo para continuar na luta, que é a luta do povo. O PTB quer ser um partido abrangente, socializante, para arrancar do sistema concessões em favor do trabalhador brasileiro. Então, para mim, o PTB é isto (...)

MULHER – As pessoas falam muito de suas ligações com o ex-chefe da Casa Civil do presidente Figueiredo, general Golbery do Couto e Silva.

Ivete Vargas – Essa é uma história que vou ter que repetir sempre. O Golbery foi colega de turma de um tio meu, Serafim Vargas, em Porto Alegre. Os dois ficaram amigos e, mais tarde, o tio Serafim fez a aproximação do general com meu avô, Viriato Vargas, irmão mais velho de Getúlio, à época presidente do Tribunal de Contas do Rio Grande do Sul. Reencontrei o general Golbery quando já era deputada federal e ele, chefe do Serviço Nacional de Informações, em Brasília. Nos meus discursos de vice-líder nunca deixei de falar aquilo que achava que devia. Ele é uma pessoa culta, inteligente, simpática e amável, com quem é agradável conversar. É também uma pessoa sensível. O atual vice-governador de Brizola, ex-ministro Darcy Ribeiro, estava no exílio e precisava voltar ao Brasil para tratar da saúde. Convoquei Golbery a "salvar uma vida". Foi ele quem conseguiu que Darcy chegasse, apesar de processado pela Lei de Segurança Nacional.

Eu sempre tive prazer em ser sua amiga e jamais pensei que isto pudesse me causar embaraços. Nunca cometemos inconfidências e evitávamos perguntas indiscretas. Sempre houve muita dignidade no nosso diálogo. No episódio da minha cassação, por exemplo, depois de um discurso violento na Câmara dos Deputados, em 1969, ele me deu apoio: "É uma pena que a Revolução, por uma necessidade de afirmação, tenha de cassar alguém como você". Como qualquer cassado, tive meus direitos políticos suspensos por 10 anos.

MULHER – Há pouco tempo, numa roda social, no Rio, o ex-ministro da Justiça Armando Falcão comentava a alegria e a vivacidade da moça Ivete, nos tempos de deputada no antigo Distrito Federal. Ivete é vaidosa? Como é a rotina do hospital?

Ivete Vargas – Normalmente, acordo às 9h, 9h30. Não gosto de acordar cedo, talvez seja um problema de pressão. Não me importo de entrar pela noite e amanhecer numa discussão intelectual. Só tenho que cumprir – quando não é campanha, porque aí, em períodos curtos felizmente, dorme-se três, quatro horas por noite, se tanto – as minhas sete horas de sono. Aqui no hospital, que remédio?, acordo às 7 horas da manhã, com uma picada na barriga. Tomo duas injeções por dia, uma de manhã, outra à noite, para evitar coágulos. Depois entra a bandeja do café, a equipe da limpeza, e começam a chegar as visitas. Na porta, há um aviso: visitas proibidas. Por causa da baixa dos leucócitos e a sujeição fácil às infecções, os médicos acharam melhor proibir. No fundo, não sei, se ficasse totalmente isolada acho que não aguentaria a rotina.

ANEXO

MULHER – E a vaidade?

Ivete Vargas – Quando era mocinha, tinha 58 de cintura e um pescocinho de fazer inveja. Há pouco tempo, olhando um velho álbum de retratos, vi essas fotos antigas e comentei com mamãe: "As fotografias deviam se apagar depois de dois anos. Assim a gente não saberia como foi". Fiquei tão desconsolada! (*risos*) Eu sempre gostei de comer, e nisso sou bem parecida com vovô. Nós tomávamos café juntos no Palácio do Catete, gulosamente, enquanto o resto do pessoal fazia dieta. No início da minha doença, os médicos acharam que eu não devia fazer regime, porque isto ia acabar me deixando nervosa, tensa. Mas detectaram uma sobrecarga do pâncreas e me puseram numa dieta de 300 calorias diárias. Não é pelo meu coração, que é galhardo, nem pela minha pressão, que é juvenil. Tenho 12-14 de máxima e 7-8 de mínima, a mesma pressão da adolescência permanece até hoje.

No primeiro dia da dieta, semana passada, vi chegar uma bruta bandeja. Pensei que lá dentro estivesse cheio de comida, e havia sabe o quê? Metade de uma berinjela recheada de carne. Eu estava cheia de fome, no café da manhã me haviam permitido apenas chá sem açúcar, 50 gramas de queijo branco e um pedaço de melão. No jantar desse mesmo dia comi um filezinho de peixe tipo sola de sapato de criança, cozido em água e sal. Agora, o regime passou a 800 calorias. O almoço já vem com uma galinha ensopada, salada de agrião e maçã. Desde ontem estou andando sem muleta e não preciso mais de ajuda para ajeitar-me na cama ou na cadeira.

– Mas no dia em que o presidente Figueiredo esteve aqui – interrompe dona Cândida, mãe de Ivete, que estivera a maior parte do tempo da entrevista meio sonolenta – você ficou toda cheia de dores, à noite, de tanto se exibir.

– Eu estava me exibindo é para você, mamãe (*as duas riem, trocando um olhar carinhoso*). O tratamento vai terminar logo. Devo ter alta esta semana.

(Fonte: *Folha de S.Paulo*, 4 dez. 1983. Suplemento Mulher – Fotos de Thaïs de Mendonça)

Notas

[1] Quando esta entrevista foi publicada pela *Folha de S.Paulo*, eu ainda era funcionária do *Jornal do Brasil* no Rio de Janeiro. A ideia da matéria havia sido minha e eu havia lutado para conseguir a entrevista, pois Ivete Vargas, internada, não estava recebendo visitas. Foi por meio de uma fonte do PTB na Assembleia Legislativa que obtive permissão para falar com a deputada. Ofereci a reportagem ao JB, mas o editor não se sensibilizou.

[2] Decidi ir a São Paulo por conta própria. Peguei dinheiro emprestado, uma máquina fotográfica, tomei um ônibus e desembarquei na praça da Sé. Fui direto ao hospital, entrevistei Ivete e fiz as fotos da melhor maneira que pude. Cedi os negativos à Ágil (Agência Imprensa Livre), em Brasília, que pegou fogo. Então, fiquei apenas com as cópias.

³ Com a gravação da entrevista na mão, ofereci a matéria ao chefe de redação do *Jornal do Brasil*, que a recusou dizendo que não a havia encomendado. Vendi-a, então, à *Folha de S.Paulo*. O jb me demitiu alguns dias depois.

⁴ Como se tratava do suplemento feminino da *Folha*, tive que direcionar o texto para o lado mais ameno da questão. Foi uma entrevista feita em condições difíceis, e Ivete, apesar de muito bem-humorada, dava mostras da doença e eu tinha medo de cansá-la. No texto, a deputada faz uma importante revisão histórica do trabalhismo no Brasil e um retrospecto de suas relações com Brizola. Ivete Vargas morreu alguns dias depois da entrevista publicada.

Todas as matérias aqui transcritas foram assinadas por Thaïs de Mendonça Jorge, sendo que apenas a reportagem "Agências: armadilha para empregada e dona de casa", teve a parceria de Berta Sichel.

GLOSSÁRIO

Apuração: Coletar dados para a matéria ou reportagem, por meio de entrevistas, pesquisa em documentos e arquivos, ou consulta a órgãos especializados no assunto em pauta. Descobrir cada detalhe que compõe uma história.

Arte: Departamento dedicado à programação visual, ligado à redação das empresas jornalísticas; faz ilustrações, mapas, infográficos, vinhetas e outros materiais gráficos, para complementar as matérias. Se trabalhar em contato com o planejamento das edições, o departamento de arte tem mais condições de ajudar na apresentação visual. É setor fundamental nos veículos modernos, que dão grande valor ao efeito gráfico das páginas, para reter a atenção de maior número de leitores.

Artigo: Texto em geral opinativo, redigido a partir de análises, observações e ideias, sem fazer necessariamente investigação jornalística de campo. É publicado com assinatura e depende de critérios editoriais. Existem articulistas fixos, contratados ou convidados pelo veículo, e leitores que oferecem colaboração.

Autoestrada da informação: Também chamada *Infovia* ou *Infoway*, inspira-se nas estradas de ferro para definir a rede de computadores interligados, com conexões em alta velocidade.

Background information: Informação de fundo, que pode ser usada pelo repórter como subsídio para a matéria, em nenhuma hipótese citando a fonte. Ver *off*.

Barriga: Veiculação de notícia falsa, originária de trote ou negligência da redação. Em novembro de 1997, o *Correio Braziliense* publicou na primeira página a história de um mendigo que estava morando na rua, em Brasília, e teria contaminado com o vírus da aids a mulher e os filhos. Era mentira e o jornal teve que desmentir a *barriga* dias depois. O *Correio* pediu desculpas pelo erro, o que é correto. Mas o caso pesou sobre o repórter, embora em um episódio desses haja muitos envolvidos, entre eles, os editores.

Boneco: É o primeiro desenho gráfico de um veículo impresso. O *boneco* (ou boneca) orienta o trabalho dos diagramadores, especificando as páginas, retrancas, entrada de fotos e textos. Boneco é também a fotografia de uma pessoa, quase uma foto três por quatro, que se publica despida de contexto e quase que só o rosto.

Box: Texto cercado por fio, com destaque ou em cores. O *box* é um complemento da matéria e se refere a um dado mencionado no texto. Exemplo de boxes: *Análise da notícia, Saiba mais sobre, Personagem da notícia, Cronologia*. Pode conter foto, desenho, gráfico ou outra ilustração.

Buraco: No jornalismo impresso, ocorre um *buraco* quando o texto não preenche o espaço que lhe foi reservado. Diz-se que a matéria ficou *nadando*. As providências mais comuns nesse caso são: ampliar a foto; quebrar o título em mais linhas; acrescentar informações; abrir entretítulos e *olhos* ou janelas no texto.

Buraco de rua: É uma incumbência de menor importância dada a um repórter; matéria comum. Passa-se geralmente ao iniciante, porque é fácil de fazer. No entanto, um *buraco de rua* de repente pode se tornar uma reportagem sensacional, se algum episódio ocorrer por causa ou em torno dele e o repórter tiver olhos para ver.

Cair: Uma matéria *cai* quando a pauta não foi cumprida ou o editor optou por tirá-la da edição intencionalmente, por falta de espaço, questões políticas ou inadequação. Uma capa de revista também pode cair. Em 1990, no Governo Collor, a matéria principal de *Veja* tratava do romance entre os ministros da Justiça, Bernardo Cabral, e da Economia, Zélia Cardoso de Mello. Na madrugada de sábado, a revista já havia começado a ser rodada quando circulou a notícia de que Cabral fora demitido. A matéria caiu, mais de 100 mil capas foram para o lixo. Foi necessário refazer tudo. Ver também *derrubar* e NF.

Caixa alta e baixa: A expressão tem origem no antigo processo de composição manual ou de caixa. Nas tipografias, as letras maiúsculas ficavam numa caixa alta e as minúsculas, numa caixa em posição inferior, ou seja, (mais) baixa.

Calendário: Documento que alinha as principais datas de eventos noticiáveis, de grande utilidade em todas as editorias. Diz-se "jornalismo de calendário", às vezes de maneira pejorativa, referindo-se às coberturas obrigatórias: Semana Santa, Carnaval, Réveillon, embora isso esteja na essência do jornalismo tal como é conhecido desde a Antiguidade. O calendário da redação é herdeiro das efemérides gregas, tabelas que forneciam a posição dos astros, definiam as estações e os tempos de colheita e semeadura.

Calhau: Material utilizado para preencher um espaço decorrente do cancelamento de anúncio. Recorre-se a um anúncio institucional da própria empresa jornalística, ou a reportagens reservadas para tais ocasiões. Por analogia, no início da atividade das assessorias de imprensa no Brasil, calhaus eram notas de 8 a 10 linhas. Segundo Jorge Duarte, eram elaboradas com o fim de ocupar pequenos espaços que sobravam na diagramação das páginas, divulgando ideias ou produtos como, por exemplo, automóveis.

Cascata: Texto insignificante, repetitivo, mentiroso ou vazio de informações, fruto de reportagem mal apurada ou da necessidade de se encher a qualquer preço um espaço em branco, naturalmente em prejuízo do leitor.

Chamada: Pequeno texto da primeira página dos jornais, na capa dos veículos na internet, ou junto ao índice das revistas, que serve para chamar, ou seja, atrair a atenção do leitor para as matérias importantes da edição. Na TV, o conjunto de chamadas que abre um bloco do noticiário leva o nome de *escalada*. Ver *iceberg*.

Chapéu: Palavra colocada acima do título da reportagem, associada ao assunto, para reforçar o tema e atuar como estímulo de leitura. Pode ser repetida nas páginas subsequentes com a mesma função, a fim de propiciar unidade à edição. O *chapéu*, também conhecido como *rubrica*, identifica a editoria. Ver também *vinheta*.

Chupar: Aproveitar informações já publicadas, reproduzindo-as em nova matéria. Recomenda-se sempre citar a fonte.

Clichê: O *clichê* é a matriz da tipografia, que consiste em uma placa de metal com relevo, usada pelos tipógrafos para a impressão de imagens, como se fosse um carimbo. Diz-se também do lugar-comum, dos chavões que anestesiam e pasteurizam o texto de uma reportagem, tornando-o pouco atraente. Ver também s*egundo clichê*.

Clima e ambiente: Matérias de clima e ambiente permitem textos mais soltos, com as impressões do repórter sobre o que está acontecendo. O editor pede que se relate o clima durante uma sessão da Comissão Parlamentar de Inquérito (CPI) ou durante uma solenidade: tenso, nervoso, calmo, alegre, descontraído. As matérias de *ambiente* pouco diferem disso. Deve-se descrever mais o local onde se desenrolam os fatos, as características do ambiente físico e emocional.

Clipping: Trabalho de recorte do jornal ou revista. O *clipping* nasceu para atender à seleção de notícias para determinados fins, converteu-se em produto, e hoje se encontra nas formas audiovisual, eletrônica e digital. O *clipping* da Radiobrás/Agência Brasil, que chega de manhã cedo a todos os ministérios e instituições federais, apresenta uma seleção de assuntos de interesse do governo. Diz-se também *clipagem* e *clipar*, isto é, recortar, selecionar.

Cobertura: É o processo de coleta de informações no local do acontecimento. Pode envolver um ou mais repórteres, a depender da importância (ou complexidade) do assunto.

MANUAL DO FOCA

Coleguinha: Chamam-se os jornalistas entre si, em tom de brincadeira ou com certa ironia. Etimologicamente, colega é aquele que lê junto.

Coletiva: Entrevista concedida a vários órgãos de informação, com duas variantes: a) os órgãos são especialmente convocados e, neste caso, o evento reveste-se de certa solenidade; b) o interesse por um determinado assunto atrai obrigatoriamente os jornalistas. A coletiva é de uma pessoa/fonte para vários jornalistas, porém não é um evento público, portanto, não pressupõe plateia.

Coluna (i): Um jornal *standard* – padrão 54 x 33,5 cm – possui seis colunas-base, que dividem verticalmente a página e visam facilitar a leitura.

Coluna (ii): Espaço sob responsabilidade de um jornalista, que informa ou comenta assuntos específicos ou variados. A coluna pode ser *de notas* ou *editorial*. O colunista é escolhido pelo dono do veículo. O jornalista responsável por um espaço fixo determinado pode ser demitido se o dono não concordar com o conteúdo.

Consolidar: Quando se pede a mesma pauta para vários pontos, praças ou repórteres, em diferentes locais do país ou do mundo, é necessário juntar esses textos num só formato. A isso se chama *consolidar* a matéria, ou seja, reunir as informações e dar a elas uma só linguagem para a publicação.

Coordenada: Cada uma das matérias vinculadas a uma principal, que complementam a informação. Retranca ou sub-retranca. No jornalismo de antigamente, as matérias eram longas; hoje, os assuntos extensos são divididos em várias coordenadas ou retrancas.

Copy-desk (copidesque): Literalmente, mesa de cópia. É a mesa ou seção, nas redações norte-americanas, que recebe a matéria do repórter, muitas vezes transmitida por telefone. O termo foi introduzido por Pompeu de Sousa no *Diário Carioca*, na década de 1950, e assumido em seguida pelo *Jornal do Brasil*, já como equipe encarregada da revisão e adaptação dos textos a uma linguagem coloquial. No Brasil, copidesque é revisão (diz-se "fazer copidesque de uma matéria"). Copidescar um texto é verificar se ele contém erros ou dados incorretos. *Copy* é também o nome do redator, pessoa responsável pela redação final das matérias e também por títulos e legendas, a pedido do editor. O *copy* é uma espécie em extinção nas redações brasileiras.

Cozinha: É a retaguarda da redação. Em sentido literal, seriam os funcionários que dão respaldo ao trabalho dos repórteres, como secretários e secretárias, departamento de transporte, radioescuta e TVescuta. Integrar a cozinha da redação quer dizer ficar nos bastidores, não sair às ruas.

Deadline: Palavra inglesa que significa o prazo final para se executar ou entregar um trabalho. Depois do *deadline*, a matéria, o texto, o artigo ou o livro não é mais aceito para publicação. Ver *fechamento*.

Dedo-duro: Indicação ao final de matéria ou em pé de página, remetendo a outro texto ou assunto correlacionado. Exemplo: "Mais informações sobre a cpi na página 7".

Derrubar: Retirar (o texto, a matéria) da edição ou da pauta. Os editores, subeditores e até os repórteres têm poderes para *derrubar* uma matéria, dependendo das circunstâncias. Às vezes, uma pauta é impossível de ser cumprida ou falta tempo, possibilitando que o editor a *derrube*. Pode-se dizer que a matéria *caiu* (por alguma boa e honesta razão) ou foi *derrubada* (geralmente com prejuízo para alguém).

Diagramação: Processo de distribuição dos elementos gráficos (texto, fotos, ilustrações) no espaço; a diagramação calcula o tamanho que esses elementos ocuparão no livro, revista, jornal e internet, de acordo com os projetos gráfico e editorial pré-elaborados.

Edição: Cada uma das tiragens de uma publicação. Como a edição do jornal impresso é sempre no(s) dia(s) seguinte(s) ao fato, as datas de alguns acontecimentos podem parecer deslocadas. Editar vem do latim *edere*, que significa *dar à luz*. Na Roma antiga, editor era quem financiava as lutas dos gladiadores. A edição nos veículos informativos é um processo complexo, que implica definição de assuntos, leitura, seleção e hierarquização do material noticioso, em sucessivas etapas. O editor determina a pauta, em conjunto com o subeditor ou coordenador da editoria; faz a triagem dos temas que entrarão na publicação, por critérios de relevância ou importância; lê e distribui os assuntos pelas páginas ou programas; e finalmente fecha o conteúdo, atendendo à periodicidade do veículo e ao cronograma industrial da empresa. Isso pressupõe necessariamente decisão, responsabilidade e autoridade. Se não houver uma pessoa dando a ordem para a finalização, o processo se torna interminável. No caso da internet, cada autor pode ser seu próprio editor, desde que tenha qualificações para isso, ou seja, texto final, segurança e ética em relação ao que vai publicar.

Edição especial: Edição comemorativa de evento, segundo um tema de destaque, como, por exemplo, o aniversário da publicação, celebração de fato histórico, morte de político famoso, etc.

Edição extra: É uma edição especial, lançada fora dos dias e horários habituais, para informar sobre um acontecimento extremamente importante.

Editor: Jornalista responsável pela edição de página, seção, caderno ou programa. Na televisão, é o profissional que dirige as operações da ilha, unidade eletrônica de montagem de vídeos, e coloca a informação no formato para ir ao ar, com imagens e falas. No rádio, é quem dá a forma final às matérias e as põe em ordem dentro de um programa, especificando a sequência dos assuntos. Na internet, mantém-se o termo editor, com novas e múltiplas funções.

Editoria: Seções especializadas da estrutura jornalística; setores de cobertura. A redação é dividida em editorias: Cidade, Nacional, Política, Economia, Cultura, Comportamento, Mundo etc.

Editorial: Gênero jornalístico que expressa a opinião oficial da empresa diante dos fatos de maior repercussão no momento. Diz-se que o editorial é "a voz do dono".

Editorializar: Usar linguagem opinativa em texto de reportagem. No jornalismo tradicional, há uma clara separação entre os gêneros noticioso e opinativo. O editorial pertence ao gênero opinativo, texto específico em que se expressa a opinião do veículo.

Enquete: Várias pequenas entrevistas sobre um mesmo assunto. A enquete é uma modalidade em que o repórter já sai da redação com uma pergunta formulada para ser aplicada a um mínimo de cinco pessoas. Ver *Povo fala*.

Entretítulo, intertítulo: Título inserido em texto, comumente de uma a duas palavras, destinado a dividir o assunto e facilitar a leitura. Alguns projetos gráficos podem usar uma frase inteira como entretítulo.

Enxugar: Eliminar adjetivações desnecessárias, informações irrelevantes e observações secundárias de um texto, para torná-lo atraente e de fácil leitura. Cortar, reduzir.

Escalada: Nome dado às chamadas dos telejornais, que são lidas pelo locutor em entonação crescente, antes do programa ou no intervalo dos blocos. Essas chamadas e as da internet costumam servir de base para a primeira página dos jornais impressos.

Fazer contatos: Visita do jornalista às fontes de notícias com o objetivo de obter informações com vistas a uma reportagem ou, simplesmente, *cultivar fontes* para futuras matérias.

Feature: Texto especial que não se limita ao caráter informativo de uma notícia. Aprofunda o assunto em busca de sua significação atemporal. Perfil, história humana, entrevista, uma *feature* não se define pelo assunto, mas pela forma como é tratado. Costuma vir com ilustração e cercada em box.

Fechamento: Prazo em que todas as matérias têm que estar prontas, quando os editores fazem o trabalho de dispô-las nas páginas. Também conhecida como *deadline* ou "hora do deus nos acuda".

Flash: Notícia curta, em jornal, rádio, TV e internet, que antecipa um fato.

Foca: É o jornalista iniciante, o novato na profissão. Todo jornalista começa como foca. Focas já foram muito discriminados – nas redações profissionalizadas, cheias de veteranos preconceituosos –, mas hoje são valorizados e protegidos, principalmente o foca estagiário. A expressão é atualmente usada num sentido afetivo, a partir de um olhar benevolente para quem está debutando na carreira.

Fonte: A princípio, todas as pessoas são fontes para os jornalistas. Um repórter considera sua fonte aquela pessoa que lhe dá informações sobre o assunto em apuração. A fonte pode nunca aparecer, como *Deep Throat* (Garganta Profunda) no Caso Watergate. Ter informantes em várias áreas é considerado fundamental para o êxito na profissão de repórter. Se *bem cultivada*, isto é, se há uma relação de confiança, compreensão mútua, uma fonte pode dar bons *furos*.

Freelancer: Jornalista que trabalha por conta própria, sem vínculo empregatício com a empresa. Não tem direito a férias, assistência médica, nem carteira assinada, mas frequenta as reuniões de pauta, usa as estruturas do jornal (carro, fotógrafo, telefones) ao receber as incumbências. Também chamado de frila.

Funéreo: É a coluna de obituário dos jornais, na qual se noticiam ou se publicam anúncios de mortes. O obituário é chamado jocosamente de *funéreo* pelos jornalistas. Estagiários podem começar nesse doloroso trabalho de ter que ouvir parentes dos que morreram para redigir cinco linhas. *Funéreo* é também o material preparado por antecipação para aqueles ricos e famosos que estão em risco de vida ou com a morte anunciada. Deixando matérias prontas ou apenas dependentes de atualização, evita-se que o veículo tenha que correr atrás de informações de última hora sobre personalidades ou anônimos. Em inglês, *agony column* (coluna da agonia).

Furo: Material exclusivo de um veículo, assunto inédito, de grande interesse.

Gancho: Informação que pode gerar uma notícia ou reportagem. Não deve ser confundido com suíte, que é o desdobramento de um mesmo assunto. Gancho é *o que puxa* o assunto para a atualidade. Pode-se estabelecer *ganchos* a partir do Calendário da Redação (as datas comemorativas) ou de algum fato novo que surja. Sem gancho não existe matéria, ou melhor, sem gancho a matéria é fria.

Gatekeeper/gatekeeping, gatekeeper: Aquele que seleciona, escolhe, decide, no campo de trabalho ou na hora de escrever, os fatos que merecem ser levados ao cotidiano do leitor. Assinalar os fatos que vão virar notícia integra-se ao rol de atribuições diárias do jornalista, no papel de *guardião do portão* por onde vêm as informações. Ele examina os acontecimentos – na tela do computador, nos faxes que se acumulam sobre a mesa, nas reuniões de pauta, trazidos pelos repórteres – e estabelece uma ordem de importância. O *gatekeeping* é uma das teorias do jornalismo, aplicada pelo estudioso David Manning White em 1950 para analisar o processo de seleção.

Grande matéria: Reportagem de boa qualidade. Termo também relacionado a matéria especial.

Grande reportagem: Expressão técnica, que implica o trabalho de uma equipe completa, com muitos repórteres, na cobertura de um grande assunto, por exemplo: os desfiles de carnaval, a festa do Senhor do Bonfim, a queda de uma ponte. No entanto, um único repórter também pode produzir uma Grande Reportagem, trabalhando intensamente em torno de um assunto para o jornal, o rádio, a TV ou a internet.

Filho da pauta: É o repórter viciado em pauta, que só cumpre aquilo que está escrito ou que lhe foi recomendado pelo chefe. Não tem imaginação para buscar outras informações. Volta para a redação apenas com o que pediram.

MANUAL DO FOCA

Fora da pauta: Um repórter fica fora da pauta quando está fazendo alguma matéria especial sob designação do editor.

Iceberg: estrutura que pode conter camada de gelo com até 4.700 metros de espessura, o equivalente ao volume de 12 morros Pão de Açúcar. Por analogia, no estilo *iceberg*, apenas uma parte da matéria (a parte *visível* e mais importante, os primeiros parágrafos) aparece na capa e funciona como chamada. O restante, o maior trecho, vai para as folhas internas do jornal. Ver *chamada*.

Internet: Uma rede de computadores ou a mãe de todas as redes, estende-se por todo o planeta. Criada em 1969 pelo Departamento de Defesa dos Estados Unidos, expandiu-se até virar meio de comunicação e informação no mundo inteiro e pretende chegar a Marte em 2020.

Jabá: Jabaculê, presente recebido pelos jornalistas de fontes, empresas, etc. Cada empresa tem sua forma de tratar esse fenômeno.

Lauda: Folha de papel-padrão da escrita jornalística, com medições laterais das linhas, que correspondem a um determinado espaço impresso. Já tomou vários formatos, ao longo dos tempos, sendo o mais comum: 30 linhas x 72 batidas. Também pode ser 20 (ou 25 linhas) x 70 batidas. O computador faz esse cálculo automaticamente, convertendo as letras em caracteres. A lauda era padrão no rádio, TV, jornal e revista, mas o uso vem sendo substituído pela medida em centímetros ou caracteres.

Legenda: Texto em uma ou mais linhas que explica uma ilustração, foto, mapa, desenho, gráfico. A boa técnica diz que a legenda deve ser informativa, e não apenas descrever o que se está mostrando. Texto-legenda: quando o texto explicativo se estende, para complementar a informação ou para preencher um espaço maior.

Levantamento: Trabalho de apuração de dados de uma matéria.

Lidão: Texto que conduz o leitor a todas as matérias de uma página com assuntos relacionados. Costuma ser usado em entrevistas pingue-pongue, para fazer um resumo dos dados do entrevistado. Na revista, emprega-se ainda para alinhavar vários textos de uma mesma matéria.

Lide (lead): O primeiro parágrafo do texto jornalístico, que traz as principais informações da notícia. Também conhecido por *cabeça* ou abertura (o *abre*) da matéria.

Linotipo: Máquina que compõe tipos em chumbo. Foi a grande descoberta de Mergenthaler, que, em 1886, lhe deu o nome a partir da expressão em inglês: "A line all typed" (uma linha inteira em tipos). Daí derivou para *line-o-type*, que gerou em português *linotipo*. As linotipos hoje ainda prestam serviços nas cidades do interior, mas a maioria está destinada aos museus. Ver também *tipografia*.

Macaca: Pequeno texto destacado do principal, colocado ao pé de uma matéria para complementar dados, por exemplo, de serviço, como horário e preço de ingressos, ou onde adquirir um produto. Pode vir em negrito ou entre fios.

226

Macarrão: Folha extra, solta e encaixada dentro de um jornal ou no meio de um caderno.

Manchete: Título principal de uma página, aparece em tipos maiores ao alto. Uma página pode ter uma manchete e vários títulos coordenados ou não. Nos meios impressos brasileiros, as páginas estão ancoradas em manchetes, mas é possível fazer-se uma página sem manchete, quando não há assunto que mereça destaque.

Matéria: Nome genérico para vários produtos jornalísticos; notícia, reportagem, nota.

Matéria de capa: Assunto principal da edição, que aparece em destaque na capa da revista ou jornal, e obedece a preocupações mercadológicas. A capa é a cara do veículo na banca, ou seja, a matéria de capa vende o jornal, a revista e a *homepage* ao leitor, cativando-o para a leitura.

Matéria fria: Matéria de gaveta, preparada com antecedência, sem gancho, sem muita atualidade.

Matéria plantada: Notícia verdadeira ou falsa que se consegue inserir entre o conjunto de informações, em benefício de alguém ou com a intenção de prejudicar alguma pessoa ou empresa. A imprensa dos Estados Unidos denunciou, em 2002, que o Pentágono planejou *plantar* notícias falsas na mídia internacional contra o Afeganistão, usando as agências.

Matéria quente: Material do dia, que acabou de acontecer, inédito. Seria o equivalente a *breaking news*, notícias que acabaram de acontecer. Se uma notícia é quentíssima, ela é uma *hot news*.

Matéria requentada, requentar matéria: Atualizar matéria fria.

Mídia: Conjunto dos meios de comunicação. O termo é aportuguesado do latim *media*, plural de *medium* (= meio).

Nariz de cera: Antes da invenção do lide, a matéria jornalística continha uma introdução filosófico-literária, sem o menor compromisso com a informação, que ficou conhecida como *nariz de cera*.

Navegar: Diz-se do ato de procurar informações na Rede Mundial de Computadores (www), por meio das páginas (de produtos, empresas, pessoas) expostas na internet, usando um programa navegador.

Newseum: *News Museum*, o Museu das Notícias, em Arlington (EUA). Mantido pelo Freedom Forum, apresenta a história da imprensa desde a época dos tambores e sinais de fumaça.

Newsletters: Literalmente, cartas de notícias, primitivas formas de comunicação utilizadas pelos poderosos para se informar. Hoje, boletins eletrônicos feitos sob medida para a internet.

MANUAL DO FOCA

NF (Gíria usada no *Jornal do Brasil*): Diz-se da matéria *não feita* – "Deu *NF*", pode avisar um repórter ao editor.

Nota: Notícia curta que não merece mais do que poucas linhas.

Nota da redação: Um esclarecimento feito pela redação, referente a um determinado texto e colocado no pé, isto é, logo após o término.

Nota à imprensa: Texto de esclarecimento, distribuído por uma instituição, pessoa, entidade ou empresa, referente a um assunto específico, para se defender ou explicar fato ocorrido. Tom menos midiático tem a Nota Oficial, que não pretende dar satisfações à imprensa, mas, sim, ao público.

Off: Forma reduzida de *off the records*, ou seja, o que não é gravado pelo repórter. Usado quando a fonte não quer aparecer, informação de bastidor. Em alguns casos, o *off* pode ser quebrado ou negociado com a fonte. Em *on*, o repórter ouve e cita. Em *off*, o repórter ouve, mas não cita (a fonte). Não existe *off* entre aspas. Na TV, *voz em off* é o comentário em que o repórter não é focalizado pela câmera.

Olho: É um texto curto, com linhas irregulares, que adianta um ou mais tópicos interessantes da matéria para estimular a leitura. Vem encaixado no texto principal. Diz-se *abrir um olho* no texto para destacar declaração – nesse caso, entre aspas – ou frase forte, tornando mais fácil a leitura, aerando a diagramação. Não precisa ser uma reprodução exata do texto, mas apenas um resumo do que está dentro.

Ombudsman: É o sucessor do ouvidor do tempo das capitanias hereditárias. Jornalista encarregado de criticar o próprio veículo e de acolher as reclamações dos leitores. O feminino é *ombudskvinna*.

Ouvir o outro lado: Significa entrevistar a outra parte envolvida numa informação ou denúncia, para se prevenir do risco de desmentidos, dando oportunidade de defesa a ambos os lados. É um dos pressupostos do jornalismo.

Pauta: Roteiro para reportagem. Assunto de cobertura. Agendamento dos assuntos para uma edição. Planejamento do jornal, documento interno de veículo, destinado ao planejamento da edição; levantamento de um assunto, ideia lançada.

Pensata: Gênero mais próximo do editorial, no qual se pede a um jornalista que escreva um pequeno artigo sobre assunto de sua especialidade e que tenha relação com algum acontecimento do dia. Análise da notícia.

Perfil: É um texto no qual o jornalista procura oferecer o retrato mais aproximado possível de uma pessoa. Diferente da biografia, que utiliza linguagem dura, o perfil é um produto jornalístico com estilo próprio, coloquial. É feito a partir de dados biográficos, mas se ouvem as pessoas que possam falar bem e mal do personagem, que tenham convivido com ele e possam dizer algo sobre hábitos, características, personalidade. Costuma-se encomendar, com frequência, um "perfil humanizado" de uma figura proeminente.

Pesquisa: Trabalho de apoio ao texto, feito no arquivo, biblioteca ou banco de dados.

Pingue-pongue: É a clássica entrevista de pergunta e resposta, como a das páginas amarelas de *Veja*. Sempre tem um lide ou cabeça com dados do entrevistado.

Pirâmide invertida: técnica de redação na qual um texto é encabeçado pelas informações principais, desdobrando-se em seguida naquelas de interesse intermediário e, por fim, nas menos importantes.

Pirulito: Pequena notícia, impressa em uma coluna; matéria menor.

Porta-voz: Encarregado de transmitir informações em nome de outrem.

Povo fala: Forma de enquete feita para a TV. Gravam-se vários testemunhos sobre um mesmo assunto, que depois são editados.

Prelo: Máquina de impressão. O primeiro prelo tipográfico funcionava por meio de um parafuso vertical movido à mão. Foi substituído pelos prelos com mesa e placa de aço. Em 1818, o prelo de Stanhope tinha todas as peças em ferro fundido. Nessa época, a invenção dos rolos para a tinta deu impulso à arte de imprimir. *No prelo*: diz-se da publicação que está em fase de impressão, prestes a sair às ruas.

Press-release (release ou *rilise*): Material de divulgação, elaborado por agência ou assessoria de comunicação social, com tratamento jornalístico, para promover evento, produto, personalidade ou instituição. Os *releases* podem ser utilizados como pauta para reportagens; o ideal é que não sejam publicados na íntegra, mas sofram rigorosa checagem.

Primeirável (ou *capável*): Matérias candidatas à primeira página.

Projeto editorial e projeto gráfico: São o arcabouço do veículo impresso. O projeto editorial diz respeito à linha adotada pelo órgão de imprensa, tipo de notícias que serão veiculadas, estilo do texto e padrão de leitura, em obediência ao perfil do leitor. O projeto gráfico vincula-se ao editorial, pois coloca no espaço físico as ideias estipuladas pela linha jornalística escolhida. Enquanto o projeto editorial especifica qual o tema a ser abordado, quantas editorias haverá, quais serão as colunas e o espaço destinado à opinião, o projeto visual ou gráfico dá uma apresentação ao noticiário, tornando agradável a leitura.

Radioescuta: Serviço da cozinha editorial, destinado a dar apoio ao processo de seleção de assuntos na imprensa. O profissional de radioescuta ouve, vê e grava o noticiário disponível no rádio, em plantões sucessivos, dia e noite. Algumas redações ainda mantêm uma faixa de rádio ligada à polícia local, para saber o que está acontecendo nessa área. Diz-se também TV*escuta*.

Repercussão: Diz respeito às consequências de um assunto muito importante; tema trazido à pauta sob a forma de depoimentos. *Repercute-se* a morte de um político famoso ouvindo-se pessoas que o conheceram.

Retranca: Código de diagramação que deriva do ato de *retrancar* uma matéria ou foto a fim de marcar sua posição na página impressa, utilizando letras e números. Por extensão, palavra que identifica uma reportagem. Reúne ações de apuração ligadas a um mesmo tema. Essas ações redundariam em notícias coordenadas, as subretrancas. O mesmo que *coordenada*.

Quadrante: Cada uma das quartas partes de uma página de jornal. Denomina-se QSE (Quadrante Superior Esquerdo), QSD (Quadrante Superior Direito) etc., para fins de análise de conteúdo.

Seboso: Antigo caderno de endereços e telefones da redação. Todos os repórteres tinham o compromisso de alimentá-lo com suas fontes. Por ser muito manuseado, com o tempo se gastava, a capa terminava engordurada e as folhas se soltavam.

Segundo clichê: Parte da tiragem do jornal, revista ou boletim cujo conteúdo é alterado ou corrigido após o fechamento. Atualização de matéria que já foi impressa, substitui a primeira matéria. Se o assunto merecer, pode-se tirar uma terceira edição (terceiro clichê).

Setor (ou *setor de cobertura*): Área fixa de cobertura. Os repórteres de setor são chamados setoristas.

Stand by: Plantão, reserva. Jornalistas que ficam à espera de uma incumbência.

Suíte: Matéria do dia seguinte, que dá continuidade a um assunto anterior. Naturalmente, a suíte precisa apresentar informações e angulações novas, e muitas vezes se prolonga por semanas e até meses.

Tabloide: Jornal com a metade do tamanho *standard*. Formato pequeno, jornal menor. Na Inglaterra, os tabloides são os jornais de escândalo. Na França, o tabloide *Libération* (França) tem muito prestígio. O brasileiro *Zero Hora* é um jornal de peso do Rio Grande do Sul, diferindo, no formato reduzido, dos impressos do resto do país. Um novo formato – *berliner*, mais estreito que o tabloide – está sendo usado atualmente por jornais como *The Times*, *Le Monde*, *The Guardian* e alguns brasileiros, como maneira de reduzir custos.

Texto final: É o texto que vai para a gráfica.

Tipografia: Antigo método de impressão dita *a quente*, em que se utilizam caracteres móveis (tipos) que o gráfico reúne em palavras, entre as quais intercala um espaço. As colunas ou páginas são amarradas, formando um *paquet*, que é levado à forma. A forma corresponde ao formato do prelo ou máquina em que deve ser impressa. As máquinas linotipos substituíram a composição das páginas à mão. Para a impressão, empregam-se *estereótipos* ou *galvanos* – telhas galvanizadas obtidas da moldagem da forma.

Tijolo: Nome dado aos blocos de texto, separados por fios, nos classificados impressos. Por extensão, chama-se tijolo aos pequenos textos que compõem o roteiro de artes e espetáculos (tijolo ou tijolinho de cinema e teatro), e os anúncios pagos intercalados nas páginas de texto. O ex-governador do Rio, Leonel Brizola, publicou, na década de 1980, uma série de artigos nos jornais, em resposta ao boicote da Rede Globo à sua presença no vídeo, o que levou o nome, nas redações, de "tijolo do Brizola".

Vinheta: São sinais gráficos que marcam determinada cobertura ou assunto especial no veículo impresso e são repetidos a cada dia, a fim de que o leitor memorize e identifique o tema. No rádio e na TV, a vinheta contém uma música que caracteriza o programa.

www (World Wide Web *ou Rede Mundial de Computadores*): Código inventado por Tim Berners-Lee em 1990, para designar a teia de informação codificada em linguagem hipertextual (http).

REFERÊNCIAS BIBLIOGRÁFICAS

ABRAMO, Cláudio. *A regra do jogo*. São Paulo: Companhia das Letras, 1988.

AMARAL, Luiz. *Jornalismo, matéria de primeira página*. Rio de Janeiro: Tempo Brasileiro, 1982.

_____. *Técnica de jornal e periódico*. Rio de Janeiro/Brasília: Tempo Brasileiro/INL, 1978.

BISTANE, Luciana; BACELLAR, Luciane. *Jornalismo de TV*. São Paulo: Contexto, 2005.

BURNETT, Lago. *A língua envergonhada e outros escritos sobre comunicação*. Rio de Janeiro: Nova Fronteira, 1976.

CALDAS, Suely. *Jornalismo econômico*. São Paulo: Contexto, 2003.

CARTA, Mino. Estímulo para escrever. In: MESERANI, S. C.; COSTA, F. C.; DE GIORGI, F. V. *Redação escolar; criatividade*. São Paulo: Saraiva, 1995.

COELHO, J. Teixeira. Outros olhares. In: LINDOSO, Felipe (org.). *Rumos [do] jornalismo cultural*. São Paulo: Summus/Itaú Cultural, 2007.

CORRÊA, Villas-Bôas. Receita de repórter político. *Revista de Comunicação*, ano 9, n. 33, ago. 1993.

CUNHA, Carlos Alberto da Nóbrega da. *A imprensa americana e seus reflexos*. Rio de Janeiro: Instituto Brasil-Estados Unidos, s/d.

CUNHA, Euclides. *Os sertões*: campanha de Canudos. Rio de Janeiro: Francisco Alves, 1984.

DIMENSTEIN, Gilberto. Você compraria uma máquina de escrever. *Folha de S.Paulo*, 30 set. 2007.

FERRARI, Pollyana. *Jornalismo digital*. 3. ed. São Paulo: Contexto, 2006.

FERREIRA, Aurélio Buarque de Hollanda. *Novo dicionário da língua portuguesa*. Rio de Janeiro: Nova Fronteira, 1986.

GARCIA, Luiz. *Manual de redação e estilo*. São Paulo: O Globo, 1992.

GARCIA, Othon M. *Comunicação em prosa moderna*. Rio de Janeiro: FGV, 1986.

GENRO FILHO, Adelmo. *O segredo da pirâmide. Para uma teoria marxista do jornalismo*. Porto Alegre: Ortiz, 1989.

HOHENBERG, John. *Manual de jornalismo*. Rio de Janeiro: Fundo de Cultura, 1962.

JOHNSON, S.; HARRIS, J. *El reportero profesional*. Un tratado general sobre periodismo completado con profusión de ejercicios. Mexico: Trillas, 1966.

JORDAN, Lewis. *The New York Times Manual of Style and Usage*. New York: Times Books, 1976.

JORGE, T.; BORGES, L. *Mcdonaldização do jornalismo*: o discurso da velocidade. Paper apresentado ao XXVII Congresso da Intercom, 2004.

JORGE, Thaïs de Mendonça. Cronologia da Notícia (De 740 a.C a 2020). In: ENCONTRO NACIONAL DA REDE ALFREDO DE CARVALHO, 2, 2004, anais. Florianópolis: UFSC/Sindicato dos Jornalistas/FENAJ, 2004. CD-ROM.

LAGE, Nilson. *Estrutura da notícia*. São Paulo: Ática, 1985.

_____. *Linguagem jornalística*. São Paulo: Ática, 1986.

LINDOSO, Felipe (org.). *Rumos [do] jornalismo cultural*. São Paulo: Summus, 2007.

MANUAL DE ESTILO EDITORA ABRIL. *Como escrever bem para nossas revistas*. Rio de Janeiro: Nova Fronteira, 1990.

MANUAL GERAL DA REDAÇÃO. São Paulo: Folha de S.Paulo, 2006.

MÁRQUEZ, Gabriel García. A melhor profissão do mundo. *Caros Amigos*, abril 1997.

MARTINS, Eduardo (org.). *Manual de redação e estilo*. São Paulo: O Estado de S. Paulo, 1990.

MARTINS, Franklin. *Jornalismo político*. São Paulo: Contexto, 2005.

MEDINA, Cremilda. *Notícia, um produto à venda*. São Paulo: Summus, 1988.

_____. *Entrevista*: o diálogo possível. São Paulo: Ática, 1986.

MESERANI, S. C; COSTA, F. S.; DI GIORGI, F. V. *Redação escolar e criatividade, sétima série*. São Paulo: Saraiva, 1975.

MORETZSOHN, Sylvia. *Jornalismo em "tempo real"*. O fetiche da velocidade. Rio de Janeiro: Revan, 2002.

MOTTA, L. G. O trabalho simbólico da notícia, Líbero. *Revista acadêmica do Programa de Pós-Graduação da Faculdade Cásper Líbero*, São Paulo, ano 8, n. 15-16, pp. 8-15, 2005.

NOBLAT, Ricardo. *A arte de fazer um jornal diário*. Contexto: São Paulo, 2002.

OLINTO, Antonio. *Jornalismo e literatura*. Rio de Janeiro: Tecnoprint, 1968.

OLIVEIRA, Fabíola de. *Jornalismo científico*. São Paulo: Contexto, 2002.

PENA, Felipe. *Teoria do jornalismo*. São Paulo: Contexto, 2005.

PEREIRA, Cipião Martins. A objetividade idiota é dos EUA. Ou de Roma? *Revista de Comunicação*, Rio de Janeiro, ano 1, n. 4, 1985.

PEUCER, Tobias. *De relationibus novellis*. Leipzig: Universidade de Leipzig, 1690. [Trad. Paulo da Rocha Dias. São Bernardo do Campo: Pós-Com-Umesp, 1999].

PORTELA, Juvenal. *Jornalismo, curso de comunicação*. Rio de Janeiro: Lidador, 1976.

QUINTILIANO, Fábio. *De institutione oratória*. S/n.: Editionis Spaldingianae, s/d.

RANDALL, David. *El periodista universal*. Trad. do inglês por María Cordeiro. Madri: Siglo Veintiuno, 1999.

ROSSI, Clóvis. *Vale a pena ser jornalista?* São Paulo: Moderna, 1986.

SCALZO, Marília. *Jornalismo de revista*. São Paulo: Contexto, 2003.

SODRÉ, Muniz; FERRARI, Maria Helena. *Técnica de redação*: o texto nos meios de informação. Rio de Janeiro: Francisco Alves, 1982.

SOUZA, P. A chegada do "lead" ao Brasil. *Revista de Comunicação*, Rio de Janeiro, ano 8, n. 30, pp. 24-29, nov. 1992.

TRAVANCAS, Isabel Siqueira. *O mundo dos jornalistas*. São Paulo: Summus, 1993.

TUCHMAN, Gaye. *La construcción de la noticia*. Barcelona: Gustavo Gili,1983.

WEBB, Robert A. (ed.). *The Washington Post Deskbook on Style*. New York: McGraw-Hill, 1978.

WOLF, Mauro. *Teorias das comunicações de massa*. São Paulo: Martins Fontes, 2003.

AGRADECIMENTOS

A meus alunos, desde a Universidade Federal Fluminense até a Universidade de Brasília, pelas lições em classe, nas viagens, no café, nas ruas.

A alunas e alunos muito especiais, que me ajudaram na organização: Florência Costa, Maria Neblina Orrico, Aline Paz, Carol Rosseline, Renato Pecorelli Trindade.

Aos colegas, que me incentivaram a publicar e me ajudaram a ser jornalista. Aos fotógrafos que me acompanharam nas matérias.

A meu colega d'*O Globo* e do JB, Tim Lopes.

A todos os que direta ou indiretamente participaram deste projeto, ao longo de tantos anos de magistério e de vida jornalística.

Aos professores Rosa Pecorelli, Zélia Leal Adghirni e Márcia Marques. A Graça Barreiros, Thereza Jorge, Ricardo Noblat, Zeka de Queiroz.

A meus irmãos, pelo apoio.

A minha mãe, Dyonê, meu departamento de pesquisa particular, pela força, pelo carinho.

A AUTORA

Thaïs de Mendonça Jorge é professora da Universidade de Brasília. Doutora em Comunicação Social e mestra em Ciência Política pela mesma universidade. Formada em Jornalismo pela Universidade Federal de Minas Gerais, sua prática no jornalismo vem do trabalho na imprensa diária por quase 20 anos. Esteve nas redações de *O Jornal, O Globo, Jornal do Brasil, Folha de S.Paulo, Correio Braziliense* e revistas *IstoÉ, Nova, Pais&Filhos, Desfile, Casaviva*. Paralelamente, desenvolveu carreira acadêmica, ministrando cursos de Técnicas de Redação e de Jornalismo, Reportagem, Entrevista, Jornal-Laboratório, Jornalismo Político e Jornalismo Digital na Universidade Federal Fluminense e na Universidade de Brasília.

Cadastre-se no site da Contexto
e fique por dentro dos nossos lançamentos e eventos.
www.editoracontexto.com.br

Formação de Professores | Educação
História | Ciências Humanas
Língua Portuguesa | Linguística
Geografia
Comunicação
Turismo
Economia
Geral

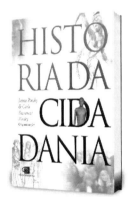

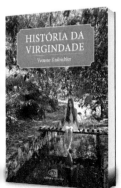

Faça parte de nossa rede.
www.editoracontexto.com.br/redes

Promovendo a Circulação do Saber